U0727014

大遗址区文化资源的
价值评估及活化策略

苏 卉 著

科学出版社

北 京

内 容 简 介

　　针对大遗址区文化资源有效保护与合理利用这一现实问题,本书融合文化经济学、文化产业管理、文化遗产保护、历史学、区域经济学等多学科理论,在系统分析国际文化遗产保护理念新趋势,深入分析大遗址区文化资源保护困境及活化的现实需求基础上,就大遗址区文化资源的价值构成及价值评估进行系统分析,并将其视为活化策略制订的价值依据,引入熵理论分析大遗址区文化资源活化的机理,在借鉴经验的基础上,结合典型案例开展大遗址区文化资源活化策略的设计。

　　本书坚持理论与实践相结合,突出学术性和实践性的特点,可作为文物保护、文化管理、区域发展等领域研究和管理人员的参考书,也可作为高等院校历史学、文化产业管理等专业本科生及研究生的教材。

图书在版编目(CIP)数据

　　大遗址区文化资源的价值评估及活化策略/苏卉著. —北京:科学出版社,
2019.11

　　ISBN 978-7-03-062387-4

　　Ⅰ. ①大…　Ⅱ. ①苏…　Ⅲ. ①文化遗址－文物保护－研究－中国
Ⅳ. ①K878.04

　　中国版本图书馆 CIP 数据核字（2019）第 208687 号

责任编辑:宋无汗　徐世钊 / 责任校对:郭瑞芝
责任印制:张　伟 / 封面设计:陈　敬

科 学 出 版 社 出版
北京东黄城根北街 16 号
邮政编码:100717
http://www.sciencep.com

北京中石油彩色印刷有限责任公司 印刷
科学出版社发行　各地新华书店经销

*

2019 年 11 月第　一　版　　开本:720×1000　B5
2019 年 11 月第一次印刷　　印张:15 3/4
字数:315 000

定价:120.00 元
（如有印装质量问题,我社负责调换）

前　言

全面复兴传统文化,已经上升为当前我国建设社会主义文化强国的重大战略。2017 年 1 月,中共中央办公厅、国务院办公厅印发的《关于实施中华优秀传统文化传承发展工程的意见》明确指出,中华传统文化是当代中国发展的突出优势,当前要通过深入阐发文化精髓、保护传承文化遗产资源、融入生产生活等方式促进优秀传统文化的传承。文化遗产资源蕴藏着丰富的历史文化信息,是中华民族五千年文明发展的主体,也是中华优秀传统文化的重要组成部分,是传承中华民族人文精神的重要载体。深入阐发文化遗产资源的精髓、促进文化遗产资源的保护与传承、推进文化遗产资源的创新性利用,是当前促进中华优秀传统文化复兴、增强国家文化软实力的重要任务。

然而,随着城镇化进程的加快,大遗址保护与日趋紧张的土地资源利用、大遗址所在区域社会生产活动之间的矛盾日益凸显。因此,在当前复兴传统文化的宏观背景下,加强对于文化资源丰富、价值突出的大遗址区文化资源的保护、利用与传承工作,促进大遗址区文化资源当代价值与功能的发挥,实现大遗址保护与区域发展的协同,具有重要的现实意义。2016 年,国家文物局印发的《大遗址保护"十三五"专项规划》明确指出,要充分发挥当前大遗址在弘扬传统文化、传承中华文明、维护中华民族多元一体和国家文化安全等方面不可替代的重要作用。

大遗址区文化资源保护的基本目的并非要"留住时光,或者重现旧时风貌",而是要彰显、传承大遗址区文化资源所具有的独特价值和意义。与单纯的"限制型"保护相比,在新的历史条件下重新诠释和重新创造大遗址区文化资源的价值和意义,在当代社会延续其功能更为重要。因此,在新时期积极探索大遗址区文化资源保护理念的创新,具有重要的研究价值和意义。2014 年 3 月 27 日,国家主席习近平在联合国教科文组织总部演讲时讲道:"推动中华文明创造性转化和创新性发展,激活其生命力,把跨越时空、超越国度、富有永恒魅力、具有当代价值的文化精神弘扬起来,让收藏在博物馆里的文物、陈列在广阔大地上的遗产、书写在古籍里的文字都活起来,让中华文明同世界各国人民创造的丰富多彩的文明一道,为人类提供正确的精神指引和强大的精神动力。"这一重要思想为人们在新时期进行大遗址区文化资源保护理念的创新指明了方向。活化理念是对传统静态文化遗产资源保护理念的创新,是要寻求激活文化遗产资源内在潜能,实现对文化遗产资源的动态保护。活化是力图改变大遗址区文化资源的表现形式、拓宽其价值传递的方式、发掘其在当代社会的功能，从而让文化遗产资源转变成与当前新型城镇化建设相协调、符合公众价值需求、符合社会功能需求的积极力量。

价值问题是大遗址区文化资源保护的核心问题，也是大遗址区文化资源活化的起点和依据。活化的对象是具有价值的大遗址区文化资源，进行活化的目的是促进大遗址区文化资源内在价值的发挥，以满足当前社会对于大遗址区文化资源的需求，从而进行价值的利用及提升。因此，在对大遗址区文化资源进行价值分析及价值评估的基础上，以此为依据制订合理有效的活化措施，以多样化的形式表达和传递原本隐含在大遗址区文化资源内部的固有价值，有效促进大遗址区文化资源内隐价值的外显化，实现对大遗址区文化资源价值的创新利用。大遗址区文化资源活化的目标应围绕其价值需求及在当代社会的功能定位，将对大遗址区文化资源的保护、价值利用、功能发挥有机地结合起来，本着传承文化基因、促进价值提升、创新保护模式、延伸现代功能、助力区域发展等宗旨，推进大遗址区文化资源、文化价值的传播与交流，从而使大遗址区文化资源能够在传承文脉、提升公众文化素养、增强区域文化软实力等方面发挥应有的积极作用，将大遗址转变成助力区域发展的积极力量。

本书的出版得到了国家社会科学基金青年项目"大遗址区文化资源的价值评估及其'活化'策略研究"（14CGL055）的资助，在此深表感谢。特别感谢我的博士后导师——西安建筑科技大学张沛教授，张老师的学术思想犹如一盏指路明灯，引领我前进的方向。同时感谢西安建筑科技大学公共管理学院占绍文教授、方永恒教授、金青梅副教授、赵尔奎副教授、宋琪副教授等提供的指导和帮助。另外，感谢汉长安城国家大遗址保护特区管委会相关人员为本书实证调研所提供的大力支持和帮助，感谢科学出版社宋无汗等编辑为本书出版所付出的辛勤劳动。

限于作者水平，书中难免存在不足之处，敬请读者批评指正。

目　　录

第1章 绪　　论

1.1　研　究　背　景

1.1.1　国际文化遗产保护理念的新发展

国际文化遗产保护理念处在不断发展、丰富、完善的过程之中，社会、经济、文化乃至政治环境的变化均可能对其产生或多或少的影响。在当前文化多样性、冲突与多元共存的宏观背景下，国际文化遗产保护理念呈现出新的发展趋势。

1. 从保存到传承：遗产保护目的发生转变

现代意义上的文化遗产保护思想与实践起源于欧洲，尤其是近一个多世纪，基于欧洲文化遗产保护所形成的真实性、完整性等原则，陆续产生了包括《关于历史性纪念物修复的雅典宪章》（简称《雅典宪章》）（1931）、《关于古迹遗址保护与修复的国际宪章》（简称《威尼斯宪章》）（1964）等在内的一系列国际文化遗产保护宪章及宣言，促进了国际文化遗产保护理念逐渐走向完善和统一，国际文化遗产理论也因此具备了坚实的欧洲基础。受西方求真、向善等社会思想的影响，真实性、完整性成为国际文化遗产保护的基本原则。在保护方式上，意图维持文化遗产原状的保存曾经一度占据主导地位。然而，近些年以价值为主导的文化遗产保护模式在实践中为越来越多的国家所接受，随着人们对于文化遗产价值认知的不断深入，文化遗产保护的目的也从单纯的保存转向促进文化遗产价值的发挥。人们开始认识到，文化遗产保护并非消极的绝对保护，也并非要与公众隔离，而应该采取积极的态度，让其贴近公众，发挥其所蕴含的价值。国家文物局原局长单霁翔曾指出，对于文化遗产，保护不是目的，利用也不是目的，真正的目的是传承。保护并非要单纯维持文化遗产的原状，相较于保存，传承、利用文化遗产，促进其内在价值的发挥更有意义。因此，遗产保护的目的已经从单纯的保存过渡到传承遗产、让遗产在当代社会中发挥价值。

2. 从静态到活态：遗产保护方式发生转变

文化遗产保护的范围最初主要集中于人们所熟悉的具有物质实体的各种物品、文献、建筑、艺术品等，因此针对维持物质遗产原状的"博物馆式"静态保护一度成为遗产保护的主要方式。而近些年随着人们对于遗产概念认识的不断拓展，遗产已经成为涵盖各种文化景观、历史地区、文化环境、文化传统、生活记录等在内的，能够反映特定地区文化存在及文化传承的所有具备物质形态及非物质形态的综合性范畴。Jeroscenkova 等（2014）指出，遗产作为人们保存下来要传承给下一代的文化观念和文化现象，它本身不是一个静态的概念，应该用动态的方式促进文化遗产将所记录与蕴含的文化现象呈现出来。这种遗产保护方式，要实现对文化遗产从被动保护向主动保护、从单一保护向全面保护、从静态保护向活态保护的转变。

3. 从局部到综合：遗产保护领域发生转变

随着文化遗产保护价值观念的转变以及各国文化遗产保护实践的深入开展，文化遗产的保护方式已经从早期涉及个别专业领域的局部性保护，逐渐转向涉及多个学科、多个领域的综合性保护。早期文化遗产保护侧重对遗产所携带历史信息的保存，因此遗产保护也成为考古等专业技术领域孤立的行为。伴随着人们对于文化遗产价值观念认知的不断深入，文化遗产的文化价值、社会价值等逐渐得到重视，促进了文化遗产保护方式逐步转向涉及多个学科领域的复杂系统工程。除考古外，环境、地质、文化、经济、生物、建筑、传播等多个领域的专家学者也都参与到遗产保护事业中来，遗产保护方式开始逐步转向多学科、多领域参与的综合性保护。以国际遗产保护的专业机构——国际古迹遗址理事会（International Council on Monuments and Sites，ICOMOS）为例，该理事会作为世界遗产委员会的专业咨询机构，为更好地发挥职能，其在内部设立了包括遗产记录、档案管理、文化线路等几十个专业领域的国际科学委员会，从而可以广泛借助不同学科的专业力量，为世界遗产保护事业提供更为值得信赖的决策咨询。

4. 从专业到公众：遗产保护主体发生转变

文化遗产保护曾一度被视为专业技术领域所采取的技术性保护行为，诸如通过加固、修缮等方式来尽力维持文化遗产的原状，以延缓其衰落。但随着近年来文化遗产保护观念的转变，文化遗产保护的主体已经从狭义的专业技术领域拓展到公众领域，公众参与在文化遗产保护过程中的重要意义及作用逐渐得到广泛的认同。2007 年，世界遗产委员会在原有的"4C"[credibility（可信赖）、conservation（维护）、capability-building（能力建设）、communication（宣传）]战略基础上进行了拓展，提出了新的"5C"战略，增加的一个"C"即为"community（社区参与）"，意在强调社区参与在文化遗产保护中的重要作用。国际社会已经广泛认识到，保护世界遗产不仅是政府及遗产保护专业领域的事情，更是所有利益相关者（尤其是遗产所在地社区居民）共同的事情。文化遗产保护应充分调动社会公众的积极性，提倡可持续保护及利用，让公众成为促进文化遗产保护的坚实基础。

1.1.2　国内城镇化建设带来的严峻挑战

1. 城镇化建设与大遗址保护用地之间日益激烈的矛盾

由于大遗址普遍具有体大面广的特点，有的占地面积甚至高达数十平方公里，对大遗址区文化资源的保护及利用活动往往与大遗址所在区域的经济社会发展存在直接、显著的利益关联。与其他类型的文化遗产保护相比，大遗址保护规划用地与所处区域城镇化建设方面的矛盾更加尖锐，尤其是处于城镇建成区及城镇近郊的大遗址，受城镇化建设的冲击更为直接。事实上，城镇化建设与大遗址保护用地之间的矛盾早已存在：早在中华人民共和国成立初期，随着各项生产建设工作的展开，农业生产与占地面积广阔的大遗址之间的矛盾就初显端倪。1964 年，文化部在河北燕下都遗址专门召开了"大型古遗址保护工作座谈会"，就如何协调大型古遗址保护与当地生产建设用地、农业用地之间的关系进行了工作部署。改革开放之后，随着新一轮经济建设的全面展开，如何协调大型遗址保护与经济建设的矛盾又一次摆在了人们的面前。1983 年，在山东曲阜鲁国故城遗址召开了"大型遗址保护座谈会"，话题同样围绕如何有效解决经济建设与大遗址保护用地之间的矛盾。进入 20 世纪 90 年代，城镇建设日新月异的发展与大遗址保护之间的矛盾更加突出，因此 1997 年国务院在《关于加强与改善文物工作的通知》中首次明确提出了"大型遗址"的概念，指示要将大型文物遗址的保护纳入当地城乡建设和土地利用规划，通过改变土地用途等方式，来减缓由于城镇化建设而给大遗址保护带来的冲击，并指出可以在遗址区制定专门的保护法规或规章来加强遗址用地管理。但是，在城镇化高速发展的新时期，城镇化建设与大遗址保护用地之间的矛盾空前尖锐。随着基础设施改扩建、商业房地产开发热潮的掀起，部分处于城镇近郊的大遗址面临着被非法侵占的威胁。以位于内蒙古自治区的和林格尔土城子遗址为例，该遗址是汉唐故城遗址，被列入"十三五"全国 150 处重要大遗址名录。该遗址位于内蒙古自治区和林格尔县城郊区，占地面积约为 $4km^2$，遗址保护与当地城镇化建设之间的矛盾较为尖锐。此外，陕西秦阿房宫遗址前殿夯土台基在当地修建道路施工中遭受破坏；内蒙古和林格尔土城子遗址中的百余座古墓葬在当地房地产开发过程中遭受不同程度毁损；河南隋唐洛阳城遗址内铁路贯穿破坏了遗址区历史风貌的完整性等。

2. 大遗址区内区外经济的不协调性加剧

城镇化建设加剧了大遗址区内区外经济的不协调性，严重削弱了遗址区内居民自发保护遗址的热情。《中华人民共和国文物保护法》中明确规定，对于具有历史、艺术和科学价值的古文化遗址，设定文物保护单位，划定一定的保护区域实施重点保护，对于在保护区域内从事生产生活活动进行严格限制。这些文物保护法规的存在，客观上造成了遗址所在区域城镇化建设与经济发展水平滞后，遗址区内与区外经济发展水平差距日益扩大的现实问题。以位于陕西省西安市西北近郊的汉长安城遗址为例，该遗址由于价值的突出性，早在 1961 年就被列为全国第一批重点文物保护单位，并划定了保护范围，严格限制遗址区内的社会生产活动。随着西安城镇化建设的高速发展，汉长安城遗址区内外经济差距被逐渐拉大：出于遗址保护的需要，遗址区内不能像周边地区大力发展工业、房地产等行业，其生产形态以农业、手工业、商业、仓储等业态为主，所创造的经济附加值较为有限。而根据文物保护相关条例，即使从事农业生产，也被限定在种植浅根系的粮食作物，开挖鱼池藕塘等农业生产行为被严格限制。这客观上造成遗址区内人民的经济收入水平远远低于周边地区，区内区外经济不协调的现象非常显著。而随着遗址区外城镇化建设的加快发展，这种不平衡性将进一步加大。经济的不平衡也削弱了遗址区内居民保护遗址的积极性，在这种客观经济差距的刺激下，遗址区内违规从事工业生产、私自租赁房屋、变更房屋用途、违章建筑等日益增多，遗址区内居民为追求个人利益而不惜破坏遗址的行为不断加剧，直接破坏了遗址本体以及遗址周边的历史环境风貌。

3. 大遗址区周边环境的完整性破坏

大遗址本体及其周边环境是紧密相连的，共同构成具有独特历史氛围的文化空间。1976 年，联合国教科文组织第十九届会议通过的《关于历史地区的保护及其当代作用的建议》（简称《内毕罗建议》）中明确指出，每一历史地区及其周围环境应从整体上视为一个相互联系的统一体，应对历史地区的周边环境进行积极保护，以维持和谐及美感；国际古迹遗址理事会第十五届大会通过的《西安宣言》（2005）肯定了周边环境的存在对于古迹遗址重要性和独特性的贡献，将周边环境视为体现古迹遗址真实性的一部分。然而在当前的城镇化建设中，部分地区忽视了对于周边环境的规划和保护，各种高层、超高层的新式建筑群快速崛起，对于处于城市建成区或大遗址区原有的历史风貌及历史环境造成了严重的破坏。

1.1.3 大遗址区文化资源系统的脆弱性

"脆弱性"原为灾害学上的一个概念，最初关注自然生态系统受外界扰动下的应对能力问题，主要反映自然生态系统在受到外界因素的干扰下，由于应对能力不足而发生的系统结构或者功能方面的改变（田亚平等，2013）。自 21 世纪开始，脆弱性的研究逐步得到拓展和深化。涉及自然、社会、生态、经济、人文等多重因素在内的人-地耦合系统的脆弱性问题逐渐成为新的热点（张立新等，2015）。大遗址区文化资源系统，一方面依托于在特定自然地理区域内具有物质实体的文化遗址，本身是一种自然系统；另一方面，大遗址区文化资源的保护与利用活动又不可避免地受社会因素、人为因素的影响，从而具有社会系统的特性，因此大遗址区文化资源系统实质上是以遗址为载体的自然系统与人类保护利用遗址相关的社会经济系统相耦合而形成的复合型人-地系统。

大遗址区文化资源系统具有典型的脆弱性特征，主要表现在以下几个方面。

1. 易于受到干扰

大遗址区文化资源系统易受到内外部环境中相关因素变化的扰动和影响，这些影响因素既有来自于外部环境中的自然因素、人为因素等，也有与大遗址区文化资源相关的自身因素（表 1-1）。

表 1-1　大遗址区文化资源系统扰动因素及其影响

一级因素	二级因素	扰动形式	主要影响
自然因素	气候变化	风沙、干旱、雨水冲刷、冻融等	改变遗址区地形地貌、侵蚀土壤、破坏物质遗存
	地质运动	地震、崩塌、滑坡、水位升降等	对物质遗存造成无法抵抗、无法预料的破坏
	生物活动	动物筑巢、植物根系破坏、微生物繁殖等	直接作用于物质遗存的表面造成破坏，其中微生物对木质结构遗存破坏严重
	其他自然因素	大气污染、火灾等	改变遗址背景环境
人为因素	城乡建设	城乡工业企业、住宅、道路交通设施等的建设	占压遗址本体，破坏遗址的完整性
	过度旅游开发	兴建仿古建筑、开发旅游景点等	降低遗址真实性，改变遗址区微环境，对历史文化造成冲击
	农田垦殖	耕地、菜地、鱼塘等	扩大种植面积破坏遗址、开挖水渠导致地下遗存渗水、塌漏等
	其他人为因素	盗挖、不合理的考古发掘等	有意或无意地破坏遗址物质遗存，或造成破坏隐患
遗址自身因素	有形文化资源	多以土木等建筑材料为主，易受损	
	无形文化资源	涉及文化、思想、精神等多个领域，易流失，难以维持完整性	

（1）自然因素：大遗址区域作为占地面积较为广阔的自然地理区域，在长期的历史发展过程中受到来自自然界的气候变化、地质运动、生物活动等因素的干

扰，这些因素有可能直接导致大遗址区有形物质文化遗存的损坏甚至消失。例如，汉长安城遗址经过长达两千余年的历史变迁，其地面建筑已经所剩无几，仅留部分宫殿基址、断壁残垣埋于地下，呈现出"一无所有"的表象。自然因素的破坏作用呈现出缓慢、持久、不间断性的特点，最终发展成为破坏大遗址区物质文化遗存的根本性因素。

（2）人为因素：陈同滨（2006）提出大遗址的分布主要有四种类型，即城镇建成区、城郊或城乡接合部、村落或农村腹地、荒野，其中前三种类型的大遗址均易受到地方经济发展、城乡建设、挖沙取土等人为活动的影响，部分遗址之上叠加建筑设施，有的遗址已经面目全非。例如，作为先秦礼制建筑群遗址的马家庄秦宫殿宗庙遗址，内部有两处大型取土场，严重破坏了遗址的物质本体。除此之外，近年来随着旅游经济的发展，部分遗址区被开辟为旅游景点，游客活动、人造景点等也对大遗址区文化生态造成了一定程度的破坏。

（3）遗址自身因素：与西方石质遗址不同，我国大遗址普遍为土质遗址，土质遗址的物质实体本身易受损程度比较高。而大遗址所承载的文化、思想、精神等无形因素在漫长的历史发展过程中也逐步流失，从而难以完整地体现大遗址所代表的文化意义。

2. 损坏之后难以恢复

大遗址区文化资源系统内部的调节应对能力有限，受到内外部扰动因素损害之后难以恢复至受损前的状态。

首先，大遗址区文化资源具有独特性、不可再生性的特点，一旦破坏就难以恢复。大遗址区文化资源作为特定历史阶段发展信息的反映，作为人类文化的结晶，遗址所承载的历史信息具有不可复制、不可再生的特点，而这一特点决定了各种重建、恢复原貌等试图再现遗址区物质实体的行为，均有悖于国际文化遗产保护理念中的真实性原则，同时决定了大遗址区文化资源受损之后无法通过后续改造重建等方式来进行应对。

其次，大遗址区文化资源系统内部的自我调适与恢复能力有限，可能的应对措施是加强文化遗产保护，通过减弱自然因素的影响、限制人类活动的干预尽量将大遗址区文化资源维持原状。但目前政府对于大遗址保护力度较为有限，民众文化遗产保护意识较为淡薄、应对能力非常有限，进一步加剧了大遗址区文化资源系统的脆弱性。张立新等（2015）在对汉长安城遗址区人地系统脆弱性进行评价时，选取居民对于遗产保护的认知度、保护意愿、参与率等作为指标来反映大遗址的应对能力，通过实证研究得出汉长安城遗址区有近49%的调查区域脆弱性等级为中度以上，其中有近10%的区域处于极度脆弱等级的范围。

综合以上分析可以看出,大遗址区文化资源系统易受到外部环境中自然因素、人为因素的破坏,同时大遗址区有形的物质资源多以土质为主,易受损,无形资源也容易流失,难以保持其完整性;而在应对扰动因素的破坏时,受大遗址区文化资源不可再生、政府保护力度弱、公众保护意识淡薄等因素的综合影响,大遗址区文化资源系统的应对能力有限。这两方面共同决定了大遗址区文化资源系统具有较高的脆弱性,而脆弱性决定人们对于大遗址区文化资源不能走类似于"先破坏再保护"的道路,因为一旦破坏就无可挽回。

1.1.4　传统"限制型"保护方式的弊端

1. 不注重价值的提升

传统的"限制型"保护主要以防止大遗址本体遭受损害为目标,不注重遗址价值的提升。有别于西方石质遗址具有较好的观赏性,我国大遗址通常是残损的、不完整的形象,除极少数物质本体保存相对完整的大遗址(如长城)外,大多数土质大遗址本体及相关物质遗存在长期的历史发展中普遍毁损严重,其原来的历史文化信息变得支离破碎,遗址所蕴含的价值很难直观地为公众所认知和理解。而传统的"限制性"保护方式以加强遗址保护为基本目标,对于提升遗址价值却重视不够。以陕西秦阿房宫遗址为例,阿房宫始建于公元前 212 年,后在战乱中付之一炬,其物质遗存极为有限。以前殿遗址为例,虽经考古勘测证实为阿房宫主体宫殿基址,但直观看起来,只是一座巨大的长方形土台,当地居民称之为"郿坞岭",土台之上遍布植被、垃圾、乱坟,可观赏程度非常低。近年来对于秦阿房宫遗址的保护措施主要集中在加强考古勘测、拆除违规建筑、恢复遗址本来面目等方面,但在如何提升阿房宫遗址价值、彰显秦文化魅力等方面还较为滞后。因此,在传统"限制型"保护模式下,大遗址区文化资源的利用可以说存在着"先天不足",一方面文化资源不完整、不完善;另一方面普通公众看不懂,觉得可观赏性低,从而大大限制了大遗址区文化资源的价值和作用发挥的空间。

2. 难以实施有效保护

我国自 1949 年以后长期实行以文物保护为中心的文化遗产保护制度,文物工作是由国家文化行政管理部门及地方各级文物保护行政管理机构主管,文物保护管理的经费列入中央和地方财政预算。但在实践中,仅依靠行政力量和政府财政支出,难以对大遗址区文化资源实施有效的保护。

首先,保护经费来源单一,主要依赖于政府财政支出,但随着经济发展水平的提升,政府财政支出远远不能满足文化遗产保护的现实需求,尤其是对处于偏远地区的大遗址类文化遗产而言,经费的缺口更大。经费短缺直接影响大遗址区文化资源的保护效果，很多保护工作并不能有效地展开，而大遗址区文化资源遭受损害的程度与日俱增。图 1-1 显示了 1990～2004 年，在传统的文物管理体制下国家用于文物保护的专项经费增长情况，可以看出，资金总体水平偏低，增幅缓慢。以 1990 年为例，当年国家用于文化遗产保护的专项经费数额仅为 7291 万元，尚不足当年国内生产总值的万分之一。2005 年开始财政部每年投入 2.5 亿元用于大遗址保护，以缓解大遗址保护经费不足的问题，但经费来源单一，仅凭政府财政投入的状况依然没有得到解决。

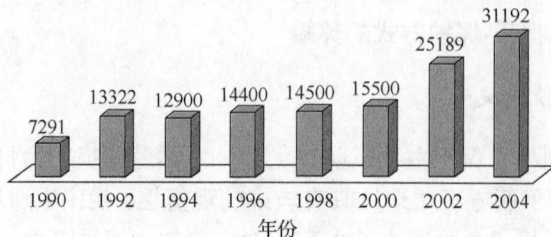

图 1-1　文物保护专项经费增长情况（1990～2004 年）（单位：万元）

2005 年之后国家启动大遗址保护项目，专项资金大幅增长

其次，地方政府保护大遗址区文化资源的积极性不高。由于我国大遗址多以土质遗址为主，历经岁月侵袭绝大多数遗址呈现出残损、不完整的状态，甚至有些大遗址区地表之上的物质遗存已经荡然无存，造成大遗址区文化资源可观赏性较差。对于地方政府而言，难以通过旅游开发等方式获取经济利益，大大影响了地方政府保护大遗址、增加资金投入的积极性。

最后，缺乏有力的监督管理机制。长期以来对于大遗址区文化资源的保护主要依靠各级文物管理部门对于大遗址进行行政监督及管理，缺乏有力的法律监督管理机制。行政监督管理的主要方式包括劝阻、制止、行政处罚等，其行政职能的实施较为有限。另外，肩负行政管理职能的人员数量也有限，监管方式效率低下，共同造成了部分大遗址长期处于监管不力甚至无人监管的局面。

3. 将公众力量排斥在外

文化遗产保护最可靠的基础在于人类对文化遗产的尊重和情感，因此公众参与是有效开展遗产保护的基石。从 20 世纪下半叶开始，西方发达国家在文化遗产保护过程中更多地注重为公众提供多样化的途径来促进公众参与，公众参与在文化遗产保护过程中的重要意义及作用也逐渐在国际社会中得到了广泛的认同。但是在我国长期实行的文物保护制度下，公众力量未被纳入文化遗产保护的范围，从而造成公众保护文化遗产的意识相对淡薄。吕舟（2008）曾经指出，文化遗产保护绝非是单纯的技术层面或理论层面的问题，而是一个涉及多个领域的综合性社会问题，因此需要依靠社会力量、依靠广泛的社会参与来解决文化遗产保护所面临的问题，而不能仅仅依靠小部分专业的遗产保护工作人员。将公众力量排斥在外，势必会加剧大遗址保护与所在区域经济发展、当地人民群众社会生活水平提升之间的矛盾。广泛吸收社会力量，让大遗址保护与利用的成果惠及民众，让大遗址成为所在经济区域社会发展的积极力量，才是实现大遗址可持续保护的根基所在。

1.2　研 究 目 的

文化遗产保护的基本目的并非是仅仅维持遗产原状，或者修复已经破损的遗产，而是要彰显、传承遗产所具有的独特价值和意义。通过分析国际文化遗产保护理念发展趋势，人们已经认识到，当代国际遗产保护理论已经从保护遗产的"真实"逐渐走向保护与提升遗产的价值与意义。在顺应国际文化遗产保护理念变化趋势的前提下，本书提出应客观面对我国目前大遗址保护及大遗址区文化资源利用存在的问题，积极探索大遗址区文化资源保护与利用理念的创新，将文化遗产资源活化理念引入进来，改变我国以传统"限制型保护"为主的局面。本书对于大遗址区文化资源价值评估及其活化策略的研究，主要为达到以下几个目的。

1. 目的 1: 引入活化理念推动大遗址区文化资源保护理念的创新

本书在分析、把握国际文化遗产保护理念发展趋势的基础上，结合对国内大遗址保护所面临的问题及大遗址区文化资源本身所具有的脆弱性的分析，指出沿用传统的"限制型"保护模式难以达到有效保护与利用大遗址区文化资源的目的，因此有必要引入新的活化理念，实现对传统"限制型"保护理念的革新。本书进一步从理论方面展开分析，对文化遗产活化思想产生及沿革的历程进行梳理，阐明活化是一种动态的、发展的保护理念，是在保护的前提下进行的一种创新的利用方式，同时也是对现有保护方式的有益补充。通过遗产活化理念的引入，有助于促进大遗址区文化资源的价值提升，完善大遗址区文化资源的利用方式，将大遗址转变为助力区域发展的积极力量。

2. 目的 2: 开展大遗址区文化资源的价值分析及价值评估研究

本书秉承以价值为中心的文化遗产保护理念，进行大遗址区文化资源与遗产活化关系的定位，指出价值分析是遗产活化的起点，价值利用是遗产活化的目的。在价值分析的基础上，了解对大遗址区文化资源应该采取何种价值取向，从而可以为采取何种方法进行活化提供理论支撑。本书建立大遗址区文化资源价值评估体系，并以汉长安城遗址作为典型案例进行遗址区文化资源价值的综合评价，并考虑到经济价值的巨大影响，引入意愿价值评估法（contingent value method，CVM）等对大遗址区文化资源的总经济价值进行实证研究，并将价值评估的结论作为活化的依据。

3. 目的 3：透析大遗址区文化资源活化的内在机理

本书采取系统论的观点，将大遗址区文化资源活化问题视为涉及经济、社会、环境、政策等多个方面的复杂社会经济系统，将活化过程视为受多种因素共同作用、复杂的动态系统，并创新性地引入熵理论，在分析熵理论的适用性的基础上，用熵增、熵减、总熵的变化来反映大遗址区文化资源在活化过程中的状态变化，并阐明大遗址区文化资源活化的条件及内在规律等深层次的理论问题。

4. 目的 4：建构促进大遗址区文化资源有效活化的策略体系

本书提出大遗址区文化资源活化的核心是在秉承以价值为中心的保护理念的前提下，通过合理利用大遗址区文化资源，以增强文化资源的活性，促进其蕴含价值的发挥和提升，使其在功能上符合当代社会的需求。

本书围绕大遗址区文化资源的价值需求及在当代社会的功能定位，提出进行大遗址区文化资源活化的目标是将对大遗址区文化资源的保护、价值利用、功能发挥有机地结合起来；同时围绕活化目标，开展融合大遗址区文化资源物质形态、行为业态、功能业态、空间形态、区域共生等方面具体活化策略的设计，并结合汉长安城遗址区开展文化资源活化策略的具体设计，以提升研究的实际应用价值。

值得注意的是，在建构活化体系时，活化需在保护的前提下，本着维护大遗址区文化资源的真实性、可读性、可持续性的原则进行。活化并非是拆旧翻新，以仿古建筑代替真实的遗产，而是在尊重遗产的前提下，通过恰当的途径让大遗址区文化资源变得可读、可感、可利用、可持续，促进其经济社会价值与功能的发挥，将大遗址保护并入经济社会发展轨道之中。

1.3　研　究　意　义

1. 理论意义

（1）开展大遗址区文化资源活化研究是对大遗址保护与开发理念的创新发展。近年来国际文化遗产保护理念呈现出新的发展趋势，对于文化遗产保护，更多地侧重主动保护、动态保护，这对我国长期实行的以文物保护为中心的保护理念产生了一定的影响。同时，随着国内城镇化发展步伐的加快，客观上也要求转变传统的保护理念和保护方式。因此，引入大遗址区文化资源活化理念，是探讨如何从理念层面上进行文化遗产保护思维的创新和发展,具有重要的理论意义。

（2）开展大遗址区文化资源活化的研究,所研究的不仅是文化遗址保护与文化遗产经济学、区域文化资源开发、文化艺术管理等多学科交叉的理论问题,而且是一个新兴的、具有前沿性的理论问题。

（3）对于大遗址区文化资源的活化,本书围绕为何主张活化、依据什么进行活化、怎样活化等理论问题展开,并在此基础上开展面向具体对象的大遗址区文化资源活化策略设计,研究成果有利于推动我国体大面广的大遗址区文化资源的有效保护和合理利用,在指导我国大遗址区文化资源活化等方面起到积极的理论推动作用。

2. 现实意义

（1）从实践方面来看,中华人民共和国成立以后,逐步形成了以文物保护为中心的管理制度,对于大遗址区文化资源的保护采取"限制型"文物保护模式,以文物行政管理部门为主,以尽量维持遗址区原状、减少损害为基本目标,而不注重对大遗址区文化资源的价值提升及利用,但在实践中大遗址区文化资源保护人员及保护经费不足,保护力度有限,难以实现对大遗址区文化资源的有效保护。因此,探讨对大遗址区文化资源的活化,在保护的前提下探讨促进大遗址区文化资源的价值和功能的提升,将有助于引发公众对大遗址区文化资源价值的关注,激发公众对遗址保护的兴趣,促进对大遗址区文化资源的有效保护。

（2）由于我国大遗址普遍具有体大面广的特点,其开发利用工作与遗址所在地经济社会发展存在直接、显著的利益关联。近年来随着我国城镇化建设进程的加快,传统"限制型"保护与日趋紧张的土地资源利用、大遗址所在区域社会生产活动之间的矛盾日益凸显,客观造成了大遗址区与周边区域发展差距日渐加剧的现实。在保护的前提下探索大遗址区文化资源的活化问题,有助于促进大遗址区文化资源价值发挥及在当代社会的功能延伸,切实将大遗址转变为区域发展的积极力量,实现大遗址保护与周边区域经济社会发展的协同。

1.4 概 念 界 定

1.4.1 概念梳理

从实践来看,大遗址的概念起初并不单独存在,被认为归属于文物的范畴,后随着体大面广的遗址与周边区域经济发展之间的矛盾日益加剧,才专门提出了"大遗址"的概念。

1. 文物

"文物"一词在我国长期使用,在使用时间上远远早于遗产、文化遗产等概念。文物在我国古代最早泛指各类礼仪、典章制度,后兼指各类古玩、古董、文献等古物,但在漫长的封建时代一直缺乏真正意义上的文物保护与管理制度。及至近代,1935年旧都文物整理委员会成立,系统进行文物资料的整理、研究、修缮等工作,我国文物保护工作才正式开始。中华人民共和国成立以后,仍长期沿用"文物"这一概念。1961年国务院公布的《文物保护管理暂行条例》明确规定了国家保护文物的范围,其中"具有纪念意义和史料价值的遗址""具有历史、艺术、科学价值的古文化遗址、古墓葬、古建筑、石窟寺、石刻等"均属于文物的范畴。《中华人民共和国文物保护法》(2017)中,也明确规定"具有历史、艺术、科学价值的古文化遗址"等属于文物。因此,大遗址、文化遗址是我国文物保护的一种特定类型,更加具体一点是属于不可移动的文物的重要组成部分。除文物一词外,还存在文物古迹的概念,《中国文物古迹保护准则》(2000)以及2015年的修订版中,所指对象均是文物古迹,大遗址也具有价值性、不可移动性,具有实物形态,从属于文物古迹的范畴。

2. 文化遗产

文化遗产的概念也是逐渐发展起来的,与文化遗产概念类似,还存在诸如文化财产、考古遗存、历史古迹等概念。表1-2归纳了部分文化遗产保护的国际宪章及规定中与文化遗产类似概念的相关界定,可以看出,国际社会对于文化遗产概念的认识也经历了一个不断深入的过程。《雅典宪章》(1931)中所采取的是"纪念物"(monument)的概念,指代具有历史纪念意义的特定场所;《海牙公约》(1954)用的是"文化财产"(cultural property)的概念,范围包括具有重大意义的历史纪念物、考古遗址、建筑群、艺术品等;《威尼斯宪章》(1964)中所使用的是"历史古迹"(historic sites)的概念,直至1972年《保护世界文化和自然遗产公约》中才首次明确提出了"文化遗产"(cultural heritage)的概念并对其进行了范围的界定,规定文化遗产包括文物、建筑群、遗址三种类型,但这一时期对于文化遗产的认识主要集中在有形的物质遗产方面。2003年,《保护非物质文化遗产公约》颁布,将各种体现特定文化传统的实践、表演、知识、技能、场所等也纳入了文化遗产的范畴,至此文化遗产的概念得以进一步扩展,除有形的物质遗产外,无形的、活态的非物质遗产,以及自然和人文相融合的文化景观等形式也被列入了文化遗产的范畴。

表 1-2 文化遗产相关概念的释义及出处

概念	释义	出处
文化财产	文化财产应包括对每 民族文化遗产具有重大意义的可移动或不可移动的财产,如建筑、艺术或历史纪念物而不论其为宗教的或非宗教;考古遗址;作为整体具有历史艺术价值的建筑群;艺术作品;具有艺术、历史或考古价值的手稿、书籍及其他物品;科学收藏品和书籍或档案的重要藏品或者上述财产的复制品	《海牙公约》,1954
历史古迹	历史古迹的概念,不仅包括单个的建筑物,而且包括能够从中找出一种独特的文明、一种有意义的发展或一个历史时间见证的城市或乡村环境。这不仅适用于伟大的艺术作品,而且适用于随时光流逝而获得文化意义的过去一些较为朴实的艺术品	《威尼斯宪章》,1964
历史地区	历史和建筑(包括本地的)地区是指包含考古和古生物遗址的任何建筑群、结构和空旷地,它们构成城乡环境中的人类居住地,从考古、建筑、史前史、历史、艺术和社会文化的角度看,其凝聚力和价值已得到认可	《内罗毕建议》,1976
古迹	古迹应包括在历史、艺术、建筑、科学或人类学方面具有价值的一切建筑物(及其环境和有关固定陈设与内部所有之物)	《国际古迹遗址理事会章程》,1978
具有文化重要性的场所	文化重要性指对过去、现在及将来的人们具有美学、历史、科学、社会和精神价值。文化重要性包含于遗产地本身、遗产地的构造、环境、用途、关联、含义、纪录、相关场所及物体之中"场所"指地点、区域、土地、景观、建筑或建筑群,也可以包括组成要素、内容、空间和风景。组成要素包括古迹、树木、花园、公园、历史事件发生地、城区、城镇、工业区、考古遗址和宗教场所等	《国际古迹遗址保护和修复宪章》(简称《巴拉宪章》),1999
考古遗产	考古遗产是根据考古方法提供主要资料实物遗产部分,它包括人类生存的各种遗存,它是由与人类活动各种表现有关的地点、被遗弃的结构、各种各样的遗迹(包括地下和水下的遗址)以及与上述有关的各种可移动的文化资料所组成	《考古遗产保护与管理宪章》,1990

从 21 世纪初开始,为了顺应社会发展和遗产保护事业的需要,我国逐步实现从文物保护到文化遗产保护概念的过渡。2005 年,国务院出台了《关于加强文化遗产保护的通知》,在该通知中首次运用了"文化遗产"的概念而非"文物"的概念,并明确规定古遗址、古墓葬等均属于物质文化遗产的范畴,各种传统文化表现形式及相关的文化空间作为非物质文化遗产同属于文化遗产的范畴,物质文化遗产和非物质文化遗产同属于文化遗产的范畴。从这一界定可以看出,我国已经逐步突破了以往文物保护的视野,在保护形式、保护范围上逐步与国际文化遗产保护工作相接轨,大遗址的保护将从属于文化遗产保护的范畴。

3. 遗址

遗址(relics)属于考古学的概念,目前存在多种界定。Wager(1995)将遗址定义为古代人类活动的杰作，对当代人而言在建筑、历史、景观等方面具有突出的价值；Howard 等（2003）将遗址界定为物质形态已被破坏，但仍然具有较高文化内涵的古代人类活动所遗留下来的痕迹。《中国大百科全书·考古学》将遗址定义为"古代人类活动遗留下来的城堡、村落、住室、作坊和寺庙等基址"，同时按照古代人类活动类型的不同，又将遗址分为建筑遗址、防卫性设施遗址等不同的类型。目前普遍接受的遗址概念是《保护世界文化和自然遗产公约》（1972）中所做的界定：遗址是从历史、审美、人种学或人类学角度看具有突出普遍价值的人类工程或自然与人联合的工程以及考古地址等地方。

综合以上关于遗址的界定，可以概括出遗址具备如下特点：首先，遗址是作为一个特定的人类工程或特殊的人类活动场所而存在，具备有形的物质形式；其次，遗址包含古代人类活动、包含一定历史文化信息，而这些信息对于当代人而言具有特殊价值及文化意义；最后，遗址类型丰富、范围广泛，既包括远古时期人类活动的聚居地，也包括不同历史时期人类出于政治、经济、军事等目的而进行各种活动的场所。同时还可以根据人类活动目的的不同进行遗址的分类，陆建松（2005）对遗址进行了如下分类：①旧石器时代人类活动遗址；②新石器时代文化遗址；③古城、镇、村遗址；④古代建筑群遗址；⑤古代军事交通遗址；⑥古代手工业遗址；⑦古代陵寝和墓葬群遗址。

4. 大遗址

大遗址这一概念从逻辑上来看，应该从属于遗址、文化遗产的范畴。大遗址并非是一个严格的学术用语，而是近年来我国在处理文物保护与经济发展关系的实践中所提出的一个具有中国特色的概念。大遗址普遍具有体大面广的特点，有的占地面积甚至高达数十平方公里，因此随着中华人民共和国成立之后大规模经济建设的展开，大遗址保护与所属区域经济建设之间的矛盾也引起了有关部门的注意。1964 年文化部召开专门会议，就如何协调大型古遗址保护与当地生产建设的关系进行了工作部署，当时在会议中所提出的"大型古遗址"的概念可以说是"大遗址"概念的雏形。改革开放之后，随着新一轮经济建设的全面展开，如何协调大型遗址保护与经济建设的矛盾又一次摆在了人们的面前。1983 年在山东曲阜鲁国故城遗址召开了"大型遗址保护座谈会"，话题同样围绕经济建设中如何有效进行体大面广的大型遗址保护的问题。1997 年《国务院关于加强和改善文物工作的通知》中采用了"大型古文化遗址"的提法，明确指出要对这类遗址进行重点保护。进入 21 世纪以后，大遗址保护的重要性引起了人们更高程度的重视。2005 年，财政部与国家文物局联合下发《大遗址保护专项经费管理办法》，首次出现了有关大遗址内涵的详细规定："大遗址主要包括反映中国古代历史各个发展阶段涉及政治、宗教、军事、科技、工业、农业、建筑、交通、水利等方面历史文化信息，具有规模宏大、价值重大、影响深远特点的大型聚落、城址、宫室、陵寝墓葬等遗址、遗址群及文化景观"。2013 年出台的《大遗址保护"十二五"专项规划》将这一界定作为标准遴选了 150 处大遗址进入保护项目库。2016 年出台的《大遗址保护"十三五"专项规划》，同样遴选出了 150 处大遗址保护项目，并对"十二五"规划名录上的部分大遗址进行了调整。

对于大遗址"大"的特征，本书综合相关文献进行了如下概括。

（1）规模大。单霁翔（2006）在《关于大型古代城市整体保护的思考》一文中提出，大遗址具有规模大的显著特点；孟宪民（2001）指出，大遗址专指规模特大的考古文化遗址和古墓葬等；陈同滨（2009）在《中国大遗址保护规划与技术创新简析》一文中提出，大遗址具有规模大、分布集中的特征。除此之外，还有学者对于究竟达到何种规模才称为大遗址进行了研究。例如，董欣（2004）提出大遗址需具备占地面积 $3km^2$ 以上的特征；但张韵（2009）通过统计数据证实，即便是已经入选国家大遗址保护项目库的大遗址,也有近 1/5 占地面积小于 $1km^2$。因此，"规模大"仅是一个相对的概念，大遗址的认定并非仅依据规模而来。

（2）价值大，价值突出。陆建松（2005）指出大遗址直接体现了中华文明的产生和发展，具有重要的历史见证价值，大遗址在考古学文化上具有重要意义；傅清远（2008）指出大遗址具有"不可替代、不可再生的价值和地位"；陈同滨（2006）指出大遗址具有价值突出的特点，是构成我国古代文明史史迹的主体，部分大遗址能够反映区域文化发展、与重大历史事件或重要历史时期相连，其历史意义与文化意义尤为突出。

（3）类型丰富，包含信息量大。孟宪民（2001）认为大遗址不单指遗址本体，更包括相关的环境等综合系统，是文化意义上的完整体现；张忠培（2008）认为大遗址包含不同历史时期人们所修建的城市、建筑、手工业、陵墓、基础设施以及陵墓等所遗留下来的代表性物证，同时也包括具有一定纪念性意义的场所等，类型非常丰富；傅清远（2008）指出大遗址具有遗存丰富、信息量大、不可替代的价值和地位。

（4）保护难度大。曲凌雁等（2007）提出，当前我国大遗址保护在认识、方法等方面面临多重困境，保护难度非常大；李文竹（2017）研究了大遗址保护与村镇发展所存在的矛盾，这种矛盾的存在进一步加深了实践中大遗址保护的困难性等。

综合以上分析，大遗址是我国具有突出地位的文化遗产形式，普遍具有规模大、价值突出、类型丰富、保护难度大等特征，其主要类型涉及人类活动遗址、古代建筑遗址、古代工程及手工业遗址、古代墓葬遗址或遗址群、历史文化景观等。

1.4.2　大遗址区文化资源范围的界定

"资源"一词在《辞海》中的解释为"资财的来源"，与财富有关。资源的范围包括一国或一定地区内拥有的各种物质要素，其中又可以进一步划分为自然存在的资源和经由人类活动创造的资源两大类。但这一解释偏重于具备物质形态的资源要素类型，忽视了非物质形态的资源要素（诸如信息、文化等）。"资源"在经济学研究的视角中，被认为是具有"有用性"的物品，与物品的价值之间建立了经济联系，资源被理解为生财之源、财富之源，同时资源稀缺程度的高低与资源本身所蕴含的价值量之间存在着直接的联系。

文化资源属于资源的一种特定类型，是具有文化性质的资源。国内学者对于文化资源进行了若干界定，其中比较有代表性的有：程恩富（1993）从文化资源的有用性出发，提出文化资源是指人们在进行文化生产或从事文化活动的过程中所利用的各种资源，内涵较为全面，这一界定也被广为接受；米字川（2008）认为，文化资源本身是人们在文化生产活动中使用或被创造出来的内容，各种历史人物、历史古迹、社会风俗、宗教信仰等是人们借助于物质生产或精神生产活动所形成的文化形式，均属于文化资源。因此，文化资源可以视为人类在从事文化生产或文化活动过程中所创造出来的、可资利用的文化形式或文化内容。

在文化遗产保护领域，与文化资源相近的提法还有文化财产、文化财等。例如，《海牙公约》（1954）认为文化财产对于本民族文化乃至世界文化会产生一定贡献，并规定了文化财产的范围：对每一民族文化遗产具有重大意义的可移动或不可移动的财产，其类型既包括不可移动的历史性建筑物、考古遗址等，也包括可移动的艺术作品、收藏品等。联合国教科文组织通过的《关于保护受到公共或私人工程危害的文化财产的建议》（1968）对于文化财产所给出的界定是昔日不同传统和精神成就的产物和见证，其范围既包括各种经考古发掘出土的具有价值的历史遗址遗迹，也包括能够彰显创作精神和文化思想的近现代建筑物等。美国《国家历史保存法》（*The National Historic Preservation Act*，NHPA）中，文化资源的含义等同于历史性资产（historical property），同样强调资源作为资产的有用性特征。

综合以上分析，本书将大遗址区文化资源界定为与大遗址本体及其周围环境相关的，具有重要价值或意义的可资利用的文化形式或文化内容，可以概括地分为三种类型：大遗址区物质文化遗产资源、大遗址区非物质文化遗产资源、大遗址区周边环境。

1. 大遗址区物质文化遗产资源

大遗址区物质文化资源可以分为两大类：可移动的物质文化资源和不可移动的物质文化资源。大遗址区不可移动的物质文化资源主要包括大遗址本体及相关的考古遗址、建筑基址或者具有历史、科学特征的建筑物，或者能够反映大遗址与周围环境景色相结合的具有突出价值的建筑物等。其中，大遗址本体是大遗址区文化资源中最为核心的部分。

可移动的物质文化资源主要包括处于大遗址区、作为人类文化创造活动的成果，并在历史、艺术、科学、审美等方面具有价值的可以移动的物品。联合国教科文组织通过的《关于保护可移动文化财产的建议》（1978）对可移动文化财产进行了分类，详见表1-3。

表1-3　可移动文化财产的分类

序号	类型
1	于陆地和水下所进行考古勘探和发掘的收获
2	古物，如工具、陶器、铭文、钱币、印章、珍宝、武器及墓葬遗物，包括木乃伊
3	历史纪念物肢解的块片
4	具有人类学和人种学意义的资源
5	有关历史，包括科学与技术历史和军事及社会历史、有关人民及国家领导人、思想家、科学家及艺术家生活及有关国家重大事件的物品
6	具有艺术意义的物品，包括家具、挂毯、地毯、服饰及乐器物品
7	具有特殊意义的手稿和古版书本、古籍抄本、书籍、文件或出版物
8	具有集币章和集邮意义的物品
9	档案，包括文字纪录、地图及其他制图材料、照片、摄影电影胶片、录音及机读纪录
10	动物、植物及地质的标本

参照表1-3的分类，结合我国大遗址的现状及文化资源的存在状况，本书将大遗址区可移动物质文化资源的范围界定为：①在考古发掘与勘探中所发现的可移动的文物资源，包括各种墓葬随葬品、古钱币、陶器、手工工具、武器等；②尚未被考古发掘发现，但可能存在的与大遗址相关的可移动物品；③古代建筑残留的构建，如瓦当、础石、立柱等；④能够反映与大遗址相关的特定历史年代社会、经济、政治等环境的代表性可移动物证；⑤具有特殊历史、艺术、审美价值的古籍、档案资料、服饰、乐器等；⑥具有科学价值的动植物或地质标本等。

2. 大遗址区非物质文化遗产资源

与物质形态的文化资源相比，大遗址区非物质文化遗产资源受重视的时间相对较短。但值得注意的是，大遗址区非物质文化资源也是彰显大遗址文化内涵与文化精神、共同构成大遗址区文化资源价值的不可或缺的组成部分，与大遗址区物质形态的文化资源之间是相互影响、不可分割的关系。尤其是在当前注重对文化遗产资源文化价值的保护和发扬的新的时代条件下，对大遗址区非物质文化资源进行有效保护和传承，是促进大遗址区文化价值发挥的重要途径。

大遗址区非物质文化资源属于广义的非物质文化资源的一种类型。联合国教科文组织通过的《保护非物质文化遗产公约》（2003）对非物质文化遗产的概念做出了如下界定：非物质文化遗产是"被各群体、团体或个人视为其文化遗产的各种实践、表演、表现形式、知识和技能及其与此相关的工具、实物、工艺品和文化场所。"因此，基于《保护非物质文化遗产公约》对非物质文化遗产概念的界定，本书对于大遗址区非物质文化遗产资源的范围进行如下界定：①与大遗址相关的口头传说及文字表述等；②与大遗址存续的历史期间相关联的各种表演艺术形式；③与大遗址存续历史时期相关的能够反映当时社会的民风民俗、礼仪礼节、节庆活动等形式；④与大遗址存续的历史时期关联的人们当时对于自然界、宇宙的认识知识及实践；⑤大遗址存续历史时期人们的传统手工艺技能等。

3. 大遗址区周边环境

《威尼斯宪章》（1964）首次注意到历史古迹周边环境的重要性，在该宪章中提到，历史古迹不仅是指具有突出价值和意义的历史性建筑物或纪念物，还包括富有历史文化价值和意义的历史环境。联合国教科文组织通过的《关于保护受公共或私人工程危害的文化财产的建议》（1968）中指出，文化财产既包括各种可移动和不可移动的物体，还适用于此类财产周围的环境。联合国教科文组织通过的《内罗毕建议》（1976）中提到，历史地区的周边环境是紧密围绕该历史地区、共同构成历史地区文化重要性的不可或缺的组成部分，应将周边环境与历史地区视为紧密相连的整体，而不应将周边环境割裂开来，同时环境还可以进一步区分为静态的自然地理环境和动态的社会人文环境两大类。国际古迹遗址理事会通过的《西安宣言》（2005）明确提出了周边环境的价值和意义，将周边环境定义为在地理位置上紧靠古遗址及历史性地区、构成古遗址或历史性地区价值及文化意义的不可或缺的组成部分。《西安宣言》提出周边环境既包括物质环境，又包括能够反映人和自然相互关系的独特历史环境，以及当前活跃发展的文化、社会和经济氛围，周边环境在体现和彰显古遗址的历史性价值和文化氛围方面有着重要的作用。

因此，本书在充分肯定周边环境重要性的基础上，将周边环境视为与大遗址不可分割、共同形成大遗址文化重要性和独特性的组成部分，并结合《西安宣言》对大遗址区周边环境的范围进行如下界定：①紧靠大遗址周边环境；②大遗址往外延伸的、能够体现大遗址重要性和影响的延伸环境；③依托大遗址区非物质文化遗产资源所形成的具有独特文化氛围的历史空间；④围绕大遗址所形成的活跃发展的当代文化、社会和经济氛围。

1.4.3　大遗址区文化资源价值的界定

价值问题是文化资源保护所关心的基本问题，也是文化资源领域人们经常使用的基本词语。但回顾现有理论文献，有关文化资源价值内涵及其决定因素，却纷繁复杂，甚至还存在一些相互矛盾的论点。以下就代表性的文化资源价值内涵进行系统回顾，并结合实际，对大遗址区文化资源价值做出界定。

1. 价值内涵的几种代表性理论观点

目前理论界对于价值内涵的界定大体分为以下四种方式（孟宪民，2007）。

（1）实体价值论。实体价值论将价值等同于某种或某类价值物的客体本身，如土地、金银、牛羊，或者笼统地将价值等同于财富等。实体价值论具有较大的局限性，该观点难以解释不同价值物之间价值的等价性问题，因此只是一种较为朴素的直观的价值认识。

（2）属性价值论。属性价值论将价值视为超越不同事物而单独存在的一种"有用性"，不同类型的事物之所以都具有价值，是因为它们都具有这种内在的有用性。相比起实体价值论，属性价值论对于价值的认识有一定的进步，脱离了具体事物本身来谈论抽象的价值属性，但将价值作为固有属性的观点，仅从客体的角度去认识价值，却具有一定的局限性。首先，属性价值论难以解释对于同一个客体而言，如果其有用性是内在固有的，则应该保持不变，但在现实中却存在由于主体本身的差异，对于同一个客体往往会做出差异性的价值评判的问题，属性价值论无法解释这种差异性；然后，即使不考虑主体本身的差异，随着时间的推移，原来不具有价值或者价值较低的事物，也有可能会具有了某种历史价值，如果单纯将价值理解为客体固有属性，也无法解释客体本身价值变化的情况。

（3）关系价值论。关系价值论相比实体价值论和属性价值论在关于价值本质问题的认识上又进了一步，将价值定义为客体满足主体需要所产生的一种关系（巨乃岐等，2009），从而摆脱了机械的属性价值论的局限。将对于价值的评判与作为主体的人们的价值需要联系在一起，而对于价值为何发生变化的问题，可以从作为主体的人的需要在不同时代、在不同背景下会发生变化这个角度加以解释，将价值的客观性与作为主体的人的主观性有机地结合起来。但是关系价值论只强调作为客体的价值物是否能通过价值的发挥满足作为主体的人们的价值需要这一单向的关系，没有考虑作为主体的人们的认识活动对于价值客体所产生的反向作用及影响，因此在对价值问题的认识上仍然是片面的。

（4）意义价值论。意义价值论将价值界定为事物向主体呈现的意义。首先，意义是作为客体的事物所具有的某种属性，无论主体是否意识到、是否认可这一意义，价值均是客观存在的；然后，客体的这一意义到底有多大，对于主体能产生什么影响，又取决于主体本身的认知能力和评价，因此意义同时具有主观性。总之，意义价值论的突出优势在于既肯定了客体的价值客观存在性，强调作为属性的客体价值对于主体产生的效用；又肯定了作为主体的人们对于客体的价值所产生的影响，从而认识到了价值关系的双向性和主客观一体性。

2. 大遗址区文化资源价值的界定

本书在综合比较实体价值论、属性价值论、关系价值论、意义价值论的基础上，提出在对大遗址区文化资源进行价值界定时应坚持意义价值论的观点，视大遗址区文化资源的价值为向作为主体的人们所呈现出的特定的意义。这种意义价值具有双重属性，一是价值是作为客体的大遗址区文化资源本身所固有的内在属性，无论人们是否意识到、是否认可大遗址区文化资源的价值，它的价值均客观存在；二是从主客体之间的相互作用来看，大遗址文化资源的价值作为向主体呈现的一种意义，这种意义受主客体之间相互作用的影响，因此价值的高低还取决于作为主体的人们在不同历史时期的价值需求及对其价值认可程度的高低。

从意义价值论的角度就可以理解：第一，对于大遗址区文化资源而言，尽管其部分物质文化资源毁损严重，可观可览性较差，作为主体的人们可能从直观上对其价值认可程度较低，甚至出现忽视价值的情况，但这并不意味着大遗址区文化资源缺乏价值，其自身所蕴含的历史、文化、艺术等方面的价值，作为固有的内在属性而客观存在，不因人们是否意识到、是否认可而改变；第二，对于大遗址区文化资源而言，其价值受主客体之间相互作用的影响，作为主体的人们对于大遗址区文化资源的价值会产生影响。随着作为主体的人们在不同历史时期价值需求的变化，人们对于大遗址区文化资源的价值认可也会发生变化，大遗址区文化资源对于人们的意义也随之发生变化。因此，对于大遗址区文化资源价值的界定和价值的认可，需要考虑到作为主体的人们在特定历史时代的价值需求，考虑到在对大遗址区文化资源进行认定时人们主观作用的影响。

1.4.4　大遗址区文化资源活化的界定

活化从字面意思上来理解，就是让大遗址区文化资源保持一种活的状态、具有生命力，而非静止、凝滞的状态。对于活化的内涵，国内学者也从不同的角度提出了一些观点。一种观点认为，文化遗产的活化就是遗产产品化，是借助于一定的形式将遗产转化为现实的文化旅游产品。例如，喻学才（2010a）认为遗产活化就是如何把遗产资源转化成旅游产品而又不影响遗产的保护传承；龙茂兴等（2013）指出遗产活化是对历史文化遗产进行旅游开发，通过一定的途径让文化遗产资源转变成为有声有形、有神有韵的文化旅游产品，从而达到让遗产走出文献、进入现实的目的，活化是让静态的遗产生动化，借以展现所蕴含的传统文化特色；张映秋等（2014）同样主张遗产活化就是在保证遗产真实性、不影响遗产保护与传承的前提下，通过遗产开发将其转变为文化旅游产品的过程等。另一种观点认为，活化是文化遗产价值、功能的活化，是要让其在现代社会中发挥一定的功能，从而融入现代经济社会发展而非与之隔离。例如，单霁翔（2008）认为，活态主要指该遗产在当代社会生活中仍然能够继续发挥其功能和作用，而非只能放在博物馆里供人瞻仰的文物；张松（2007）认为应该在挖掘遗产当代价值和功能的基础上，将遗产融入当代社会之中，延续其当代价值；王新荣（2012）指出，古迹活化是让静态的文物古迹动起来，通过进行外表的更新来为历史建筑寻得新的生命、发掘新的用途，其实质是历史建筑的再利用；王元（2013）研究了海南黎族地区文化遗产资源的活化，提出文化遗产资源活化的含义即是在当代社会重新发掘文化遗产资源的价值，延伸其当代功能，从而将其转变成为助力区域发展的积极力量；朱庆磊（2014）提出非物质文化遗产的活化是找到与现代生活的契合点，寻找新的发展可能性；刘涛等（2015）指出文化遗产的活化是从不同的视角对于文化遗产进行诠释、解读，促进遗产所蕴含的文化价值的充分发挥，借以将文化保护融入现实社会生活等。

综合以上分析，本书认为大遗址区文化资源活化是在保护的前提下探求对大遗址区文化资源的创新性利用，通过延续大遗址区文化资源的固有价值，发掘其在当代社会新的价值和功能，从而改变以往大遗址区文化资源被静态保护、无生命力的状态，转而成为能够契合当今社会对于大遗址区文化资源的价值和功能需求的、能够主动融入经济社会发展轨道的状态。进行大遗址区文化资源的活化，其根本目的是改变传统"限制型"保护模式下大遗址区文化资源的静止状态，通过在保护的前提下采取有效措施激活大遗址区文化资源的内在潜能，来实现对大遗址区文化资源的合理有效利用，进而达到服务社会、助力区域发展的目标。

1.5　文化遗产资源价值及活化研究进展

1.5.1　文化遗产资源的价值构成及评估研究

1. 文化遗产资源的价值构成

国外有关文化遗产价值构成的研究起步较早，早在 20 世纪初，奥地利著名艺术史学家 Riegl 就对纪念物（monument）的价值类型进行了系统分析。Riegl（1903）指出历史性纪念物的价值可以分为纪念性价值和当代价值两大类，其中纪念性价值又由年代价值、历史价值构成，体现纪念物本身随着年代推移而被赋予的价值，或者纪念物本身作为某一特定历史年代或某些特定历史人物、历史活动的见证而对于当代人来讲所具有的特殊意义。与纪念价值相对的是当代价值，由使用价值、艺术价值、新价值（与作为"旧价值"的年代价值相对应）三种不同的价值类型构成。其中使用价值的大小体现为能否对纪念物进行利用，在当代社会仍然能够发挥一定的功能；艺术价值体现从艺术欣赏的角度来讲纪念物在多大程度上能满足当代人的艺术偏好和艺术需求；而新价值则反映如何融合当代人新理念来对纪念物进行适应性再利用。值得注意的是，Riegl（1903）已经意识到，这些不同的价值类型内在并不统一，人们对于某一价值类型的过度关注可能会制约其他类型价值功效的发挥。例如，重视历史价值，则希望纪念物主要作为历史信息的载体而长久保存，尽量维持原有的状态而不改变，从而会产生与纪念物追求在当代具有新价值、实际使用价值等方面的矛盾（表1-4）。

表1-4　纪念物价值构成体系（Riegl，1903）

价值构成		价值的内涵
纪念性价值	年代价值	与年代相关，年代久远赋予纪念物的特殊时间价值
	历史价值	纪念物本身作为某一特定历史年代或某些特定历史人物、历史活动的见证而对于当代人来讲所具有的特殊意义
当代价值	使用价值	纪念物符合当代人需要的程度
	艺术价值	从艺术欣赏的角度来讲纪念物在多大程度上能满足当代人的艺术偏好和艺术需求
	新价值	融合当代人的新理念来对于纪念物进行适应性再利用

　　20世纪前半叶，人们对于文化遗产价值的认识主要集中在其内在的审美价值、艺术价值或者更为宽泛的文化价值上，在更为普遍的意义层面上分析和认识文化遗产的价值构成。进入20世纪后半叶之后，人们逐渐认识到促进文化遗产利用、挖掘文化遗产资源的经济潜力或经济价值的重要性。William（1984）对文化遗产资源及其价值之间的关系问题进行了分析，提出了它们的关系结构图（图1-2）。从图1-2中可以看出，各种遗址、景观等构成了文化资源基础，这些文化资源除在美学、象征、科学等方面存在一定的价值之外，还存在一定的经济潜力，并可以供社会机构所利用，进而实现其价值。

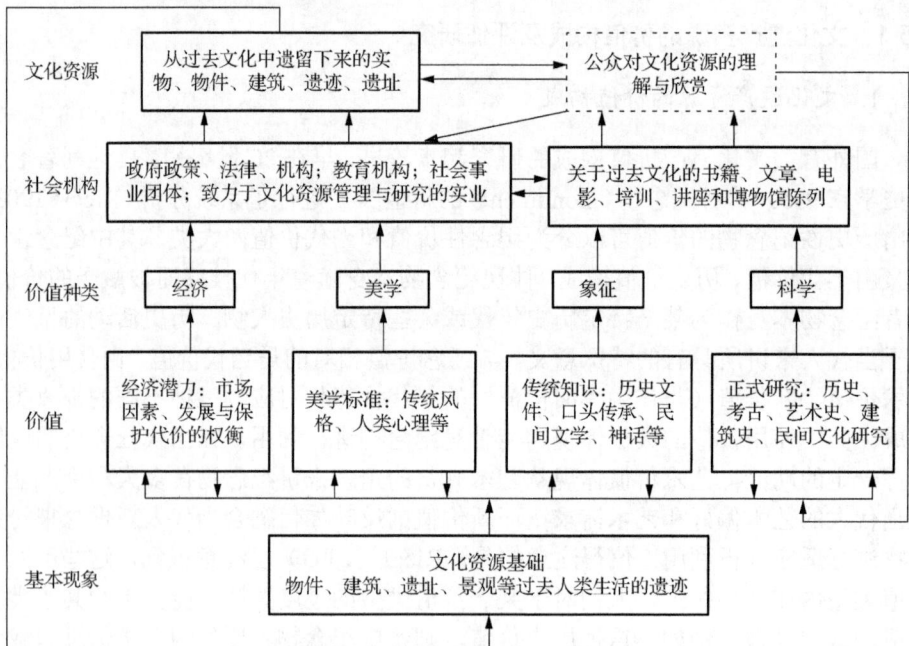

图1-2　文化遗产资源及其价值的关系结构图（William，1984）

进入 21 世纪之后，随着以 Thorsby 和 Klamer 为代表的部分学者逐步构建起文化遗产经济学的体系，从经济学的视角进行文化遗产价值构成与价值分析引起了学者们的普遍关注，文化遗产的价值构成体系逐渐得到进一步的丰富和发展。Thorsby（2000）明确指出文化遗产资源具有文化价值和经济价值，但文化价值比经济价值更为重要。Klamer（2002）在 Thorsby（2000）价值构成体系的基础上，将文化遗产的价值概括为四类，分别为艺术价值、社会价值、文化共享价值及广义的文化精神价值。从 Klamer（2002）所做的文化遗产价值分类可以看出，这一分类方法有助于从狭义和广义两个不同的层面来认识文化遗产的价值，尤其侧重于对文化遗产蕴含的内在价值进行界定。

Mason（2002）同样从经济学的视角出发，将文化遗产的价值分为两大类：社会文化价值和经济价值（表 1-5）。其中经济价值按照能否在公开市场进行交易为原则，分为使用价值和非使用价值两部分。其中使用价值是可以进行公开市场交易并转化为一定的市场价值的部分；而非使用价值是指难以在公开市场进行交易的部分，并可细化为存在价值、选择价值、遗赠价值三部分。社会文化价值是指文化遗产内在隐含的、固有的、因其能够反映特定的历史年代所具有的价值及其所具有的美学、艺术等方面的独特价值；经济价值则以 Mason（2002）所提出的文化遗产价值构成体系较为完善，尤其对于经济价值构成部分的分析中，依据能否转化为市场价值，分为使用价值和非使用价值两部分，并进一步就非使用价值的构成做出了具体的界定。上述分类在实际中针对某一具体的文化遗产展开价值评估提供了理论指导，随后涌现出了一批文化遗产经济价值评估的文献。例如，Salazar 等（2005）以位于西班牙的阿拉伯古塔为例，对其社会价值进行了评估；Ruijgrok（2006）以位于新西兰的古文化遗址为例，对这一文化遗产的非市场价值（包括舒适性价值、休闲价值、遗赠价值）进行了评估，并认为对于这一文化遗产实施保护在经济上是可行的；Samuel 等（2007）以韩国的世界文化遗产地昌德宫为例，采取意愿支付法间接对其非市场价值进行了定量评估等。

表 1-5　文化遗产价值构成（Mason，2002）

价值构成		价值的内涵
社会文化价值	历史价值	与文化遗产代表的特定历史年代有关，或者与特定的历史人物、历史时间有关，或者与其在工艺、文献等方面的独特性和稀缺性有关
	文化/象征价值	增进社会成员对于与遗产相关的特定文化或特殊意义的共同理解，促进相互之间的文化交流与沟通
	社会价值	与文化遗产相关的社会活动的发展，使人们形成对于文化遗产地的场所依赖关系
	精神/宗教价值	与人们某种特定的宗教信仰有关，为人们提供精神力量
	美学价值	从视觉或美学的角度看文化遗产、纪念物在设计、装饰、雕塑等方面具有的价值

续表

价值构成			价值的内涵
经济价值	使用价值		与文化遗产相关的衍生文化产品或服务能够在公开市场交易，且能够表现出一定的市场价值（如遗产旅游门票收入等）
	非使用价值（不能在公开市场交易，难以准确用市场价格反映）	存在价值	某一文化遗产资源能够持续存在而给人们带来的利益
		选择价值	人们由于不确定性因素的影响而自愿放弃对文化遗产资源在当前时期的利用，以便将来某个时期进行后续利用
		遗赠价值	人们为了将某一文化遗产保存下来以遗赠给子孙后代使用，使后代能够从中获取一定利益

　　受《中华人民共和国文物保护法》中有关文物三大价值（历史价值、艺术价值、科学价值）规定的限制，我国长期以来对于文化遗产资源的内在价值认定主要在这个框架之内进行讨论。对于文化遗产资源价值尤其是经济价值缺乏较为客观的认识，直至 21 世纪，随着国际文化遗产保护理念的传入，有关文化遗产资源价值问题的讨论才逐渐发展起来。李湉等（2009）以文化遗产的一种特定类型——历史建筑为例，对其价值构成进行了分析，提出历史建筑的价值分为两大类：文化价值和经济价值。其中，文化价值为内在价值，经济价值为外在价值，两者相辅相成，且在一定条件下文化价值可以实现向经济价值的转化。进一步细分，还可以将文化价值分为历史价值、科学价值、艺术价值、精神价值等类型；将经济价值分为直接的使用价值和间接的非使用价值两部分。这一分类方法与 Mason（2002）的文化遗产价值构成体系较为类似，按照"二分法"分为经济价值和文化价值（非经济价值）两大部分。

　　在文化遗产资源的经济价值方面，学者们认为可以将其概括地分为两大类：使用价值（use value）和非使用价值（non-use value）。其中，非使用价值由于尚未进入流通领域，易于被忽视，但非使用价值在总价值中占据相当大的比例。而从评估方面来看，常规的价值评估方法难以对非使用价值进行衡量（Mihaela，2012）。文化遗产资源的非使用价值可以进一步细分为选择价值、遗产价值、存在价值三类（Kenneth，2014）。我国对于文化遗产资源使用价值及经济价值的探讨起步较晚，进入 21 世纪之后，随着国外文化遗产保护与利用理念的传入，才逐步将文化遗产经济价值纳入研究的视野。闻峰（2005）从文化资产的视角，将文化遗产资源的价值分为自身价值、社会价值、经济价值三个维度，指出文化遗产同时具有固有的功能和历史见证的功能；李军（2012）就文化遗产的经济价值进行了探源，提出了文化遗产资源具有普遍的经济价值和特殊的经济价值之分；陈蔚等（2006）提出了符合当前我国实际的文化遗产价值体系，即包含真实性价值、情感价值、体现文化多样性的价值以及使用价值的综合性价值体系；邹怡情等（2017）对于世界文化遗产地——厦门鼓浪屿的文化遗产价值构成进行了具体分析及阐释等。

2. 文化遗产资源价值评估研究

对于文化遗产资源的价值评估，既要重视其直接的市场价值及使用价值部分，更要注重对于其固有内在价值的评估。如果忽视内在价值的评估，评估结果轻则是不完善的，重则是误导的（戴俭等，2012）。此外，从本质而言，文化遗产资源属于全人类共享的公共资源；从经济学的角度来看，具有公共物品的属性（赵宇鸣，2006；Scott，2010）。因此，在对其进行市场价值评估时，应注意其与常规市场产品的区别，需要采取价格以外的估值方法来综合判断文化遗产资源的价值（王银平，2010；刘卫红，2011）。

随着文化遗产经济学的兴起，对于文化遗产资源经济价值及市场价值的研究涌现出了一批成果。例如，Charles 等（2011）将投入产出法应用于文化遗产资源经济价值评估中，衡量比较文化遗产保护的成本及收益；Lourenco-Gomes 等（2013）将选择试验法应用于世界文化遗产地的价值评估过程之中；Lazrak 等（2014）采用特征定价法对城市文化遗产的市场价值进行了定量评估；Wright 等（2016）对文化遗产的货币价值进行了统计分析；Voltaire 等（2016）采用旅行费用法对世界遗产圣地——米歇尔教堂进行价值评估等。我国也逐渐将定量分析方法应用于对文化遗产资源的价值评估过程之中。例如，施国庆（2009）采用复合期权法对于文化遗产资源的经济价值进行评估；张维亚等（2002）采用意愿价值评估法对于南京明孝陵文化遗产地进行价值评估等。这些方法有助于对文化遗产资源的使用价值部分做出定量评估，但综合起来大部分方法，如投入产出法、特征价格法等，都需要一定的市场数据作为支撑，而对于文化遗产资源中的内在价值部分，由于缺乏公开市场数据，则需要引入新的评价方法。意愿价值评估法被认为是目前国际上衡量非使用价值最重要、应用最广泛的方法，其在文化遗产领域的应用尚处于起步阶段，且大部分研究案例分布在发达国家（Samuel，2007；Jin et al.，2011；Eden，2013），遗产丰富的发展中国家并未引起足够关注（张翼飞，2012）。将意愿价值评估法应用于大遗址区文化资源非使用价值评估中，有助于人们客观了解大遗址区文化资源的需求价值及开发潜力。

从现有有关文化遗产资源的价值评估方法的研究文献来看，评估方法涉及定性分析和定量分析两类，其中有关文化遗产资源的文化价值、精神价值等的价值评估方面，这部分价值具有内隐性、模糊性的特点，难以获得公开市场数据的支持，因此围绕这部分价值的评估方法多以定性分析为主。概括起来，相关的价值评价方法主要涉及如下五类。第一类方法为映射（mapping）法，在综合社会学、人类学、文化学等相关学科知识的基础上，对于所关注的文化遗产资源进行情景分析，以厘清所涉及的文化价值构成要素（Thorsby，2011）。第二类方法为专家评判（expert appraisal）法，是较为常见的定性分析方法，主要依靠相关领域专家的主观评判来对于文化遗产资源的美学价值、历史价值、真实性价值等做出定性评估。例如，郑育林（2014）将专家评判法运用于我国大遗址价值评估之中。第三类方法为内容分析（content analysis）法，适用于文化遗产象征价值的评估，有助于明确文化遗产的象征意义。第四类方法为态度分析（attitudinal analysis）法，借助于态度调查、启发式问卷调查等方法，对文化遗产的精神价值等较为模糊、缺乏客观量化数据的价值类型进行评估。例如，Báez-Montenegro 等（2012）通过启发式问卷来了解居民对秘鲁瓦尔迪维亚文化遗产的价值认可程度；Yung 等（2015）利用问卷对我国香港地区建筑遗产社会价值展开了评估。第五类方法为深度描述（thick description）法，在特定的文化环境下将零散的文化价值进行系统性的阐释与分析。例如，陈怡等（2014）将对京杭大运河价值的分析置于中外文化交流线路的宏观视野下，分别进行作为遗产运河的价值、作为文化景观的价值、作为文化线路的价值展开系统性的价值评估。

有关文化遗产资源经济价值的评估方面，学者们结合文化遗产经济学提出了一系列的经济价值评估方法。Andy 等（2009）采取选择模型（choice modeling）分析了澳大利亚旧议会大厦的价值；Einar 等（2009）分析了文化遗产的直接经济效应和间接经济效应；Haddad（2010）采取旅行费用法评估了约旦佩特拉遗址的经济价值；Kajale 等（2015）采取意愿价值评估法评价了库巴国家遗址公园的经济价值；Wright 等（2016）采取统计分析（meta-analysis）的方法对文化遗产的价值进行了评估等。同时这些评价方法也逐渐传入我国，并得到了国内学者的应用和发展。例如，张维亚等（2012）运用意愿价值评估法就南京明孝陵遗产的经济价值进行了定量评估；周军等（2012）分别采取旅行费用法和收益法对文物景区的游憩价值展开定量评估等。

概括起来，目前有关文化遗产资源经济价值评估的方法可以归纳为三类。一是直接市场评估法，通过市场价格等信息来反映价值，主要适用于对于文化遗产的使用价值部分做出评估。二是间接市场评估法，通过与文化遗产相关的其他物品的价格变化来间接反映文化遗产的经济价值。例如，Lazrak（2014）采取空间效用估价法（spatial hedonic model）通过计量文化遗产周边房地产价格波动来间接测算文化遗产的经济影响，进而估算遗产价值。三是虚拟市场评估法，针对文化遗产的价值无法完全在市场上反映这一现实，通过构造虚拟市场，采取问卷调查的方法来获知消费者对于文化遗产的评估价值。例如，Lourenco-Gomes 等（2013）利用选择实验法评估世界遗产地的经济价值等。通过对比三类方法可知，直接市场评估法与间接市场评估法均需以一定的市场信息为基础，在缺乏类似信息的情境中应用范围大大受限。而虚拟市场法由于构建假想市场，能更广泛地应用于文化遗产的价值评估实践，且由于能够同时评估文化遗产的使用价值和非使用价值，被认为是进行文化遗产资源总经济价值评估时可以采用的非常有效的方法（张翼飞，2012）。

1.5.2　文化遗产资源活化理念研究

1. 国外文化遗产资源活化理念研究

文化遗产资源活化的理念并非从来就有，而是伴随着文化遗产保护运动逐步形成和发展起来的。从 19 世纪至 20 世纪中期，在以欧洲为代表的国际文化遗产保护实践中，逐步形成了较为统一的文化遗产保护理念，其核心思想体现在《威尼斯宪章》（1964）中。从《威尼斯宪章》（1964）中有关保护、修复、真实性等核心内容的表述可以了解到，其所主张的文化遗产保护方法是以严格的"监护式"保护为主，力求将历史性纪念物所携带的信息真实完整地传递下去。自此之后相当长的一段时间内，《威尼斯宪章》（1964）及其所确立的文化遗产保护原则始终在国际文化遗产保护领域起着基础性的指导作用。

自 20 世纪 90 年代开始，国际文化遗产保护领域的学者们开始逐渐认识到城市扩张、工业化进程、环境污染等问题给文化遗产保护所带来的挑战，Marian（1994）概括性地分析了文化遗产保护所面临的现实问题，并开始思考在当代社会中文化遗产保护的意义；Yudhishthir（1989）对文化遗产所面临的现实挑战进行了系统分析，并就当代社会保护文化遗产的意义进行了阐释等。同时，学者们对于《威尼斯宪章》（1964）主要关注历史性纪念物这一类型的文化遗产进行了质疑，并开始将目光逐渐转向更为丰富的遗产类型，如节庆民俗类无形文化遗产、水下文化遗产、文化线路、工业遗产等。随着人们对于新的文化遗产类型及其所蕴含的多样化文化价值的关注，学者们开始意识到，除单纯凭借"博物馆式"的保护来延续其历史价值外，还应该采取多样化的方式促进文化遗产所蕴含价值的发挥，并与当代社会的发展相协调。Nancy（2002）将文化遗产视为国家民族精神的象征，对于如何在当代社会保护和传承文化遗产进行了分析；John 等（2006）研究了文化遗产资源在当代社会中的存在意义，指出对待文化遗产的正确态度是发现其价值、丰富其价值，将其融入当代社会；Mazzanti（2003）试图从微观经济学的角度对文化遗产在当代社会的价值进行分析，并就如何发挥其价值提出了相应的建议；Juvan 等（2014）提出通过为文化遗产增加新的用途，以使其适应当代社会的需求，从而实现文化遗产的可持续保护；Amit-Cohen 等（2016）以以色列为例，研究了偏远地区如何通过合理利用文化遗产，发掘文化遗产的经济潜力来更好地促进区域经济发展等。

而在文化遗产保护的目的与意义方面，当代国际文化遗产保护理论更强调通过保护遗产来提升遗产的社会、文化、精神等方面的意义，从而为采取多样化的方式促进文化遗产的活化奠定了理论基础（Vinas，2003）。在对待文化遗产保护与文化遗产活化关系问题上，学者们也开始逐渐认识到，活化与保护并不相悖，并提出了一些新的更符合现实需求的见解。Necissa（2011）视文化遗产为一种特定类型的资本，并以安哥拉共和国城市为例，提出应通过文化遗产保护来促进城市的可持续发展；Karkut（2011）研究了通过旅游开发来彰显文化遗产价值、带动区域发展的可行性；Bamert（2016）的研究指出，文化遗产的保护与利用并不存在统一的模式，在保存文化遗产本体的同时，还应注重对其功能的延续和利用；Gastor（2016）指出了非物质文化遗产本身具有活态化（vitality）特征，提出对于语言文字、习俗、传统音乐舞蹈等非物质文化遗产，要通过建立有序的代际传承机制，以促进非物质文化遗产的保护等。除此之外，还有部分学者采取案例分析的方法，来探讨将文化遗产保护与农业发展（Karoline et al.，2005）、旅游开发（Femando et al.，2012）、创意经济（Hani et al.，2012）、数字技术（Kim，2013）等相结合，从而拓展其在当代社会中发挥价值的空间。

2. 国内文化遗产资源活化理念研究

在中华人民共和国成立以后相当长的一段时间内，我国文化遗产保护一直秉承文物保护为中心的制度，单纯以防止文化遗产资源受到损害为目的。20世纪80年代以后，受国际文化遗产保护所面临环境变化的影响，文化遗产资源活化的理念开始逐步发展起来。一是随着我国加入世界遗产公约组织，国际文化遗产资源保护与活化的一些思想开始逐步传入我国并产生影响（阮仪三，1998）；二是国内城镇化建设高速发展给传统的文物保护带来了严峻的挑战，尤其对于一些占地面积巨大的大型遗址而言，学者们开始认识到延续传统的"限制型"保护理念，既难以实现文化遗产地与所在区域经济社会的协同发展（陈同滨，2006；陈稳亮，2010），也由于无法制止旧城改造和城镇化建设给遗产带来的大规模破坏而难以对文化遗产资源实行有效的保护（曲凌雁等，2007）。因此，进行文化遗产保护理念的创新研究迫在眉睫（赵荣，2009），文化遗产资源活化的思想也逐步开始发展起来。喻学才（2010b）首次提出了"遗产活化论"，提出应在不影响遗产资源保护与传承的前提下，通过旅游开发等方式来彰显资源价值，并进一步提出了遗产活化乃是保护与利用双赢之路的观点（喻学才，2010a）；李麦产等（2016）进一步总结出活化是赋予文化遗产新的功能与使命担当，让文化遗产在新的历史时期继续释放其价值的观点等。

近年来，受国际文化遗产保护领域对于文化多样性问题关注的影响，我国学者也开始探讨不同类型的文化遗产的保护与活化问题。例如，单霁翔（2008）对文化景观这一新型的遗产在保护与利用理念上的变化进行了分析；陈亮（2008）提出历史街区本身具有"活态"的特征，因此在保护中应注重对活体的保护，注重精神及文化内涵的挖掘和延续；王心源（2012）以京杭大运河为例，对于文化线路类型遗产的价值认知及价值提升进行了研究；方程（2014）提出通过构建地方认同来实现城市宗教文化遗产的活化等。同时，学者们也从多个角度论证了进行文化遗产活化的意义。例如，陆邵明（2013）将记忆场所理论引入到文化遗产保护中，提出通过保护记忆场所可以实现民族文化认同，促进遗产精神的活化；郑育林（2010）提出了立足于我国文化遗产本身的特性，通过遗产活化来促进具有中国特色的文化遗产保护理念的创新发展；李模（2015）提出通过遗产活化来促进遗产价值提升，符合当前国际文化遗产保护理念的发展趋势等。

1.5.3　文化遗产资源活化策略研究

文化遗产资源种类繁多，学者们针对不同的文化遗产类型，就如何活化的问题也做出了一些积极的探索。本小节按照文化遗产资源的不同类型分别进行评述。

　　1. 物质类文化遗产资源的活化

物质类文化遗产资源的活化侧重于如何在保护遗产物质本体的前提下，通过采取恰当的方式让其所蕴含的价值及功能充分发挥出来。从现有研究来看，学者们针对不同类型的物质文化遗产资源，如古文化遗址、历史建筑、古村落、文化线路、工业遗产等的活化问题展开了具体的研究。

（1）有关古文化遗址的活化问题。由于部分历史年代久远、破损严重的古文化遗址，其在直观的展示方面存在着天然的劣势，国外学者从 21 世纪初开始，探索将新型的三维数字技术、增强现实技术等引入到对于文化遗址的活化过程中，从而为普通公众能更直观地了解文化遗址所携带的历史信息创造了可能。Pollefeys 等（2001）研究了如何运用 3D 可视化技术建立视觉导览系统，对希腊的萨加拉索斯遗址进行视觉重现；Vlahakis 等（2002）研究了增强现实技术在文化遗址活化中的应用，并就如何应用增强现实技术来实现希腊赫拉神庙的遗址活化进行了具体分析；Abdurrahman（2009）以土耳其泰克芙尔宫为例，研究了如何利用信息管理技术对于遗址进行数据信息采集、分析、保护以及活化（revitalization）；Daminano 等（2016）介绍了如何利用 3D 技术对于文化遗产资源进行创意开发等。我国学者近年来也加强了文化遗产数字化活化问题的研究。例如，刘江涛等（2007）将三维数字化技术应用于三星堆遗址；陈靖等（2010）利用增强现实技术对圆明园进行数字重现；白国庆等（2016）提出对于大遗址进行数字传统，以拓展城市文化空间等。

（2）有关历史建筑的活化问题。学者们注意到了对于部分外形保存相对完好的历史建筑，可以通过进行功能置换等方式来重新加以利用。例如，Esther 等（2012）分析了通过对于历史建筑进行适应性再利用（adaptive reuse）来赋予历史建筑新的功能，从而延续其生命力；Kim 等（2016）以韩国为例，研究了木结构文化遗产可能受到的自然侵害，并就如何预防来自真菌等因素可能造成的侵蚀，从而减缓木结构文化遗产的衰落提出了相关的对策建议；萧百兴（2014）以华山文创园区、松山文创园区、罗东林业文化园区等为例，分析了如何通过营造具有历史感的空间，实现建筑遗产的活化，方式包括营造废墟情调、进行集体记忆的追索、导入人文与艺术理念等，从而让建筑遗产在活化过程中促进地域文化的振兴；齐一聪等（2015）以永利街为例，介绍了文物建筑的保育与活化，研究指出进行历史街区的保育与活化是保留地区文化记忆、延续城市文化精神的重要途径，活化是在修缮、保护历史建筑或历史街区的前提下，通过深挖其文化内涵，并赋予其符合当前需要的新的功能，从而让这些历史建筑或历史街区能够融入现代人的生活；钟行明等（2010）研究指出，遗产开发不应只局限于点的开发，而应该以点带面，在充分挖掘名人故居遗产价值的前提下，营造集古迹保护、生态休憩、展示教育、学术研究等多项功能于一体的综合性文化空间，让遗产具有持续的生命力，从而才能真正"活"起来。

（3）有关古村落的活化问题。马晓等（2013）通过经验借鉴与对比的方法，开展了古村落历史文化遗产活化的系列案例分析，主张兼收并蓄、融贯中西，在保护古村落历史建筑及历史环境风貌的同时，加强对于古村落历史文化传统的延续和文化精神的传承；戴林琳（2016）以京郊地区三家店村为例，研究了传统村落的遗产活化问题，指出活化有别于传统的静态保护，应是在保护的前提下对传统村落文化资源进行适度开发和利用，从而让传统村落空间恢复经济活力，让传统村落在功能上更符合现代社会的需求等。

（4）有关文化线路的活化问题。Snowball（2010）以南非的文化线路为例，就如何采取有效措施加强对于文化线路的保护，进而促进区域经济的发展进行了系统分析；Cojocariu（2015）对位于罗马尼亚的文化线路进行了价值分析，并就如何在当代社会彰显文化线路的价值提出了相关的对策建议；阮仪三等（2008）指出文化线路可以促进不同文化的相互影响，在价值评估的基础上对于文化线路进行合理的保护与利用，有利于促进文化交融与文化认同；张环宙（2010）在对大运河遗产价值进行系统分析的基础上，提出应在原真、完整地保护运河遗产资源的基础上，通过恢复缺失的历史断面、活化传统文化、再现运河辉煌等方式，促进运河遗产资源的活化；朱晗等（2013）以安徽段隋唐大运河为例，提出对于其的保护和利用应建立在对其的性质、价值和特点进行评估的基础上，充分做好其蕴含价值的展示和阐释，努力延续运河遗产的真实性。

（5）有关工业遗产的活化问题。Mihye等（2014）分析了开罗对于工业遗产所采取的文化政策，从而在保护遗产的同时通过开展工业遗产旅游等方式有效地提升了遗产的当代价值；齐一聪等（2014）进行工业遗产价值认定及活化途径的研究，指出工业遗产对于所在城市具有历史、文化、经济、技术、建筑等多方面的价值，应在加强对于地域工业遗产原真性保护的前提下，采取适宜的工业遗产再利用方式，将工业遗产积极融入城市系统中，以重新获得生命力；胡朴（2015）总结上海工业遗产的活化利用方式包括创意产业园区模式、遗产旅游体验模式、城市公共游憩空间模式、公益性文化设施模式，并指出对于工业遗产应多途径地加以活化，以更好地发挥工业遗产在延续城市文脉、优化城市功能、提升城市形象等方面的积极作用等。

从以上关于物质类文化遗产资源活化的综述中可以看出，学者们在论证对于物质类文化遗产活化的意义的基础上，结合遗产资源本身的保存状况及资源特性，就如何进行活化从多个不同的角度展开了探索。针对不同类型的物质文化资源，学者们认识到其在保存状况、价值形式上有所差异，因此对其的保存及活化方式也应该有所区别：对于毁损严重的遗址类文化资源，建议在进行价值提升、活化时充分借助虚拟复原等数字技术；对于保存相对完好的历史建筑，可以通过适应性再利用等方式赋予其新的功能；对于古村落类文化遗产，可以在保存古村落历史风貌的同时延续其文化传统；对于线路类文化遗产，可以通过恢复历史断面、再现线路辉煌等方式彰显其当代价值；对于工业遗产等其他类型的文化遗产，可以与现代文化创意、旅游、休闲等产业相结合，创新途径促使其在当代社会发挥积极的作用。

2. 非物质类文化遗产资源的活化

相较于物质类文化遗产资源的活化，学术界对于非物质类文化遗产资源的关注从时间上来说要晚得多，直至进入 21 世纪，非物质文化遗产及其文化价值才得到了国际社会的重视。2002 年《伊斯坦布尔宣言》明确强调了非物质文化遗产保护在促进世界文化多样性方面的积极作用；2003 年《保护非物质文化遗产公约》强调非物质文化遗产有利于促进人们之间的文化交流和相互理解，在促进人类文化创造性方面有着不可估量的作用，并明确提出应采取保护、宣传、振兴等措施来促进非物质文化遗产在当代社会的价值和功能发挥。与此同时，学术界有关非物质文化遗产保护、活化以及传承的相关研究也逐渐繁荣起来。

Laurier 等（2010）以位于海地的雅克梅勒镇为例，分析了保护非物质文化遗产对于延续文化传统、振兴文化经济方面的重要作用；Cristian 等（2014）提出通过引用移动视觉展示系统来提升文化遗产的可视性；Michelle 等（2015）以巴斯克乐器为例，研究了表演类非物质文化遗产的活态化传承问题，研究运用扎根理论分析了这一非物质文化遗产的文化基因以及相关的文化特征，并就如何实现有效的传承提出了相关的对策建议；Rafael 等（2016）研究了法国使玛伊奥尔-爱斯莱西亚大教堂无形文化遗产的再现问题，研究将一种新型的可听化系统（archaeoacoustics）加以应用，能够让教堂圣歌、修道士祷告等声音再现出来，营造了一种庄严肃穆的文化氛围，在有效提升参观者对于宗教文化遗产的可感受度的同时，也维护了教堂文化遗产系统的完整性等。

我国学者对于非物质文化遗产保护及其活化问题的研究主要集中于近十余年，研究涉及非物质文化遗产活化的必要性、活化的方式，以及结合具体的非物质文化遗产项目展开的实证研究等方面。祁庆富（2009）提出非物质文化遗产在保护和传承方面具有内在的活态性，活态保护和传承符合非遗传承的内在发展需求；方程（2014）以城市宗教遗产为例进行了遗产活化的分析，提出宗教遗产本身即采取活态的方式存在，并提出从形态、功能、意义三个层面对于城市宗教遗产进行活化；王元（2013）以海南黎族地区开展了民族地区非物质文化遗产活化问题的研究，提出对于传统手工艺（如织锦）类的非物质文化遗产，要注重生产性保护，在扩大生产、加大需求的同时，促进传统手工艺的延续和发展；张兰芳（2014）进行了非物质文化遗产活化保护的研究，指出应在坚持动态本真原则的前提下，通过深度发掘民间传统精髓、赋予时代内涵、重视传承人培养、进行创意开发等综合性的方式，来实现非物质文化遗产的活化；邹统钎（2014）分析了非物质文化遗产在旅游业中的活化，提出非物质文化遗产需要借助适当的载体进行活化，以《印象·刘三姐》实景演出为例分析了如何将当地富有民族特色的历史、传说等非物质文化遗产进行活化；张颖（2015）以代表黄土文明的介休为例，分析了介休富有区域文化特色的礼节风俗、信仰崇拜等非物质文化遗产如何找寻其存留的方式等。

从以上分析可以看出，非物质文化遗产由于缺乏直观的固定存在形式，长期以来并未得到足够的重视。从 21 世纪初国际文化遗产保护领域开始强调"文化多样性"及遗产的文化价值开始，形式灵活的非物质文化遗产本身所蕴含的价值才逐步得到广泛的认同。部分学者在对比物质文化遗产与非物质文化遗产的基础上，得出非物质文化遗产本身具有"活态"的特性，因此更适宜进行活态化的保护与传承；另有部分学者就非物质文化遗产保护与活化的意义及必要性进行了论证；还有部分学者采取实证研究或个案研究的方法，结合某一类具体的非物质文化遗产，如传统手工技艺、表演形式等，来探索如何进行保护和传承，或是在某一特定的文化背景之下（如民族地区）探讨非物质文化遗产的传承及民族文化的复兴的具体途径、策略。

3. 文化遗产资源周边环境的活化

部分学者注意到文化遗产与其所处周边环境之间的不可分性，提出要加强对于文化遗产所处周边历史环境的维护。例如，Jerpåsen 等（2014）指出公众在观赏古文化遗址时，可以先从了解史前文化遗址的环境入手，解读其所包含的历史信息，进而缩小公众在理解上的差距；Agapiou 等（2015）以位于塞浦路斯的帕福斯地区为例，研究了城市化扩张对于这一历史地区的影响，并就如何协调遗产保护与城市扩张的问题提出了相关建议；Trillo 等（2016）指出历史中心区的保护应注意其与周边区域环境风貌的一致性，纳入区域总体规划等。我国自 21 世纪初开始，逐渐认识到古迹遗址周边环境存在的重要性，并通过《西安宣言》（2005）肯定了周边环境对于维护古迹遗址价值的重要性和独特性方面所发挥的重要贡献。自此，学者们开始就文化遗产周边环境的维护及整体性保护等问题展开相关研究。例如，张柏（2005）提出古迹遗址环境具有脆弱性的特点，要注意加强保护，还古迹遗址保护一个真实的环境；张倩等（2009）以郑州商城文化区为例，提出要加强对于历史文化遗产周边环境的整体保护；金沁等（2015）分析了国外文化遗产周边环境保护理论，并提出国内在划定文物保护范围时，也应将周边环境纳入考虑范围；李成岗（2016）指出周边环境是文化遗产价值不可分割的重要组成部分，加强周边环境的保护与治理，有利于保持文化遗产的真实性和完整性等。

4. 文化遗产活化与旅游开发

在文化遗产活化的具体策略及途径中，围绕旅游开发的研究占有相当大的比例，学者们普遍认识到旅游开发对于促进文化遗产活化、提升遗产当代价值方面的积极作用，甚至还存在将旅游开发视为遗产活化的唯一有效方式的观点。除此之外，学者们也注意到应协调文化遗产活化与旅游开发的关系，避免盲目的旅游开发给文化遗产本体造成损害等。

国外学者的研究中，Mckereher 等（2007）在《文化旅游与文化遗产管理》一书中提出文化旅游本质上是对考古遗址、博物馆、历史建筑、民俗节庆以及其他能够代表地域文化特色的载体所进行的创造性利用，因此旅游与文化遗产管理本身是密不可分的；Azah（2013）指出文化遗产地进行旅游开发有利于促进传统文化的复兴，并就如何挖掘遗产旅游开放的潜能、拓展市场提出了相关的对策建议；Tutur（2015）以 Palembang 城市为例，分析了文化遗产的旅游开发问题，研究指出通过进行遗产旅游开发既有利于加强对遗产本身的保护，也有利于促进当地经济的发展；Ezwani 等（2016）从区域经济发展的视角，分析了印度文化遗产地通过旅游开发，在发扬传统文化、为人们提供精神力量的同时，逐渐成为区域经济的增长极等。

我国近些年也涌现出了较为丰富的文化遗产活化与旅游开发的相关研究，较早的是东南大学喻学才及其团队所进行的理论研究。喻学才（2010b）提出通过旅游开发促进遗产的活化，将静态的遗产资源转变成可观、可感、可消费的旅游产品。同时，以喻学才为首的团队还在实践中积极开展了遗产地旅游活化的具体项目，包括木渎古镇寿桃湖项目区采石遗产活化，江西定南县神仙文化、山水文化活化，江苏连云港地区淮盐文化遗产活化等。喻学才（2010a）在《遗产活化：保护与利用的双赢之路》中进一步总结了遗产活化常见的十三种方法，但主要侧重于遗产旅游开发方面，将活化简单地等同于开发文化旅游产品。钟行明等（2010）研究了名人故居的活化，指出通过活化可以起到提升区域知名度、带动旅游业发展等作用，并就蒋经国故居通过遗产活化开发为台北七海文化园区的案例展开了具体分析。龙茂兴（2012）以大唐芙蓉园为例分析遗产活化问题，提出要通过创设鲜明主题、多视角设计文化旅游产品、动静组合等技法来"复活"文化遗产，将大唐芙蓉园的历史文化资源转变成"有形有神、有声有韵"的历史文化旅游产品等。

　　除此之外，学者们还注意到对于文化遗产地的旅游开发应适度，应在文化遗产保护的前提下进行。日本学者大河直躬（1997）提出，对待历史文化遗产，首先要注重保存，然后才是采取有效措施加以活用，活用应以保存遗产的真实性为前提；Coccossia（2008）提出要警惕文化遗产地的旅游开发可能带来的生态、社会、经济等方面的影响，明确指出应以发展可持续的遗产旅游为目标；Karkut（2011）运用一般均衡模型分析了过度的旅游开发可能给文化遗产地造成的福利损失等。我国学者也注意到应协调好文化遗产保护与遗产的旅游活化之间的关系，孙九霞（2010）提出，旅游开发可以被视为文化遗产保护的有效选择，通过促进遗产地的旅游开发，达到"在发展中保护，在保护中发展"的双重目标，但同时指出，保护是第一要务，应避免对遗产地进行盲目地旅游开发；庄志民（2012）在分析文化遗产旅游价值取向时明确指出，对文化遗产的传承保护居于首位，而对其进行旅游产业化开发则是第二位；吴兴帜（2014）研究了文化旅游与遗产保护的平衡点，指出在对于文化遗产进行旅游开发时，应进行活态的、真实的传承，避免文化旅游失真的问题等。

　　5. 大遗址区文化资源的利用研究

　　我国近年来部分研究成果涉及大遗址区文化资源的利用方面。例如，朱海霞等（2014）分析了新型城市化对于大遗址区文化资源保护及利用所产生的影响；方兰等（2016）从生态系统及生物多样性经济学的视角，提出应促进传统大遗址区的改造升级，建立综合性的生态型大遗址保护区；王新文等（2014）以处于城市中心区的大明宫遗址为例，分析了快速城市化建设对于大遗址区保护与改造所产生的迫切要求；张立新等（2015）将大遗址所在区域视为人类活动与地域环境相互作用的人-地系统，并以汉长安城遗址为例分析了遗址区土地利用状况、居住人口数量、居民遗址保护意识等因素对于遗址可持续性的影响；郑育林等（2016）以未央宫遗址为例，提出通过遗址区文化产业的发展、环境优化、区域城市功能改造提升等方式，带动了区域经济社会发展，从而显示出大遗址区文化产业发展、文化资源利用与区域经济社会发展之间的关联性等。

1.5.4　研究述评

　　基于文献回顾可以发现，随着文化遗产保护背景环境的变化，国际文化遗产保护理念发生了转变。有别于传统的静态保存理念，当前的文化遗产保护理论更强调通过保护遗产来提升其在当代社会的价值，保护的原因从保护"真实"转向保护"意义"，为学者们探索通过多样化的方式来挖掘、彰显、提升文化遗产资源在当代社会的价值奠定了理论基础。我国长期以来一直遵循传统的"限制型"保护理念，其基本目的在于尽量维持文物原状，是对文物的静态保护。近年来随着国际文化遗产保护理念的传入，国内学术界也开始探索活化理念的应用，来为文化遗产资源注入新的活力，使其在功能上符合现代社会的需求。

在文化遗产的价值构成及价值评估方面，由于文化遗产资源的特殊性，其价值构成可以概括地分为两部分：一部分是文化遗产资源所固有的文化、历史等价值，这部分价值是随着历史的发展和时代的变迁而赋予文化遗产资源的价值，具有典型内隐性的特征；另一部分是随着文化遗产经济理论的发展，从外在市场价值、功能价值等方面所体现出来的价值，这部分价值较为直观和易于感知，且可以采取一定的定量分析方法加以客观评估。此外，对于文化遗产资源的价值评估要兼顾以上两个部分，单纯地忽视内在价值，而过于强调经济价值和市场价值，并不利于文化遗产资源的可持续保护和利用。在具体的价值评估方法上，现有研究提供了多种评估方法，如旅行费用法、意愿价值评估法、特征价格法等，这些方法为后续本书开展大遗址区文化资源的价值评估提供了有益的借鉴。

在具体的文化遗产活化策略方面，现有研究也注意到对于不同类型的文化遗产而言，其进行活化的侧重点和价值传递方式有所差异，围绕文化遗址类、历史建筑类、古村落类、文化线路类、工业遗产类，以及在表现形式上更具"活态"特征的非物质文化遗产，分别提出了不同的活化策略及建议。这也提醒人们，文化遗产资源活化策略的制订，应综合考虑遗产本身的资源状况、价值存在形式及资源特性等出发，尤其是要充分考虑中西方文化遗址在保存状况及价值展现形式上的差异，不能照搬西方（尤其是欧洲）的文化遗产资源活化策略。

除此之外，针对在实践中较为常见的通过旅游开发的方式进行文化遗产资源活化的问题，学者们也通过研究提出，旅游开发既有有利于文化遗产价值传播、提升知名度的一面，也要警惕由于过度的旅游开发、一味迎合消费者等错误倾向而给文化遗产资源本体可能带来的损害，应在文化遗产资源保护与旅游开发之间寻求平衡。

1.6　研究思路及方法

1.6.1　研究思路

大遗址区文化资源活化与大遗址保护并不相悖，而是强调突破传统消极、静态的"博物馆式"的保护，在不改变大遗址区文化资源属性的前提下开展更有创造性的保护。这将有利于充分发挥大遗址区文化资源的价值，平衡大遗址区文化资源保护与利用之间的矛盾。而对于大遗址区文化资源的价值进行有效评估，是合理制订活化策略的基础与前提。因此，本书围绕为何主张活化、依据什么进行活化、怎样活化、如何开展面向具体对象的活化策略等一系列问题，依次展开相关研究。本书的总体研究思路如图 1-3 所示。

研究背景及意义	研究背景
	国际文化遗产保护理念的趋势 国内城镇化建设的严峻挑战 大遗址区文化资源系统的脆弱性 传统"限制型"保护方式的弊端	文化遗产资源价值构成及评估 文化遗产资源活化理念 文化遗产资源活化策略

研究背景及意义

研究背景

国际文化遗产保护理念的趋势
国内城镇化建设的严峻挑战
大遗址区文化资源系统的脆弱性
传统"限制型"保护方式的弊端

文化遗产资源价值构成及评估
文化遗产资源活化理念
文化遗产资源活化策略

为何主张活化

文化遗产资源的价值分析及遗产活化　　大遗址区文化资源保护的困境及活化的现实需求

文化遗产资源价值的"特殊性" → 活化的内涵及意义 → 价值分析与活化关系定位

保护的困境 → 问题的剖析 → 活化的现实需求

依据什么进行活化

大遗址区文化资源的价值构成及价值评估

价值构成　　价值评估　　实证研究

历史价值｜艺术价值｜科学价值｜文化价值｜功能价值

确立原则｜构建体系｜选取指标｜确定权重

汉长安城遗址的典型性｜资源梳理｜价值特征｜价值评估

怎样活化

大遗址区文化资源活化的机理与模式

熵理论及其适用性

基于熵理论的大遗址区文化资源活化机理

活化机理　　活化模式

承袭式活化
修复式活化
还原式活化
适应式活化
再生式活化
创意式活化

如何促进活化

欧洲地区
日韩地区
国内典型地区

大遗址区文化资源活化的实践经验及借鉴

大遗址区文化资源的活化策略

策略目标
策略体系

物质形态活化
行为体验活化
功能业态活化
文化空间活化
区域共生活化

面向对象的活化策略设计
以汉长安城遗址为例

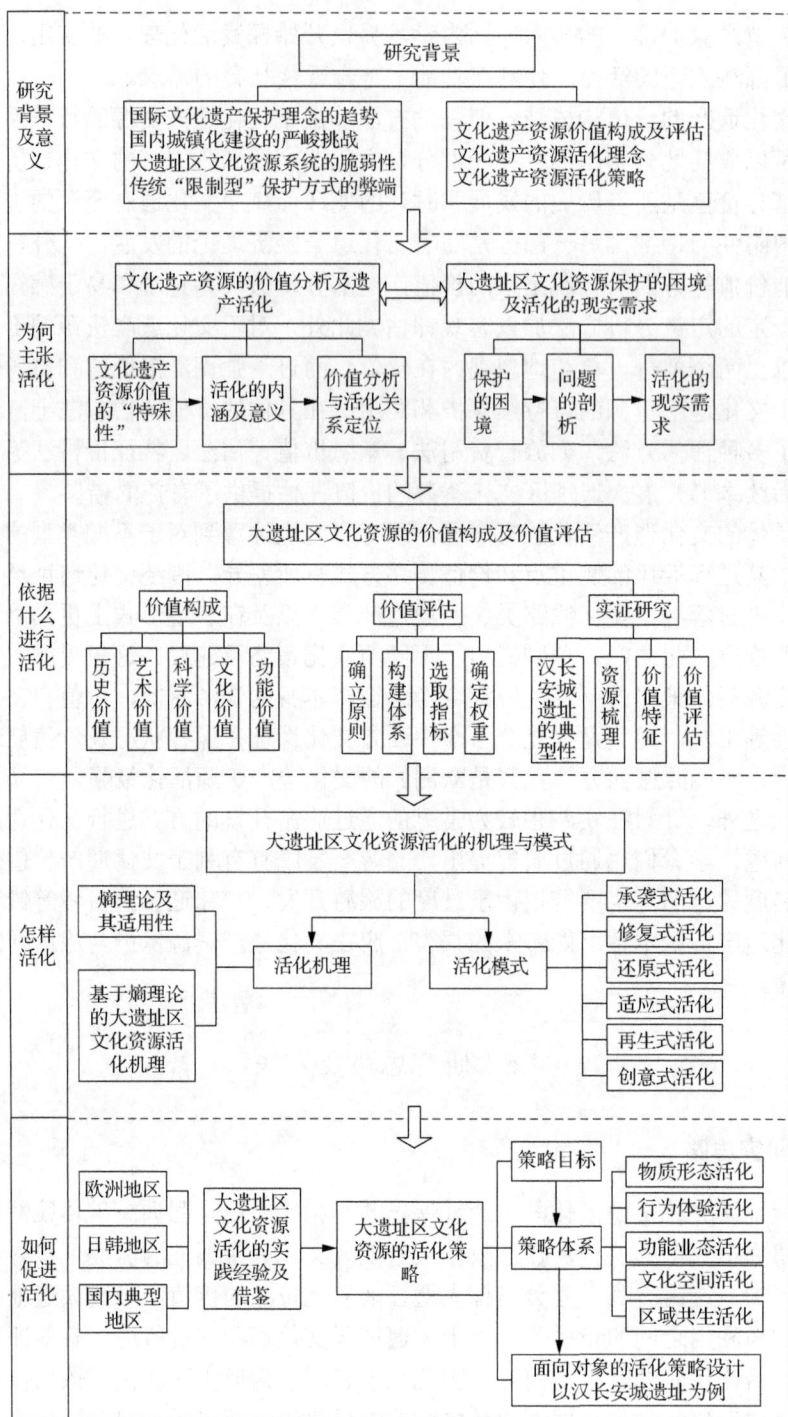

图 1-3　本书研究思路图

1. 文化遗产资源的价值分析及遗产活化

从分析当前国际文化遗产保护领域普遍接受的以价值为核心的文化遗产保护理念入手，在分析文化遗产资源的价值属性以及国内外在不同历史时期对于文化遗产资源价值侧重的差异的基础上，提出文化遗产资源的价值是动态发展的，并总结出文化遗产资源价值的动态演变规律。进一步结合文化遗产资源价值的特殊性，提出由于其价值维度的多样性、价值要素的内隐性、价值需求的阶段性以及价值利用的共享性特征的存在，为了促进文化遗产资源的价值利用，创新性地引入文化遗产资源活化理念。在介绍国际视野中文化遗产资源活化理念的产生、内涵及意义的基础上，就文化遗产资源价值分析与遗产活化的相互关系进行了定位。

2. 大遗址区文化资源保护的困境及活化的现实需求

通过分析大遗址区文化资源活化的现实需求，结合第 2 章对文化遗产资源活化理论意义的分析，共同回答"为什么要进行大遗址区文化资源活化"的问题。大遗址作为一类特殊的文化遗产资源，在实践中所面临的遗产保护与利用的矛盾尤为突出。本书在分析当前我国大遗址区文化资源保护中面临的现实困境的基础上，深入剖析原因，引出需要通过大遗址区文化资源活化，达到促进保护观念的创新、改善资源形态、提升资源价值、完善资源利用方式，进而实现与区域发展相协调的目的。

3. 大遗址区文化资源的价值构成及价值评估研究

针对大遗址区文化资源"依据什么"进行活化的理论问题，本书秉承以价值为中心的文化遗产保护理念，将价值分析视为大遗址区文化资源保护与活化的起点及依据。首先提出大遗址区文化资源价值认定的原则，然后分析大遗址区文化资源的价值构成，继而构建系统的评价指标体系，选取代表性大遗址区——汉长安城遗址为例，展开汉长安城遗址区文化资源的价值评估的实证研究，以提升研究的应用价值。

4. 大遗址区文化资源活化的机理与模式

针对大遗址区文化资源"怎样活化"的理论问题，本书采取系统论的观点，将大遗址区文化资源活化问题视为涉及经济、社会、环境、政策等多个方面的综合性问题，将活化过程视为受多种因素共同作用的复杂动态系统，并创新性地引入熵理论，在分析熵理论的适用性的基础上，用熵增、熵减、总熵的变化来反映大遗址区文化资源在活化过程中的状态变化，以此来揭示大遗址区文化资源活化的机理。进一步分析总结了国内外大遗址区文化资源活化现有模式,并根据大遗址区文化资源本身的特点及保存状况等方面情况的差异,提出了承袭式、修复式、还原式、适应式、再生式、创意式六大模式,从而为后续大遗址区文化资源活化策略的制订提供指导。

5. 大遗址区文化资源活化的实践经验及借鉴

本书采取经验借鉴方式,广泛吸取国外(尤其是欧洲地区)部分国家在文化遗产资源保护与活化方面积累的许多宝贵经验,从而为后续进行大遗址区文化资源活化策略的研究提供有益的指导及借鉴。案例的选取主要集中在欧洲地区和亚洲地区,其中欧洲地区作为文化遗产保护思想的起源地,而亚洲地区的日本、韩国等与我国有着相似的文化背景,在遗产价值的认定、遗产活化策略的选取等方面有着一定的相通之处。除此之外,对于我国典型的大遗址保护与文化遗产资源活化的案例也展开了具体分析,包括安阳殷墟、隋唐洛阳城遗址、金沙遗址、楚纪南故城等。在经验借鉴的基础上,进一步得出相应的总结与启示,并为开展大遗址区文化资源活化策略的研究提供指导。

6. 大遗址区文化资源的活化策略

针对如何有效促进大遗址区文化资源活化的理论问题,进行了大遗址区文化资源活化策略的设计,并以汉长安城遗址为例开展面向具体对象的活化策略的应用。本书认为,进行活化的基本目标应包括传承文化基因、促进价值提升、创新保护模式、延伸当代功能、助力区域发展。本书围绕这一目标,针对大遗址区文化资源提出系统性的活化策略,并以汉长安城遗址为例,在分析汉长安城遗址区文化资源活化现状的基础上,进行汉长安城遗址区文化资源活化策略的具体设计。通过开展面向具体对象的大遗址区文化资源活化策略的研究,以提升研究的实际应用价值。

1.6.2　研究方法

研究所涉及的方法主要包括比较分析法、理论与实证相结合的方法、经验归纳法和系统分析法四种。

(1)比较分析法。将遗产活化的理念与我国长期实行的文物"限制型"保护理念加以比较,提出活化理念更符合国际文化遗产保护新趋势、符合当前社会需求、符合文化遗产可持续保护与利用目的。

(2)理论与实证相结合的方法。进行大遗址区文化资源价值评估研究时,首先通过理论分析提出大遗址区文化资源的价值构成,然后建立评估指标体系,并结合汉长安城遗址为例展开具体的实证研究。同时考虑到经济价值的巨大影响，引入意愿价值评估法等进行汉长安城遗址区文化资源总经济价值的评估。

（3）经验归纳法。在广泛进行国内外文化遗产资源活化典型案例分析的基础上，归纳总结出相应的经验及启示，为后续大遗址区文化资源活化策略的提出提供指导。

（4）系统分析法。将大遗址区文化资源活化视为一个社会经济系统，在分析熵理论的适用性的基础上，创新性地引入熵理论来分析大遗址区文化资源活化机理，用熵增、熵减、总熵来反映大遗址区文化资源在活化过程中的状态变化，并进一步分析大遗址区文化资源活化的条件、机理、内在规律等深层次的理论问题。

第2章 文化遗产资源的价值分析与遗产活化

  价值问题是文化遗产资源保护的核心问题。从历史来看，对于文化遗产资源价值问题的探索始终贯穿于文化遗产保护活动之中，而采取何种保护行为也直接取决于人们对于文化遗产资源做出何种价值判断，将哪种价值类型置于优先考虑的位置。客观来讲，之所以需要对于文化遗产资源进行保护，是因为其具有价值。为了延续其价值，防止价值灭失，才采取措施来保护文化遗产资源。从目前国际上文化遗产保护运动发展的趋势来看，以价值为核心的文化遗产保护理念及方法赢得了越来越广泛的支持和肯定。《会安草案——亚洲最佳保护范例》（2005）强调了文化遗产的价值保护的重要性，并将对价值的保护视为促进文化遗产资源可持续利用的基石。在具体的实施过程中，以价值为中心的文化遗产保护理念主要由三个有序关联的环节构成：①对于特定文化遗产资源产生兴趣，对其进行价值评估及认定；②采取相应措施加以保护，防止价值灭失；③制订保护和利用规划，促进价值的发挥及提升。整个过程可以用图 2-1 进行表示。

价值评估及认定

对于某一文化遗产资源产生兴趣，并从历史、艺术、科学、政治、社会等角度认定具有某种价值

保护、防止价值灭失

采取包括博物馆保护、划定保护区域等诸多方式实施保护

价值发挥及提升

在保护的前提下，通过制订规划及管理措施，促进遗产资源的价值得以发挥及提升

图 2-1 以价值为核心的文化遗产资源保护模式

  文化遗产资源活化是文化遗产保护的一种特定形式。活化坚持价值为核心的文化遗产保护理念，以促进文化遗产资源内在价值的发挥与提升为目标，让原本静态、缺乏活力的文化遗产资源在现代社会中可以延续其价值，发挥其促进社会发展的积极作用。本书在分析文化遗产资源的价值属性及其特殊性的基础上，提出以价值为核心的文化遗产资源活化理念，并就文化遗产资源活化的意义进行了分析，从而从理论层面来阐释为什么要主张对文化遗产资源进行活化的问题。

2.1　文化遗产资源的价值属性及其识别

2.1.1　文化遗产资源的价值属性

文化遗产作为一种特定类型的资源,是在长期历史发展过程中所遗留下来的、能够体现一定年代历史文化信息的物质及精神遗存。对于文化遗产资源价值性的认识,《雅典宪章》(1931)提出历史性纪念物具有历史、艺术、科学等方面的价值;《海牙公约》(1954)将历史性建筑、考古遗址、藏品等均称为"文化财产",即将其作为人类共同的文化财富;《威尼斯宪章》(1964)则突出强调了历史古迹作为历史事件或文化传统见证所具有的真实性价值;《保护世界文化和自然遗产公约》(1972)则提出文化遗产应该从历史、艺术或科学的角度看具有突出的普遍价值等。随着 20 世纪 90 年代文化遗产经济学的兴起,文化遗产资源所具有的经济方面的价值及潜力也得到了越来越广泛的认同,而基于文化遗产资源所兴起的遗产旅游也使得文化遗产资源所蕴含的经济价值逐步得到了发挥。

文化遗产资源之所以具有价值性,与稀缺性和有用性两个因素有关。

1. 文化遗产资源的稀缺性

首先,文化遗产资源是特定历史年代所遗留下来的历史文化遗存,是反映独特年代历史文化信息的珍贵文化资源,因而具有稀缺性;其次,在长期的历史发展过程中,部分同类型的文化遗产资源遭受自然或人为因素的破坏,从而使得能够留存至今的文化遗产资源愈加弥足珍贵;最后,随着时间的推移,人们根据自己的价值认知及价值需求,会赋予文化遗产资源独特的文化意义及文化价值,将其作为延续文化传统、体现文化精神的载体,从而使其成为不可替代性的价值物。

2. 文化遗产资源的有用性

根据经济学效用价值论的观点,文化遗产资源之所以具有价值,是因为其能够给人们带来主观上的满足,具有有用性。就文化遗产资源而言,第一,文化遗产资源作为历史的见证所具有的历史性价值、真实性价值,能够为当今从事历史、考古及科学研究等人员提供研究资料,同时也能够为普通公众了解历史提供载体;第二,文化遗产资源作为体现文化传统或文化精神的价值物,在满足当前人们精神文化需求、弘扬文化传统等方面发挥着独特的作用;第三,文化遗产资源中具有市场开发潜力的部分,还可以借助于现代产业化开发与运营方式,形成文化遗产资源产品体系,以文化产品的形式进入文化市场,通过发挥其旅游吸引物的有用性来实现其经济价值。

2.1.2　国外对文化遗产资源的价值识别历程

1. 早期重视文化遗存的实用价值

国外（以欧洲为主）很早就开始注意到包括古董、文物、有价值的珍品等形式的历史文化遗存所包含的价值，但这种关注主要围绕这些文化遗存的实用价值，一些稀少、珍贵的文化遗存被视为一种特殊的宝藏而刻意加以搜寻。除可移动的文化遗存外，部分大型宫殿建筑等也因为其仍然具有一定的实用价值，得到了维护和再利用。例如，公元 4 世纪，罗马帝国为了加强防御，从原有的古迹遗址以及公共建筑上拆除部分可以再利用的建筑材料及建筑构建，用于新的建筑用途，从而使古迹、古建筑能够找到再次发挥其价值的渠道。君士坦丁凯旋门在建筑过程中，就从前人所造的建筑物上拆下部分建筑构件来加以再利用。"战利品的再利用"事件，清楚地反映了当时人们对于文化遗存价值仅停留在最基本的实用价值、功能价值上。

仅仅为了追求再利用价值而对于古迹遗址、古建筑、陵墓、雕像造成破坏的风气逐渐引起了社会的关注，人们开始认识到，这种破坏实际上是对于这些遗存的初始建造者的一种不尊重，拆除建筑构件等行为是对古代建筑的一种亵渎，并采取相应的措施来制止这种行为。公元 458 年，东罗马 Leo 皇帝和西罗马 Majorian 皇帝下达命令，禁止任何人毁坏前人建造的寺庙和其他的纪念性的建筑，并将其作为维护这些古建筑尊严的一种必要途径。

2. 从关注文化遗存的实用价值过渡到重视纪念价值

在从破坏古建筑取件再利用转变到保护其免受野蛮的破坏这一行为的背后，实际上意味着人们从注重实用价值、功能价值转向对于这些古建筑的存在所产生的纪念性作用的重视，以及试图通过保护这些古建筑不被破坏来表达对于前人的尊敬之情。这背后发挥作用的是人们价值观念的转变。文化遗存的这种纪念性作用逐渐得到了广泛的认可，"纪念物"一词即与文化遗存纪念性价值紧密联系在一起。"纪念物"在英文中对应的单词是"monument"，来源于拉丁文"monumentum"一词，可以理解为"帮助记忆的、值得回忆的"。

从实践来看，人们出于纪念的意图所保存的文化遗存类型主要涉及如下几类：第一类是陵墓类文化遗存；第二类是一些具有纪念价值的古建筑、石雕、碑刻等；第三类是具有特殊纪念价值或宗教意义的文化场所。以古代埃及历代法老修建的金字塔式的陵墓为例，这种高大巍峨的建筑既象征着处于奴隶制时代国王至高无上的权威，也反映了古代埃及人出于神力崇拜而通过建造富丽堂皇的陵墓以求来世继续享乐的思想观念，因此金字塔作为一个纪念物，可以向后人传递有关法老、奴隶制社会以及公元前古埃及文化的一些信息。尽管金字塔建成之后遭到不同程度的破坏，但并不影响人们对于这些高大历史古迹的崇敬之情，时至今日，埃及金字塔仍然被当作世界七大奇迹之一。除广为人知的埃及金字塔之外，在世界其他地方也分布着众多陵墓，人们保存、维护、修缮这些陵墓，将其作为一种纪念物，向后人传递关于古代某一历史人物或者某一历史时代的一些记忆。例如，古代波斯居鲁士大帝的陵墓，尽管后期波斯被亚历山大大帝所征服，但亚历山大大帝仍然对已故的居鲁士大帝表示出敬意与尊重，下令维修在战乱时期遭到破坏的居鲁士大帝陵墓，并严惩破坏者。

　　而对于一些已经被破坏甚至变成废墟的具有纪念意义的文化场所，人们也认为其仍然具有一定的纪念价值，也有部分废墟被后人进行修缮或者重建，虽然这些复原物与最初的建筑可能有所差异，但这并不妨碍后人对其的尊敬之情。例如，地处墨西哥梅利达（Merida）附近的地区，曾建有一座古代玛雅文明的神庙，神庙被破坏之后，人们在这里又重新建造了一座乡村教堂，尽管两座建筑可能风格迥异，但之前神庙的存在似乎给这块土地赋予了一种独特的文化与宗教气息，后人通过建造乡村教堂，来延续对于早期玛雅文明神庙的某种特殊的记忆。

　　3. 文化遗存的政治价值、艺术价值受到重视

　　在文艺复兴至 18 世纪这一历史时期，随着西方人文主义思潮的兴起，提倡人性的新世界观逐渐取代宗教神学的旧世界观，人们对于文化遗存的价值识别态度也发生了变化。在文艺复兴时期，人们开始逐渐产生对于古代文化遗存进行考古发掘的兴趣。最初人们关注的是有拉丁文题字的文化古迹，因为这些文字可能记载或反映了某个历史文化场景或某个历史人物。及至后来，范围扩展到更多的文化遗存。文艺复兴时期的人文主义学者们，掀起了一股考证历史文化遗存的热潮，他们开始意识到，这些代表着古希腊、古罗马统治时期历史文化及社会文明程度的历史文化遗存，对于当时社会的人文精神的复苏、文化的传承和发展，均会产生积极的影响。部分人文主义学者甚至出于爱国情怀对这些历史遗存的价值进行了新的诠释和解读，并将其作为反对神学、宣扬新思想的一种特定方式，而历史文化遗存也在文艺复兴时期所掀起的反封建、反神学的历史时期被赋予了特殊的政治价值。

　　文艺复兴运动同时引发了艺术领域的大发展大繁荣，带来了艺术理念的革新，西方史学界曾将文艺复兴称为"古希腊罗马文化艺术的再生"。14 世纪以后，到文艺复兴运动晚期，人们对于反映古代文明的各种文化遗存的兴趣不断增长，并采取艺术、美学等手法将文化遗存的意义加以展现，社会上兴起了对于古代遗址、雕像等文化遗存进行系统考古、修复等的风尚，从而进一步凸显其艺术价值及美学价值。这一风尚首先出现在法国，后又借"求知之旅"（grand tours）等社会活动的开展而逐渐传播到欧洲其他各国，从而引发了当时社会对于文化遗存艺术价

值、美学价值等的空前重视，并掀起了对于文化遗存及文化艺术品的收藏、修复等活动的热潮。

至 18 世纪，随着近代考古学的发展，大量的文物被发现，这进一步引发了当时人们对于这些文化遗存的兴趣，社会上出现了收藏、鉴赏文物的阶层，对于文物艺术价值及美学价值的品味成了一种风尚。在这一时期，欧洲先后出现了一批博物馆，专门用来进行文物的保存、收藏、展示、交流等文化艺术活动，如意大利乌菲齐博物馆、英国的不列颠博物馆、法国卢浮宫国家艺术博物馆等。

4. 19 世纪至 20 世纪初期历史古迹艺术价值与历史价值的冲突

19 世纪上半叶末期，以英国、法国、德国等为代表的部分欧洲国家掀起了民族国家运动，这些国家试图努力寻找在 18 世纪所失去的民族身份的认同。在这场民族国家运动中，历史古迹的存在价值受到了特殊的关注。人们试图借助修复、展示历史古迹，并将其作为本国文明进步程度、国家文化成就的象征。在这场政治性的国家运动中，大批中世纪的历史性建筑被认定为国家级纪念物，并被通过适当的修复来再现这些历史性纪念物的辉煌，使其更能向公众传达其作为国家文化象征的特殊政治意义。这场修复运动涉及英国、德国、法国、意大利等诸多欧洲国家，随着修复范围的扩大，部分历史性建筑物在进行修复时加上了大量的主观臆测的成分，修复的风格和样式也与原有建筑风格相去甚远，故而又引发了人们关于是否对这些历史性纪念物进行修复、修复是否需要忠实于原有建筑风格进行、修复时是否能够随意添加建筑师的主观臆测等问题的思索和讨论。而之所以围绕修复问题出现如此多的争论，问题的根源在于人们对于是否需要维护历史性建筑物的历史真实性价值而排斥修复，抑或是出于追求艺术的完整性而进行修复，这两种不同的观点出现冲突的原因，即在于人们对于历史性建筑物所拥有的历史价值及艺术价值孰轻孰重的价值判断的差异。

在这场修复运动中，以维奥莱·勒·杜克为代表的法国派更注重历史古迹艺术价值的展现，杜克将历史古迹的艺术完整性置于首要考虑的位置，主张借助于修复技术和手段将原本破败的、残缺不全的古迹重新恢复到比较完整、比较完美的状态。杜克对于建筑、创作、美术、历史均非常感兴趣，他认为历史建筑根据其所处文化背景的差异，具有不同的风格，因此应该采取富有创造性的方式进行风格性的修复，使其状态更加完善，而不囿于仅对于原有建筑样式进行模仿（尤嘎·尤基莱托，2011）。杜克认为，在修复过程中不一定必须保留原有材料，甚至还可以创造性地完善原有古迹在建筑方面的缺陷（如加装排水管道等）。以杜克负责的圣玛德莲娜教堂为例，该教堂是法国重要的历史建筑之一。在历经岁月洗礼之后，这座建筑处于岌岌可危的状态。1840 年法国当局批准了杜克的修复工程方案，开始进行全面修复，整个修复工程持续了 20 年之久。在修复过程中，强调要营造与原有建筑统一的风格，实现风格上的和谐统一，并充分重视了修复建筑在美学方面的功效。修复所采取的措施包括替换建筑构件、屋顶修补、雕刻装饰、原装重建等，通过进行必要的添加和重建将该教堂恢复到了完整的状态。以圣玛德莲娜教堂主立面在修复前后的对比为例，修复者既尊重原有风格，但又创造性地在一些细节部分（如飞拱、屋顶等处）采取一些艺术化的处理手法，使得修复后的建筑看起来更加和谐。除圣玛德莲娜教堂之外，杜克还主持修复了圣丹尼斯修道院、波恩圣母院、巴黎圣母院、卡尔卡松防御城等一系列项目。在这些项目的修复过程中，杜克同样秉承了他的修复理念，通过现代修复技术来让这些残损的历史性建筑物重新恢复到较为完整的状态。例如，在波恩圣母院的修复中，杜克采用尖塔平台代替了之前的斜屋顶，使修复的建筑物从外观上看起来更符合美学和艺术方面的要求。

　　维奥莱·勒·杜克所倡导的对于历史遗存进行修复以达到最完美状态的理念和方法，其实质是要尽力还原历史遗存本来的艺术风格，延长及恢复其艺术价值，故而这一学派被后人称为"风格式修复"学派。"风格式修复"学派影响力深远，在 19 世纪下半叶甚至一度成为历史文化遗存保护的主流思想。但是由于在实践中出于一味追求艺术风格完整的需要，使得大量历史遗存原本的面貌被按照修复者的意愿进行了创造性的改变，历史遗存所承载的真实历史信息遭到不同程度的破坏，从而引发了人们对于"风格式修复"这一理念的重新认识和评价。从 19 世纪40 年代开始，在英国掀起了关于如何对待历史古迹的辩论，其中以拉斯金（Ruskin）和莫里斯（Morris）等为代表的学者是坚定的反对修复者，主张保存历史建筑的现状，并对于"风格式修复"进行了强烈的谴责和批判。拉斯金在其著作《建筑七灯》中明确指出，历史建筑无法通过后人的修复来恢复往昔的伟大，正如无法让死者复生一样。对于历史建筑的正确态度是细心地进行日常维护，尽量降低或避免各种人为的干预和损害，即便这些历史建筑已经破败如废墟，也有其特殊的残缺之美，也仍然可以作为先前某一历史时期的见证物，可以寄托人们的特殊情感。莫里斯同样对于"风格式修复"给历史建筑带来的破坏性作用持鲜明的批判态度，主张用保护（protection）来代替修复（restoration），对于历史建筑要妥善的保持，使其所承载的历史信息真实的流传下去，而不是通过臆想的现代方式来进行修补或替换。

　　以英国学者为代表所发起的反修复运动被后人称为"现代保护运动"。实际上，修复抑或保护的差异，其背后所隐含的是人们对于历史古迹历史价值或艺术价值重视程度的差异。"风格式修复"将追求艺术价值、艺术风格的完整性作为首要的追求目标，而英国学派"保存现状"实质上是要通过反对修复来保护其历史信息的完整性，来维护历史古迹的历史价值。随着这场现代保护运动的深入，人们对于维护历史古迹的真实性价值、历史价值的强调逐渐超越了对于其艺术风格完整性的追求。

5. 20 世纪中期的价值转变：历史价值占据主导

1914～1918 年第一次世界大战期间，欧洲众多国家被卷入战争，大量珍贵的历史古迹遭到破坏。战争结束后，人们开始关注在战争中遭到破坏的历史古迹是否应该修复、如何修复的问题，并于 1931 年形成了首部关于历史古迹修复的国际性宪章——《雅典宪章》（1931）。《雅典宪章》（1931）结合国际文化遗产保护的实践，确定了关于文化遗产保护的一些国际性基本原则：要尊重历史性纪念物的历史和艺术价值；对于考古遗址要实行严格的"监护式"管理；要对历史纪念物进行谨慎保护，如需利用现代工艺对于历史纪念物进行加固，需进行全面评估，即便需要修复也应尽可能将修复的痕迹隐藏起来，以保证纪念物的历史特征不被破坏。从这些原则中可以体会到，当时人们对于维护历史纪念物历史特征、历史价值有着较高的重视程度。《雅典宪章》（1931）是国际上首次以文件的形式来确立历史纪念物保护的原则，对于促进各国在文化遗产领域达成国际共识，采取共同行动来保护历史纪念物等方面发挥着重要的影响。1954 年联合国教科文组织审议通过了《武装冲突情况下保护文化财产公约》，其中重点强调了保护文化财产的历史价值和艺术价值。

至 20 世纪 60 年代，随着新一轮的城市建设、现代化建设的展开，国际文化遗产保护实践面临着新的挑战。历史古迹在现代化社会中的价值与意义是什么、该如何对待历史古迹的问题，再度引发了国际社会的广泛关注。第二届历史古迹建筑师及技师国际会议上通过了《威尼斯宪章》（1964），对于历史古迹的价值观念、保护方法和保护原则进行了明确规定。《威尼斯宪章》（1964）主要强调历史古迹作为历史和文明见证的这种价值，同时指出历史古迹作为历史见证，具有无可替代的真实性，这是其最核心的价值，无须为了追求风格的统一进行艺术化的修复。在尊重历史价值的前提下，修复活动的目的演变成为旨在保存和展示古迹的美学和历史价值，同时排斥任何不尊重历史原貌的臆测行为。《威尼斯宪章》（1964）在历史古迹保护理论发展的过程中具有里程碑意义，在对 19 世纪至 20 世纪中叶历史古迹保护与修复进行总结的基础上，确立了以强调历史价值为核心的古迹价值观念，对于后续历史古迹保护实践有着重要的指导意义。

1972 年，世界遗产大会通过《保护世界文化和自然遗产公约》，公约中首次提出了"文化遗产"的概念，并将其价值提升到在世界范围内具有"突出普遍价值"（outstanding universal value，OUV）。从《保护世界文化和自然遗产公约》产生至今，随着人们对于文化遗产价值认识的不断深入，有关价值类型的判断也在不断变化，这种变化在《保护世界文化和自然遗产公约》的各版操作指南中有所体现。史晨暄（2008）统计了《保护世界文化和自然遗产公约》的相关文件中对于文化遗产价值类型的认定情况，发现其主要关注文化遗产历史、艺术、人类学、美学等方面的价值。

6. 20世纪90年代之后对于遗产文化价值的重视

依据《威尼斯宪章》(1964)所确立的以文化遗产历史价值为核心的价值观念，文化遗产的价值主要体现在其作为特定历史和文明进程的见证这一方面。这一观念对于文化遗产保护实践产生了直接的影响。以被列入《世界遗产名录》的文化遗产为例，在20世纪70年代申报及列入《世界遗产名录》的文化遗产，如法国凡尔赛宫、埃及金字塔、我国的长城等，均与某一文明或某一历史时期紧密相连，具有突出的历史价值与纪念价值。对于文化遗产历史价值的过于重视也导致列入世界遗产名录的各种历史建筑、古代遗址、标志性文化遗存等的数量过多，而其他现代文化遗产、民间文化遗产等所占比例却非常低。这种不平衡现象也引发了人们对于如何看待文化遗产价值的深入思考。进入20世纪90年代之后，随着文化"全球化"趋势的发展，借助于资本力量的不断扩张，以西方工业文明为代表的强势文化在全球范围内加速扩展，文化在总体上越来越呈现出整体性的态势。与此同时，各种民族文化特色鲜明的本土文化面临着被同化、被抛弃的境地。如何在文化全球化的背景下保护文化多样性、维护民族文化的尊严，也引发了学者们的强烈关注，文化遗产作为民族文化发展的见证、作为文化创新的根源，在当代社会又重拾其价值和意义。文化遗产被视为民族地区文化内涵及文化精神的承载物和见证物，被作为在文化全球化时期彰显民族文化特色、维护文化多样性的重要渠道。同时，从文化人类学的视角来看，文化遗产还被视为在特定历史时期特定人类群体所创造出来的文明发展程度的见证。因此，文化遗产所蕴含的文化价值、文化精神和功能得到了前所未有的重视。顺应这种趋势，1994年世界遗产委员会在修订的《实施〈世界遗产公约〉操作指南》中，专门强调了遗产的文化价值，并详细列出了世界遗产文化价值衡量标准（表2-1）。

表 2-1　《实施〈世界遗产公约〉操作指南》中文化价值的衡量标准

文化价值衡量标准	具体阐释
标准之一	表现出一种人类创造性天赋的杰作
标准之二	展示出人类价值的重要的交换，跨越世界的一个时间范围或者在一个文化区域内，作用于建筑或者科技，纪念性艺术、城镇规划或者景观设计的发展
标准之三	成为一种活的或已经消失的文化传统或者文明的独特的或特别的证据
标准之四	是一种类型的建筑或建筑风格特征或技术组合或景观的突出实例，这种类型解释了人类历史中的一个重要阶段
标准之五	成为一种传统的人类居住区或者土地使用或者海洋使用的突出实例，这种居住区或使用是一种（或多种）文化或者人类与环境的交互作用的代表，尤其是当它在不可逆转的变化中变得易受攻击时
标准之六	与具有突出普遍重要性的事件或者活的传统，观念，或者信仰，艺术和文学作品具有直接的或者切实的联系

《巴拉宪章》（1999）中，基于对澳大利亚文化遗产特殊性认识的基础上，提出了"文化重要性"的概念，强调进行文化遗产保护的根本目的在于维护其文化重要性。进入 21 世纪之后，文化遗产所蕴含的文化价值、文化重要性得到了国际社会越来越普遍的认同，对于文化遗产资源价值的认知，也逐渐从将其作为"历史见证物"过渡到将其作为"文化多样性见证"、文化重要性等方面。同时，在文化遗产资源保护实践中，越来越多具有文化重要性特征的新的遗产类型（如文化线路等）逐步被列入世界遗产名录，在《实施〈世界遗产公约〉操作指南》（2015）中，明确指出对于承载着人类文化记忆、反映文化多样性的乡土遗产、文化交流遗产、产业遗产等要给予足够的重视，这一方面促进了世界文化遗产类型的不断丰富，另一方面也更好的促进了文化遗产资源作为"文化多样性"价值的充分发挥。

2.1.3　国内对文化遗产资源的价值识别及其变迁

1. 早期重视古物的实用价值和收藏价值

国内也很早就注意到了古物、文化遗物等所蕴含的价值，并采取了古物收藏和保存等保护行为。早在殷商时期，当时社会的王室、贵族等已经有意识地加强对具有历史价值的古物的收藏，甚至还设立了专门收藏古物的机构——宗庙。现代考古发掘已经证实了这一点，在对殷商时期的宗庙进行考古发掘时，出土了大量的前朝古器，印证了宗庙具备作为古器古物收藏场所功能的观点。及至周朝，由于对礼乐制度较为重视，朝廷专门设立天府作为古物收藏和管理的机构，并设专人进行古物管理。至两汉南北朝时期，古物收藏行为进一步延伸，除官方机构重视古物的收藏管理外，民间对于一些具有收藏价值的金石、古玩等也逐渐开始了私人收藏行为，并日渐兴盛。

但相比较而言，我国古代无论是官方还是民间，较为重视对于一些观赏价值、收藏价值突出的古董、古物等的收藏，这些古董古物普遍具有体量小、价值大的特点。而对于其他体量较大的物质文化遗产形式，如宫殿建筑、古代城市等，却缺乏国外逐渐形成的保护其真实性和完整性的观念，甚至还存在改朝换代之时故意摧毁、破坏前朝宫室的错误观念，如秦朝末年，项羽攻入咸阳城，面对富丽堂皇的秦朝宫殿，非但不是维护、利用、继承，反而是付之一炬。与此类似，唐朝的大明宫作为当时政治权力的中枢，被誉为"千宫之宫"，但在存世仅两百余年后，即在唐末战乱中毁于战火纷争。这种做法并不偶然，据史料记载，在我国长达两千余年的封建社会时期，历经了数次朝代更迭，但仅有唐、清两个朝代继承了前朝宫殿，将凝结了前朝政治、建筑文化的宫殿继承和延续了下来，其他朝代普遍性的做法是将前朝宫室加以恶意摧毁，以象征对旧权势的彻底摧毁。这种错误的观念，导致大量凝结着不同历史年代建筑及城市规划设计思想的古代建筑非自然消亡，同时反映出保护、延续文化遗产的观念在我国封建社会时期并未形成。

及至晚清光绪年间，一项关于古物保存的专门法令——《保存古物推广办法》得以颁布，标志着官方对于古物存在的价值和保护的必要性认可程度的提升。除这部法令之外，光绪年间还颁布了一部《城镇乡地方自治章程》，号召各地方政府负责所属辖区内古迹、古物的保护及管理工作，在一定程度上有效推动了全国性的古物保护管理工作的规范。

2. 近代"整旧如旧"的历史建筑保护运动

及至近代，我国文化遗产保护运动迎来了新的发展。1930 年 1 月，首个由私人兴办、专门研究古建筑的学术机构——中国营造学社在北京宣告成立。该机构以古建筑保护为主要目标，对包括古建筑在内的文化遗产的调查、整理、保护和研究均做出了积极的贡献，并针对如何促进古建筑风格的完整性提出了一些积极的建议。1935 年，旧都文物整理委员会成立，主要负责全国范围内代表性的古建筑的调查、维护、保护等工作。与中国营造学社不同，旧都文物整理委员会属于官方机构。自 20 世纪 30 年代开始，在这些文物保护管理机构的共同努力下，我国部分年久失修的古建筑陆续得到了修缮和保护，其中包括北京城东南角楼、天坛祈年殿等多处古建筑。在修缮和保护的过程中，我国也逐渐形成了一套富有传统文化特色的"整旧如旧"的遗产保护理念。概括来讲，"整旧如旧"就是在对古建筑进行维护和整理的过程中，注重对古建筑既有的历史性风格进行维护，在修缮的过程中要尽力掩盖所添加的新材料、所使用的新工艺的痕迹，让经过修缮的古建筑仍然保持着原有的历史沧桑感，而非通过修缮让其焕然一新。这一"整旧如旧"的保护理念，与 19 世纪法国修复学派所提出的"风格式修复"的理念存在类似之处，均是意图追求历史性建筑物在艺术风格上的完整性。同时也与"风格式修复"存在类似的弊病，在这场"整旧如旧"的古建筑修复运动中，存在由于过于重视外在形态的完整与风格的恢复，而人为将部分真实的建筑构建或材料破坏的情况，也难以将古建筑所承载的各个不同历史时期的信息真实、完整地延续下来。

3. 中华人民共和国成立以后以文物保护为中心的保护制度确立

中华人民共和国成立以后，我国逐渐加强了文物保护与管理工作，并陆续出台了一系列的法律法规，逐渐确立了以文物保护为中心的保护制度。1950 年，中央人民政府政务院颁布《关于保护古文物建筑的指示》，强调对于全国各地具有历史价值和革命史料价值的文物建筑要加强保护；1961 年国务院颁布了《文物保护管理暂行条例》，强调历史性建筑物、遗址、纪念物、古墓葬等均属于国家文物保护的范围，应加强保护；1963 年文化部出台了《文物保护单位保护管理暂行办法》，强调对具有历史价值、艺术价值、科学价值、纪念价值的文物进行原地和原状保护；1982 年修订通过了《中华人民共和国文物保护法》，对于文物价值形式的认定主要从历史、艺术、科学、纪念、教育价值五个方面来进行，并就如何维护文物的价值、防止价值灭失所需要采取的相关措施做出了详细的规定。2000 年国际古迹遗址理事会中国国家委员会制定的《中国文物古迹保护准则》规定文物古迹的价值形式包括历史价值、艺术价值、科学价值三个方面，并就价值形式做出了详细的规定（表 2-2）。

表 2-2　　《中国文物古迹保护准则》（2000）对于价值形式的规定

类型	具体内容
历史价值	①由于某种重要的历史原因而建造，并真实地反映了这种历史实际 ②在其中发生过重要事件或有重要任务曾经在其中活动，并能真实地显示出这些事件和人物活动的历史环境 ③体现了某一历史时期的物质生产、生活方式、思想观念、风俗习惯和社会风尚 ④可以证实、订正、补充文献记载的史实 ⑤在现有的历史遗存中，其年代和类型独特珍稀，或在同一类型中具有代表性 ⑥能够展现文物古迹自身的发展变化
艺术价值	①建筑艺术，包括空间构成、造型、装饰和形式美 ②景观艺术，包括风景名胜中的人文景观、城市景观、园林景观，以及特殊风貌的遗址景观灯 ③附属于文物古迹的造型艺术品，包括雕刻、壁画、塑像，以及固定的装饰和陈设品等 ④年代、类型、题材、形式、工艺独特的不可移动的造型艺术品 ⑤上述各种艺术的创意构思和表现手法
科学价值	①规划和设计，包括选址布局、生态保护、灾害防御，以及造型、结构设计等 ②结构、材料和工艺，以及它们所代表的当时科学技术水平，或科学技术发展过程中的重要环节 ③本身是某种科学实验及生产、交通灯的设施或场所 ④在其中记录和保存着重要的科学技术资料

4. 20 世纪 90 年代以后对于遗产文化价值的重视

自 20 世纪 90 年代之后，随着国际文化遗产保护理念的新发展，我国对于文化遗产的价值观念也受到了深刻的影响。自中华人民共和国成立以后长期实行以文物保护为中心的保护制度，这种状况自 21 世纪初也发生了变化。2005 年，"文化遗产"这一概念首次出现在国家文件中，取代了长期采用的"文物"概念，标志着我国对于文化遗产认识范围的扩大。同时，国际上自 20 世纪 90 年代开始兴起的重视遗产文化价值、将文化遗产保护视为维护文化多样性方式等观点，也逐渐传入我国并被广泛接受，以往以历史、艺术、科学价值为主的文物价值体系也面临着新的变化需求，遗产的文化价值受到了广泛的认可和重视。《中国文物古迹保护准则》（2015）中，更是明确地将文化价值列为文物古迹的一种单独的价值形式，与其他历史、艺术、科学、社会价值共同构成完整的价值体系。在文化遗产保护的实践中，也开始注重文化遗产在彰显人文精神、维护文化多样性这方面价值和功能的发挥。例如，联合国教科文组织第 34 届世界遗产大会确立河南登封"天地之中"历史建筑群列入世界遗产，之所以被冠以"天地之中"的称谓，是为了突出强调该处遗产作为中外文化交流的中心地区，见证了两千余年的历史时期内中外文化的交流、冲突和融合，所具有的独特文化价值和意义。《中国文物古迹保护准则》（2015）在原有历史、艺术和科学价值的基础上，进一步提出文物古迹具有社会价值和文化价值。这两种价值更多地体现了文物古迹在精神、文化传统、社会发展等方面所产生的积极影响，并对社会价值和文化价值进行了具体的界定（表 2-3）。

表 2-3 《中国文物古迹保护准则》（2015）对于价值形式的规定

价值类型	具体内容
历史价值	作为历史见证的价值
艺术价值	作为人类艺术创作、审美趣味、特定时代的典型风格的实物见证的价值
科学价值	作为人类的创造性和科学技术成果本身或创造过程的实物见证的价值
社会价值	在知识的纪录和传播、文化精神的传承、社会凝聚力的产生等方面所具有的社会效益和价值
文化价值	因体现民族文化、地区文化、宗教文化的多样性特征所具有的价值 所包含的自然、景观、环境等要素因被赋予了文化内涵所具有的价值 与之相关的非物质文化遗产所具有的价值

2.1.4 文化遗产资源价值的动态演变规律

结合本节对于国内外文化遗产资源的价值识别及其变迁过程的分析可以看到，文化遗产资源的价值呈现出明显的阶段性特点，在不同的历史时期，人们对于文化遗产资源的价值解读、价值需求有着显著的差异。因此，对于文化遗产资源价值问题的认识，也应该本着发展、开放的观点，避免僵化，要认识到文化遗产资源的价值会随着不同历史时代人们对其价值需求的变化而发生变化。这也进一步印证了意义价值论的观点，文化遗产资源的价值，是作为客体的文化遗产资源向作为主体的人们所呈现的一种意义，主体对于文化遗产资源所包含的意义有着不同的需求和解读，文化遗产资源所呈现出来的价值也就有所不同。因此，价值演变的背后，真正起主导作用的是作为主体的人们的需求变化，导致在不同时期对于价值认可程度的变化。

英国文化委员会与中国城市规划设计研究院共同制定的《保护规划手册》（1993）中，对于文化遗产资源中的一种特定类型——历史性建筑物提出了其在不同时期的价值演变规律，如图 2-2 所示。对于古建筑而言，价值的演变有五个阶段：第一阶段，古建筑在最初的历史时期被建立起来，所具有的价值主要是能满足实际需求的实用价值；第二阶段，随着年代的推移，古建筑逐渐破损，其所包含的实用价值逐渐降低；第三阶段，由于自然或历史的原因，古建筑遭到毁损，实用价值完全丧失；第四阶段，出于文化、政治或社会等方面的目的，古建筑被部分或全部加以恢复，重新获得一定的功能，价值随之提升；第五阶段，除实用价值之外，古建筑随着历史的推移所凝结的独特的历史、建筑、文化等方面的价值被得到认可、重视，古建筑成为文化遗产而得到保护，价值进一步得到提升（刘敏，2009）。

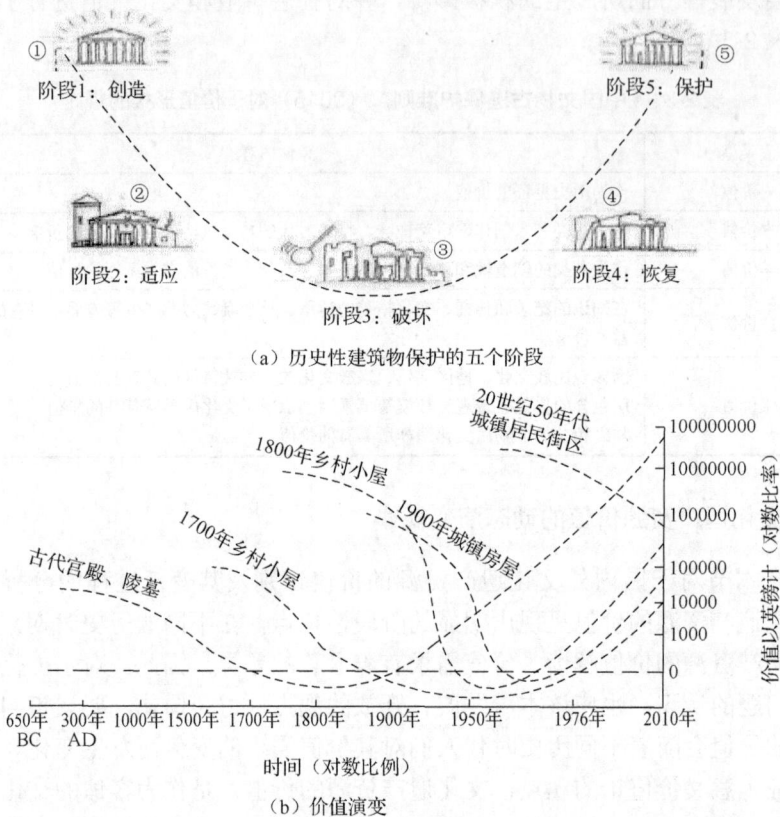

（a）历史性建筑物保护的五个阶段

（b）价值演变

图 2-2　历史性建筑物价值的动态演变

再进一步，可以分析文化遗产资源在这一"U"形的价值演变过程中，其公开市场价值的变化情况。从图 2-2 可以看出，对于不同类型的文化遗产资源（古代陵墓、历史性建筑物、历史街区），其在公开市场上的价值表现（以英镑作为计量单位）均大体符合"U"形曲线规律，只是价值低谷出现的时间有所差异。对于年代更为久远的古代陵墓、古代宫殿等文化遗产资源而言，其实用价值在被建造出来的那个历史年代处于高点，之后逐步降低。至 20 世纪初，随着国际文化遗

产保护领域对于文化遗产历史价值及真实性价值的重视，古代陵墓、古代宫殿等
作为特定历史年代见证物的价值重新得到肯定和发掘，并随着国际文化遗产保护
运动的兴起，其所具有的价值逐步攀升。对于年代稍近的各种历史性建筑物而言，
其价值低谷及价值被重新认可在时间上有一定的滞后，但从整体上看也符合 "U"
形价值演变规律。而对于近代的各种历史性街区而言，由于其年代较近，历史性
价值、文化价值等积累不足，尚处于从 "U" 形曲线实用价值高点往下衰退的阶
段，其历史性纪念价值、文化价值等的形成仍需在随后一段漫长的历史时期内逐
步蓄积。

2.2　文化遗产资源价值的特殊性

2.2.1　价值维度的多样性

文化遗产资源的价值概括地可以分为两大类：一是在文化遗产资源创造之初
被赋予的价值，主要以实用价值为主；二是随着时间的推移以及人们对于文化遗
产资源价值需求的变化所负载的价值，如真实性价值、纪念性价值、科学价值、
艺术价值等。文化遗产资源价值的分类见图 2-3。

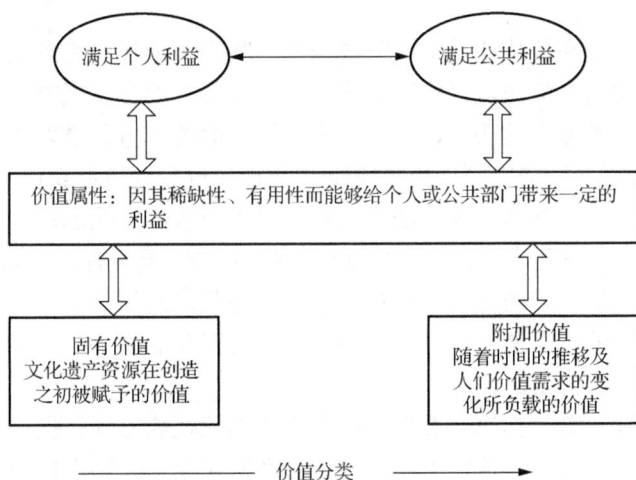

图 2-3　文化遗产资源价值的分类

从国际文化遗产保护的发展趋势，可以看出当前国际上文化遗产保护的对象
在不断拓展、类型不断丰富、价值体系在不断完善。从保护对象的范围来看，文
化遗产保护最初仅着眼于单个具有实用价值或者纪念性价值的有形物质实体，侧
重于对其纪念性价值的认定。随后保护范围逐渐扩大，历史性纪念物的周边地区、
周边环境也逐步纳入了文化遗产保护的范围。《西安宣言》（2005）中提出，周边

环境是构成文化遗产真实性的一部分而需加以保护，而周边环境除了紧靠古迹遗址的实体物质环境外，还包括人与环境的关系、非物质文化遗产，以及当前的经济社会文化环境。这样在进行文化遗产资源价值认定时，还需要将周边环境所体现出的历史性价值、环境价值、文化价值等类型考虑在内。至 21 世纪初，在《实施〈世界遗产公约〉操作指南》中加入了文化线路类型的遗产，这标志着在文化全球化战略背景下文化遗产保护对象范围的进一步扩展，开始关注连续的时间及空间范围内人与自然之间相互作用，以及人与人之间的文化交流所形成的跨地域、甚至跨国界的综合性文化遗产保护空间体系。大型线路型综合性文化遗产的出现，使得文化遗产资源的价值体系更加复杂，以"丝绸之路：起始段与天山廊道"文化线路遗产为例，该遗产全程跨度超过五千公里，涉及中国和哈萨克斯坦、吉尔吉斯斯坦三国境内的 35 处遗产点，遗产类型包括都城、驿站、古代道路、城堡、关隘等多种类型。在对该文化线路进行遗产价值梳理时，主要从丝绸之路能够展现人类价值交换、体现城市规划及城市景观设计的科学价值、体现人类与环境相互作用的环境价值等方面来进行价值认定，其价值维度涉及自然、景观、历史、文化、环境、旅游、政治等多个层面，从而使其价值构成维度更加多样化。

2.2.2　价值要素的内隐性

文化遗产资源在价值构成上具有特殊性，除少部分保存相对完整、价值特征较为突出的文化遗产资源可以借助于旅游开发等方式部分实现市场价值之外，更多的文化遗产资源蕴含的历史、艺术、文化等方面的价值，难以直观地让公众感知到。对于部分保存状况较为完好的遗址，公众通过参观就能获得一定真实感受，如秦始皇陵兵马俑、圆明园大水法等。然而对于更多位置偏远、物质本体破坏严重的大遗址，其价值要素的内隐性特征更为明显。"一无所有、气象万千"是对部分毁损较为严重的遗址类文化遗产资源的最好写照，典型的如汉长安城遗址，整个遗址区内现存的物质遗存几乎毁损殆尽，通过直观的展示并不能让公众产生震撼、体会到遗址的价值。

吕舟（2008）曾经指出，要采取一种有效的途径或方式，促进公众对于文化遗产资源价值的认可，方能调动人们保护遗产的积极性。然而由于文化遗产资源价值的内隐性，利用常规的展示方式其可视性、可观赏性效果较差，除专业考古人士之外，普通公众可能会觉得这些残损的遗址看不懂、不好看，从而大大限制了文化遗产资源价值和作用发挥的空间。

2.2.3　价值需求的阶段性

文化遗产资源本身是随着社会、自然、历史、文化环境的发展变化逐渐形成的，其价值的形成过程也是诸多要素相互作用的结果。而人们对于文化遗产资源的看法和价值需求，在不同的历史时期呈现出差异性和阶段性。价值需求之所以呈现出阶段性特征，是因为其背后人们对于文化遗产保护的认识在随着社会文化环境、人们价值观念的变化而发生变化。早期人们对于文化遗产重要性的认识，主要侧重于对其实用价值的关注，仅局限于对于特定物质形态的古建筑、古董字画等进行日常性的维护，如进行清洁、维修、保养等活动，进行保护也主要是为了延续遗产的实用价值或者特定的纪念性价值。随着欧洲启蒙运动的兴起，人们逐渐认识到一些艺术品、绘画、雕塑等具有特定的艺术价值，因此人们对于这些遗产应该采取特殊的方法和技艺来维护其原有的面貌，来防止其价值的灭失。19世纪，欧洲国家文化遗产保护运动进入高涨期，文化遗产被认为是能够作为国家文化象征的代表，法国、意大利等国家纷纷开展文化遗产保护活动。然而，对于文化遗产的价值理解在这些欧洲国家之间并未形成一致的看法，价值理解上的分歧导致在实践中存在保护行为的差异，形成了法国学派、英国学派、意大利学派等不同的文化遗产保护理论流派。不同文化遗产保护流派价值观念的差异如表2-4所示。

表 2-4　不同的文化遗产保护流派价值观念的差异

流派	法国学派	英国学派	意大利学派
对遗产价值的理解	重视艺术价值	重视历史价值	重视多方面的价值，既包括历史价值，也包括艺术价值
保护什么	保护历史古迹原有的风格	保护历史痕迹，保护历史真实性	保护不仅追求风格完整，还重视其历史价值，保护古迹多方面的价值
怎么保护	① 注重文物建筑的整体性，恢复文物建筑的艺术特色 ② 熟悉艺术史各时期特有的风格，将破损的文物建筑通过整体修复以达到风格完整统一	① 只进行日常性的维护，排斥任何形式的修复 ② 不改变文物建筑本体及装饰 ③ 加固措施也应本着可识别性的原则	① 反对片面追求风格完整 ② 保护文物建筑真实的历史信息 ③ 进行修复新旧之间有所区别 ④ 维护文物建筑的原有环境

20 世纪，包括《雅典宪章》（1931）、《威尼斯宪章》（1964）等在内的一系列国际宪章相继出台，以历史价值为主导的文化遗产价值体系得到了肯定，国际社会对于维护文化遗产的历史真实性、历史见证价值的重要性得到了普遍的认同。《威尼斯宪章》（1964）中指出，文化遗产的价值主要体现在其作为特定历史和文明进程的见证这一方面，确立了以文化遗产历史价值为核心的价值观念。进入20世纪 90 年代，遗产的文化价值得到了新的重视，文化遗产被赋予了新的价值内涵，被视为在文化全球化发展的时期，作为特定区域民族文化的象征，作为彰显和延续民族文化内涵及文化精神的载体而受到认可和尊重，文化遗产在延续区域文化发展、传承和延续民族文化精神等方面的特殊作用也得到了广泛的肯定，人们对于文化遗产的价值观念又发生了新的转变。

综上所述，对于文化遗产资源的价值需求呈现出明显的阶段性，这与不同时期的宏观经济社会发展环境密切相关。就当前而言，对于我国文化遗产资源的价值识别和价值需求，很大程度上受到我国城镇化建设、现代化建设以及文化强国建设政策的影响，从而需要寻求对于文化遗产资源新的、多样化的价值诠释和价值发挥方式。只有文化遗产资源的价值和意义能够契合当前人们的现实需求，能够符合当前经济社会发展阶段的需求，文化遗产资源才能真正转变成为助力区域发展的积极力量。

2.2.4　价值利用的共享性

文化遗产资源是属于全人类共有的珍贵财富，本质上是一种公共资源，其所有权由全体社会成员共同享有。因此，在对文化遗产进行价值利用时，应坚持共享性的价值取向。要将文化遗产保护转变成为全体社会成员共同参与、共同分享成果的局面，才能真正实现文化遗产资源的可持续保护与利用。坚持对文化遗产资源价值利用的共享性包括以下两个方面的内容。

（1）文化遗产资源价值在当代人之间利用的共享性。文化遗产资源作为一种公共资源，需要保障全体社会成员有机会充分认识、了解文化遗产资源所蕴含的价值和意义，促进文化遗产资源在社会、教育、文化、精神等方面价值及功能的发挥。《世界文化多样性宣言》（2001）中，强调文化遗产资源是支持当今文化创作和建立各种文化之间对话的源泉，同时特别提到了"文化权利"一词，指出文化权利是人权的组成部分，每个人都拥有平等的文化权利，选择或参加围绕文化遗产资源的展示、诠释、理解、传播、发掘、创作等各种文化活动。因此，应当促进对文化遗产资源价值发掘和价值利用在当代人之间的共享性，充分保障普通公众有机会和渠道去近距离的接触、了解、认知文化遗产资源，并从中获得能够促进自身发展的精神动力及智力支持。

（2）文化遗产资源价值在代际利用的共享性。从可持续保护的角度来看，对于文化遗产资源价值的利用，还应注意对其的传承，维护子孙后代在利用文化遗产资源价值上的共享性。《威尼斯宪章》（1964）开篇提出，历史古迹是人们共同的遗产，同时对于当代人而言，也肩负着为后代保护这些遗产的责任，应保障后代享有这些人类共同的遗产的权利，让子孙后代也能享用遗产，从中汲取智慧。《保护世界文化和自然遗产公约》（1972）中也同样规定，对于世界遗产人们应肩负起对其进行保护、保存和遗传后代的责任。这些国际性文件均注意到了文化遗产资源的可持续利用问题，其所包含的价值和意义不仅能够为当代人所用，还能成为后代获取精神动力和文化意义的源泉。因此，在对文化遗产资源进行价值利用时，需要注意到对其可持续保护，促进文化遗产资源价值在代际利用的共享性。

2.3 文化遗产资源活化的内涵及意义

活化是随着文化遗产保护运动发展而来的一种新趋势，是属于广义的遗产保护范畴的一种特定活动。事实上，除活化之外，广义的文化遗产保护活动还涉及保存、修复、更新、改造、再利用等，这些词汇侧重点不同，所表达和传递出的人们对于文化遗产的保护行为和保护理念有所区别。因此，要明确到底什么是文化遗产活化，为什么要进行活化这些基本的理论问题，还需要从分析文化遗产资源活化的产生、内涵、意义等方面的问题着手进行系统分析。

2.3.1 文化遗产资源活化的产生及沿革

国际宪章及国际法规、章程、共识等文件是开展文化遗产活化的依据，本书选择了数十部重要的文化遗产保护相关的国际宪章及国际法规、国际宣言等，在总结与分析近百年来国际文化遗产活化思想的产生与沿革基础上，对于文化遗产保护与文化遗产活化的关系进行基本定位，进而明确人们对于文化遗产活化所应采取的基本态度与立场。

1. 文化遗产保护的主要国际机构

ICOMOS 是世界遗产委员会的专业咨询机构，自 1965 年成立以来，ICOMOS 围绕古迹遗址的保护和修复等问题出台了若干份国际宪章，其中比较重要的包括《佛罗伦萨宪章》(1982)、《保护历史城镇与城区宪章》(简称《华盛顿宪章》)(1987)、《考古遗产保护与管理宪章》(1990)、《巴拉宪章》(1999)、国际古迹遗址理事会中国国家委员会制定的《中国文物古迹保护准则》(2000)、《西安宣言》(2005) 等。

联合国教科文组织 (United Nations Educational, Scientific and Cultural Organization, UNESCO) 是联合国专门的文化机构，作为致力于教育、科学及文化方面的专门组织，UNESCO 在促进国际范围内的文化遗产保护方面发挥了重要的作用，自 1945 年组织诞生起至今，UNESCO 先后以公约、宣言等形式出台了二十多份国际性文件，其中比较重要的包括《保护世界文化和自然遗产公约》(1972)、《关于历史地区保护及其当代作用的建议》(1976)、《世界文化多样性宣言》(2001)、《会安草案——亚洲最佳保护范例》(2005) 等。

除 ICOMOS、UNESCO 两个国际机构外，还存在部分建筑师协会、文物保护协会等国际性的组织，通过举办国际会议等形式以宪章、协议、章程等形式通过了若干关于文化遗产保护的国际性文件，如《雅典宪章》(1931)、《威尼斯宪章》(1964)、中国文化遗产保护与城市发展国际会议上达成的《北京共识》(2000)、东亚地区文物建筑保护理念与实践国际研讨会形成的《北京文件》(2007) 等。

2. 文化遗产活化思想的产生及沿革历程

通过分析国际宪章及法规等文件中有关文化遗产活化思想的相关规定及其沿革，并有选择地加以吸收，对于开展我国大遗址区文化资源活化问题的研究会起到积极的指导作用。沿着时间的维度，可以大致将文化遗产活化思想的产生及沿革历程分为三个阶段：萌芽阶段（20 世纪 30～60 年代初期）、形成阶段（20 世纪60 末期～80 年代）和发展阶段（20 世纪 90 年代至今）。

1）文化遗产活化思想的萌芽阶段（20 世纪 30～60 年代初期）

在早期的国际标准性文件中，文化遗产活化还没有正式被提出，但有关文化遗产活化的思想已经在相关文化遗产保护与管理的具体规定中有所体现。《雅典宪章》（1931）指出，文物古迹的老化具有内在的必然性，对于部分历史性建筑物而言，继续使用有利于延续其生命（《雅典宪章》（1931）第一条），同时强调使用时要尊重其历史和艺术特征。从这一条规定中可以了解到，《雅典宪章》并不排斥对于历史性建筑物的使用，通过使用来发挥其功能，也是延续其生命、让其继续"存活"的手段。《雅典宪章》（1931）同时指明了保护作为前提的重要性，应在尊重历史性建筑物的价值及特征的前提下使用。《关于保护景观和遗址的风貌与特性的建议》（1962）提出，景观和遗址的风貌和特征代表了一种有力的物质、道德和精神的影响，应采取适当的矫正性措施，减少对于景观和遗址造成的破坏，并尽可能使其维持原状。《威尼斯宪章》（1964）指出历史古迹作为特定年代历史文化信息的载体，是"古老的活的见证"，充分肯定了历史古迹的活态特征。

2）文化遗产活化思想的形成阶段（20 世纪 60 末期～80 年代）

第二次世界大战后随着世界范围内工业化、现代化建设全面展开，如何保护文化遗产免受各种建设工程的危害成为最急迫的问题。联合国教科文组织《关于保护受公共或私人工程危害的文化财产的建议》（1968）中提到，应采取抢救性的措施来保护遗址、历史建筑及其他形式的文化财产，使其免受建设工程的危害。在这一背景下，文化遗产活化的思想在这一阶段中未得到应有的重视，相互之间也并未统一。进入 20 世纪 70 年代以后，有关活化的思想开始逐步在相关的国际性文件中呈现，活化的思想也得到了进一步发展。联合国教科文组织《关于在国家一级保护文化和自然遗产的建议》（1972）中提到，文化遗产作为早期人类活动所遗留的文明痕迹，应让其在当今社会生活中发挥积极的作用，并将其所蕴含的价值与当代成就融合成为一个整体。《关于历史地区的保护及其当代作用的建议》（1976）指出，历史地区是昔日生动的见证，是构成文化多样化的基础，然而现代化建设、城市改造等对于历史地区及其周围环境的保护带来了严峻的挑战，因此应加强对其的积极保护。《内罗毕建议》（1976）指出，应打破常规的因循守旧和非个性化的保护方式，将历史地区转变为城市发展中的一个积极力量和不可缺少的组成部分,将对于历史地区及其周边环境的保护纳入所在地区城市规划的轨道。《内岁毕建议》(1976)倡导在历史地区进行保护、修复以及文化振兴活动,通过这些活动在适当保持历史地区现有作用的同时增加新的作用,从而让历史地区更具有生命力,能够与所在地区及国家的经济社会发展环境相契合,为所在地区的文化和社会发展做出应有的贡献。《马丘比丘宪章》(1977)立足于城市日益增长的现实出发,从城市规划的角度来考量文物和历史遗产保存及保护的意义。《马丘比丘宪章》(1977)指出,城市的历史遗址、古迹、文化传统等均是构成城市社会特征、形成城市个性的重要因素,因此在城市发展过程中要将这些有价值、具有文化特征的文物、历史遗产、文化传统等保护起来。《佛罗伦萨宪章》(1982)指出,应采取有效措施来引导、激发公众对于历史园林等的兴趣,提升公众对于历史园林所包含历史信息的了解和欣赏,以有利于促进历史园林真正价值的发挥,这些活动涉及科学研究、国际交流与文化传播、出版等。《佛罗伦萨宪章》(1982)中所提到的借助一定的活动增进公众对于历史园林的理解、促进历史园林价值的发挥的思想,与作者提出的遗产活化的思想是相通的。联合国教科文组织《保护传统文化和民俗的建议》(1989)中提到,民俗类文化遗产是通过模仿和其他方式口头传播的,其本身具有活态性,因此对于民俗的保护和传播应鼓励与支持采取多样化的方式来促进其价值的保护与传承,并提出了一些具体的活动形式,如交易会、节日、研讨会、新闻出版物、民俗报告等。

3)文化遗产活化思想的发展阶段(20 世纪 90 年代至今)

进入 20 世纪 90 年代,随着文化全球化趋势的兴起,联合国教科文组织等国际组织对于文化遗产保护重新调整了行动方案和策略,文化遗产保护被赋予了维护文化多样性、增进社会凝聚力和促进不同文化间交流的新使命,相应地对于如何促进文化遗产内在价值的发挥、如何通过遗产活化提升其功能并使其融入现代经济社会等问题,引发了文化遗产保护专家更多的关注,并体现在一系列国际性文件中,文化遗产活化的思想逐步形成和趋于统一。国际古迹遗址委员会澳大利亚国家委员会 1999 年修订的《巴拉宪章》中,关注的对象为具有文化重要性的场所,其中"文化重要性"是指文化遗产所具有的价值,这种重要性体现在遗产所具有的历史价值、科学价值、美学价值等多个方面。《巴拉宪章》(1999)提出,应尽力采取措施有效地保护和利用这些具有文化重要性的场所,但同时在其第二十五条明确指出,很多具有文化重要性的遗产地其所蕴含的价值并不明晰,因此应采取措施对其价值进行诠释,从而能够促进其文化内涵的发挥,提升公众对于文化遗产价值的认可度。《巴拉宪章》(1999)第二十四条指出,应当尊重、保存文化遗产,让文化遗产在当代社会继续发挥价值和意义。联合国教科文组织《世界文化多样性宣言》(2001)提出,应承认和尊重文化多样性,各种形式的文化遗产是人类创作的源泉，应将其作为文化传统和人类活动经历的见证来进行保护及利用。联合国教科文组织《保护非物质文化遗产公约》（2003）中提出，非物质文化遗产能够促进文化的多样性，能成为人类创造力的源泉，因此应该采取措施来确保非物质文化遗产的生命力。《会安草案——亚洲最佳保护范例》（2005）将遗产保护视为保护整个区域文化身份多样性和持久性的基础，提出通过遗产保护应有利于维护遗产资源、保持其历史价值并延长其自然寿命；针对亚洲地区可观赏性较差的考古遗址，应设计出保存这些遗迹"可读性"（readability）的方法，将与遗迹相关联的历史发展脉络呈现出来。可以看出，采取适当保护措施延长遗产自然寿命、增强其可读性、促进其内在价值的发挥，成为《会安草案——亚洲最佳保护范例》（2005）认为的适用于亚洲文化遗产地保护的特定方法。

2.3.2 文化遗产资源活化的内涵

1. 活化及其在文化遗产保护领域的运用

活化一词原为自然科学用语，又被称为激发（excitation），《辞海》中的释义是指"使分子或原子的能量增强"。活化也被用于生物学、医学等领域，用来说明细胞、分子等从其无活性或活性较低的状态转变为具有较强活性状态的过程。

活化后来作为一种与静态保护相对应的理念，被引入到文化遗产保护领域。早在20世纪30年代，活化已经出现在文化遗产保护的国际性文件中，《雅典宪章》（1931）提出除对历史性建筑物进行静态的监护式保护之外，还应通过对其合理有效的使用来延续其自然寿命，让其继续存活；历史古迹本身作为"人们古老的活的见证"，具有活态性质；《内罗毕建议》（1976）中进一步指出，历史地区是"昔日生动的见证"，应加强对于历史地区的积极保护，将其转变为区域发展的积极力量；《巴拉宪章》（1999）阐明了在保护遗产的同时，应采取措施来挖掘、延续遗产的当代价值及意义，并谋求其文化的复兴；《会安草案——亚洲最佳保护范例》（2005）专门针对亚洲地区文化遗产特性，提出应通过延长文化遗产自然寿命、增强其可读性等方法，促进文化遗产蕴含价值的发挥等。

在实践中也存在各种促进文化遗产复兴、通过延续其生命或提升其功能从而让文化遗产得以存活的相关举措。20世纪70年代，马丘比丘文化遗产区在保护的基础上对区域内的历史性建筑进行恢复、重新利用，从而让历史性建筑物重新焕发了生机；80年代，意大利佛罗伦萨地区采取多样化的措施增进公众对于历史园林的理解，赋予历史园林现代功能；90年代，我国台湾地区提出以利用促进保护的方式，通过给文化遗产注入新的活力，让文化遗产"枯木逢春"，有效地平衡了遗产保护与妥善解决民生两者之间的冲突；我国香港特区政府自2008年开始实行"活化历史建筑伙伴计划"政策，并将其作为政府文物保育政策一系列措施的主要部分。"活化历史建筑伙伴计划"在保存我国香港地区珍贵的历史建筑的前提下，以创新方式对其加以利用，延续其生命力，产生了良好的社会效果。

　　2. 活化与其他文化遗产保护活动的对比

　　在文化遗产保护领域，还存在诸多与活化类似的保护活动的提法，如修复、更新、再生、复兴、改造、适应性再利用等，每种提法在其含义、指向、相关的保护措施等方面的侧重点均存在差异。文化遗产保护的国际性文件中的相关规定尽管或多或少隐含了一些文化遗产活化的理念与思想，但却并未存在关于活化的明确界定。因此，为了正确理解活化的含义，本书将活化与类似的文化遗产保护活动展开对比（表 2-5）。Vinas（2012）在《当代保护理论》一书中提到，文化遗产保护可以分为狭义保护和广义保护两类，其中狭义保护主要是保存（preservation），是意图保持文化遗产现状的行为；广义保护是包括保存、修复及其他相关活动在内的所有保护性行为的总称，而活化则属于广义的保护性活动的一种特定类型。

表 2-5　文化遗产不同保护活动对比

文化遗产保护性活动	释义
保存	意图保持文化遗产的现存状态，并延缓其退化
维护	延缓被保护对象因时间的推移而发生改变
修复	通过添加构建、修补等措施，意图将被保护对象恢复到相对完好的状态
重建	对于已经消失的历史性建筑物等进行重新建造，使之恢复到某一历史状态。重建不排斥新材料的使用
保护	保存其文化重要性的各种举措
改造	指对某一被保护对象在用途或功能上进行调整，以使其适合现有或提议用途
复兴	是指重新诠释遗产的文化内涵或发扬文化精神
更新	对于历史性建筑物的外观或基础设施进行重整、美化，提升可观赏性
再利用	改变或者增加历史性建筑物的使用功能
活化	强调给文化遗产注入新的活力，使其在功能上符合当代社会的需求

　　通过表 2-5 的对比可以看出，广义的文化遗产保护活动存在若干相关的概念，它们之间既有区别又有联系，差异的根源主要在于对文化遗产保护的对象、保护的措施手段等问题的认识上存在不同。正如挪威文化遗产保护理论家 Norberg-Schulz（1965）所指出的，毫无保留的改变实际上是破坏，而丝毫不允许改变则是顽固。对于遗产保护，应该认识到如果只强调保存其物质形态而使其免受继续破坏的所谓"冻结式"保存，其实是一种消极的保护措施，文化遗产保护和利用除了要保存其历史真实性之外，更重要的是要为其注入新的活力，使其蕴含的价值和功能在现代社会中得以继续发挥，而并非仅仅被隔离开来供人瞻仰。同时也

应该认识到，如果一味迎合现代社会的需求，不顾文化遗产的真实性而进行随意的模仿、修改，其实是破坏文化遗产。因此，本书所关注的文化遗产活化，应该归为第二类对于文化遗产的改变，其既与第一类意图保持现状的静态保存相区别，又并非要破坏文化遗产，而是要通过改变文化遗产的表现形式、拓宽文化遗产价值传递的方式，使文化遗产在功能上更能够适应现代社会的需求。

　　3. 文化遗产资源活化的内涵

　　活化这一提法近年来才逐渐在我国文化遗产保护领域出现，随着国际文化遗产保护理念逐渐传入我国并被广泛接受，国内文化遗产保护工作者也在反思之前我国主要以文物保护制度为核心的传统模式所存在的弊端，并逐渐萌发了文化遗产活化保护的新理念。在传统的静态保护模式下，对于大遗址及其区域内的文化资源，对其主要采取"隔离式"的静态保护模式，严格限制经济社会活动对于大遗址的影响，对大遗址区文化资源的利用也主要以考古、科学研究、教育等为主。因此，如何在保护好大遗址区文化资源的前提下，寻求保护理念及保护模式的创新，成为一种亟待解决的问题。2013 年出台的《大遗址保护"十二五"专项规划》明确提出，要提升大遗址服务社会的能力，将其转变为推动区域经济社会发展的和谐力量。2014 年文化遗产日我国鲜明地提出了"让文化遗产活起来"的主题，并结合景德镇遗址提出了薪火相传、寻找历史记忆、讲好中国故事、用心灵感悟文化等系列口号，意在通过多样化的途径激活文化内涵，激发文化遗产内在的生命力，在保护的前提下积极促进文化遗产内在价值的发挥，让文化遗产成为新时期增强民族文化自信、振兴中华的精神力量源泉。这些重要的思想，为人们探索文化遗产保护理念与模式的创新提供了指导。2016 年出台的《大遗址保护"十三五"专项规划》进一步提出，要全面实现大遗址区对外开放。

　　因此，文化遗产资源的活化从理念上来讲，是对传统的静态遗产资源保护理念的创新，是要改变"限制型"保护模式下对于文化遗产资源的静态保护，转而寻求激活文化遗产资源内在潜能，实现对文化遗产资源的动态保护；从方式上来讲，文化遗产资源活化的方式和途径包括各种围绕文化遗产资源所开展的探索、维护、利用、传承、激活、弘扬及文化复兴等保护性活动，通过这些活动让大遗址区原本静态、孤立的文化遗产资源变得可观、可感、可读、可理解，成为贴近公众需求、贴近社会实际的文化力量；从目的上来讲，进行文化遗产资源的活化是力图改变大遗址区文化资源的表现形式、拓宽其价值传递的方式、发掘其在当代社会的功能，从而让文化遗产资源转变成为与当前城镇化建设相协调的、符合公众价值需求、符合社会功能需求的积极力量。

2.3.3　文化遗产资源活化的意义

1. 活化是促进文化遗产价值利用的新方式

随着对于文化遗产价值及重要性认识的不断深化，人们对于文化遗产利用的基本态度也发生了变化，利用不再被视为遗产保护的对立面，而合理、谨慎的利用被认为是促进文化遗产保护的一种重要方式。《关于适用于考古发掘的国际原则的建议》（1956）中通过遗产展示来唤起和推动人们对于遗产的尊重，其中展示的方式包括设立展览或博物馆、宣传教育、出版书面材料等。后续陆续出台的一些国际性文件，对于利用的方式、利用的内容不断进行着拓展和深化。《威尼斯宪章》（1964）尽管提出了根据古迹遗址的历史性价值进行利用的思想，却没有对于该如何利用做出进一步的详细规定。《保护世界自然和文化遗产公约》（1972）首次将对于世界遗产的保存列为国家责任，并规定各缔约国应采取有效措施来保护、展示本国的文化遗产。《巴拉宪章》（1999）中对于诠释做了明确的规定，指出诠释是指展示某遗产地文化价值的所有方式。同时强调，诠释本身是文化遗产保护的重要组成部分，也是增进公众理解、观赏、认可文化遗产，并增强文化遗产保护责任感的重要方式。对于文化遗产进行阐释是十分必要的，阐释的方式包括当代教育形式、媒体传播、现代科技手段的应用以及导游解说等，通过对于文化遗产的历史环境及所包含的文化信息进行解释，可以方便公众去理解文化遗产的重要性。《会安草案——亚洲最佳保护范例》（2005）提出，针对亚洲地区可观赏性较差的考古遗址，应有针对性地进行诠释，提升遗迹本身的可读性，将与遗迹相关联的历史发展脉络呈现出来。国际古迹遗址理事会于 2008 年通过的《文化遗产阐释与展示宪章》中，强调公众交流的意义及公众参与文化遗产保护的重要性，同时对于文化遗产阐释与展示的基本原则做出了规定。该宪章中提出，阐释包括一切可能的、旨在提高公众意识、增进公众对文化遗产地理解的活动，各种出版物、公共讲座、教育活动等均属于阐释行为。《文化遗产阐释与展示宪章》（2008）同时指出，对于文化遗产进行阐释和展示其基本目标是促进公众对于文化遗产的欣赏与理解，提升公众对于遗产重要性的认识，进而实现文化遗产的可持续保护和发展。

值得注意的是，尽管围绕文化遗产开展的展示、阐释、诠释等活动均是侧重于向公众解释文化遗产的意义，从而对于提升公众对文化遗产的理解、促进文化遗产保护起到积极的作用，但这些活动从本质上来讲仍然是一种静态的、隔离式的保护行为。而文化遗产活化，强调的是以功能及价值为中心的保护，通过促进文化遗产内在价值的发挥，延续其功能，并根据所处地区经济社会发展的需求赋予其新的功能，从而真正实现文化遗产保护与区域发展的协同。

2. 活化是文化遗产保护的重要内容

文化遗产的活化，属于文化遗产利用的一种方式，活化实质是采取有效的措施来促进各种物质及非物质遗产所包含的文化内容及价值的发挥，促进公众对于其价值的理解与尊重。活化与文化遗产保护并不相悖，活化可以视为维持、延续文化遗产价值合理有效的方式，是提升文化遗产资源价值、增进公众对于文化遗产资源认识和理解的重要途径。《奈良真实性文件》（1994）中提到，增进公众对于遗产的了解对于获得保护历史痕迹的切实措施很有必要；《国际文化旅游宪章（重要文化古迹遗址旅游管理原则和指南）》（1999）也同样表示，开展各种形式保护的主要目的是希望让来访者和东道主社区对于文化遗产的重要性有所了解。而通过进行文化遗产活化，以公众易于理解的方式来将文化遗产所蕴含的价值及其文化重要性充分地传达出来，其在本质上是符合文化遗产保护的目标的，活化本身属于文化遗产保护行为，是文化遗产保护的重要内容。

活化同时需以文化遗产保护为前提。早在1964年，《威尼斯宪章》就已经确立了对于文化遗产的利用需在保护的前提下进行的原则，这一原则随后在《保护世界自然和文化遗产公约》（1972）、《巴拉宪章》（1999）等国际公约及宪章中得到了确定，对于文化遗产的利用均需以遗产保护为前提，所开展的各种利用方式及措施均不应破坏文化遗产本身的真实性、完整性。《文化遗产阐释与展示宪章》（2008）中也提到，向公众展示文化遗产地的结构和文化价值时，要避免不准确或不恰当的方式，要尊重文化遗产的真实性。所有这些文件均表明，进行文化遗产活化要以文化遗产保护为前提，开展的各种活化行为及措施的根本目的是促进公众对于文化遗产价值及重要性的理解，促进文化遗产功能的发挥，必须禁止活化中有可能破坏文化遗产的真实性、降低文化遗产的重要性等情况的发生。

3. 活化是对现有文化遗产保护方式的有益补充

根据对文化遗产资源活化产生与发展过程的分析可以了解到，文化遗产的保护方式最初侧重于维护文化遗产的真实性，保护方式以预防性保护、隔离式保护为主。后期随着人们对于文化遗产价值认识的不断深入，同时为了增进公众对于文化遗产价值及重要性的认识，展示、阐释、诠释等新的保护方式开始逐渐得到了广泛的应用，但以上方式均属于静态的遗产保护方式，而遗产活化则是一种动态的、发展的遗产保护方式，是对现有文化遗产保护方式的有益补充。

4. 活化能够促进文化遗产资源的可持续保护与利用

在文化全球化的背景下，人们越来越重视通过增强对文化遗产的可持续保护和利用，使其成为传承文化传统、增进文化认同的基础。《巴拉宪章》（1999）中提出，具有文化重要性的场所具有不可替代的珍贵性，它构建起过去与现在之间的情感联系，必须为现在及未来时代的人们保护好具有文化重要性的场所。《中国文物古迹保护准则》(2000) 提出了加强对于文物古迹的可持续保护和利用，在增强民族凝聚力、促进民族文化可持续发展方面的基础性作用。通过文化遗产的活化，促进其蕴含的价值充分发挥出来，让文化遗产不再远离公众，变成可以让公众了解、体验、感受的实实在在的文化内容，这将有利于调动公众保护文化遗产资源的积极性和主动性，进而促进对于文化遗产的可持续保护和利用。

2.3.4　我国文化遗产资源活化环境的特殊性

文化遗产活化的思想源于欧洲，而近一个世纪以来所颁布的若干国际性文化遗产保护文件，与欧洲文化遗产保护与活化实践的逐步深入有着密切的联系，文化遗产保护及文化遗产活化思想背后所折射出来的求真、审美、向善等价值观念，也可以从西方的古典文明中找到其思想渊源。而由于亚洲地区在文化遗产保护方面的特殊性，以及东西方文化背景的差异，在将国际文化遗产保护思想及活化理念应用于我国现实之前，还需要进一步讨论国际文化遗产活化理念在我国环境的适应性问题。

1. 我国文化遗产资源活化的特殊性

1）活化对象与国外存在差异

欧洲的文化遗产以文物建筑类为主，所采用的建筑材料以石质为主，相比起土木材料而言，石质材质在保持文化遗产的真实性方面具有天然的优势。而我国古代的王朝宫殿、宗教庙宇等，多采用土木结构，在自然侵袭及战乱损害等因素的影响下，存世不多，其曾经的灿烂辉煌需依据史料的记载来进行还原。一个典型的例子就是北京的圆明园遗址，圆明园在建筑时既传承了中式传统宫廷建筑的特点，又糅合了近代欧洲园林建筑艺术的思想，曾被誉为"万园之园"。后经战火侵袭，圆明园最终仅剩一片废墟。圆明园遗址公园内，残存的为数不多的西洋建筑的构件，反而成了园中的最胜之景，大水法即是其中的典型代表。其他土木结构的中式宫廷建筑，全都荡然无存。而据圆明园管理处主任陈名杰介绍，其实西洋建筑部分仅占了整个圆明园遗址范围的 2%，还有 98%的地方是中式土木结构的建筑遗址。但是公众在参观圆明园遗址公园时，大多是直奔大水法遗址而去，而在参观完大水法遗址之后便觉得其他地方没什么可看的。中式土木建筑遗址所保存的夯土台阶、地基等，其可视效果差，这是一个无法回避的问题。在世界文明史上享有盛名的罗马古城、庞贝古城，展现出了顽强的生命力，虽然历经战火或自然灾害的洗礼，依然能够以残存的石柱、石雕等给予人们强烈的视觉冲击，引发人们对于历史的感悟。在历史上，还没有哪一处东方大遗址能够取得和罗马古城、庞贝古城同样的地位。因此，在研究文化遗产活化问题时，首先应该注意到活化对象本身所存在的差异。

2）活化价值观念与国外存在差异

欧洲文化遗产保护与文化遗产活化的价值观念，根植于西方的古典文明，而西方文明的价值取向、审美观念、文化传统等与我国传统文化之间有着显著的差异。西方文明从古希腊哲学开始，逐渐发展演化出了注重理性思维、注重人本主义，求真、向善、审美相互融合的文化传统（吴铮争，2013）。受这一文化传统的影响，在对待文化遗产活化问题上，西方坚持以真实为依据，在审美上注重与人的理性思维相结合，因此看到西方在保护历史遗留下来的断壁残垣的同时，注重赋予其新的文化含义，并将历史古迹与现代建筑有机的融合起来，使其在价值上得到进一步的延续与提升。而我国传统文化思想受天人合一、尚和中庸等哲学思想的影响，在审美上追求中和之美，追求和谐、统一、圆满，追求人与自然之间的互动发展，注重文化精神与文化意蕴的表达，而对真实、理性等传统却重视不足。梁思成先生提出的"修旧如旧"的文物保护理念，在我国文物保护领域长期处于支配地位，这一理念本身也反映出了对于和谐、统一观念的追求。"修旧如旧"强调在进行修复时不能与原有材料存在较大的差异，看起来应该浑然一体，新旧之间和谐统一，这与西方坚持真实性原则下所提出的修复应该具有可识别性、应该与原有部分能够区别开来的主张相冲突。

3）活化方式与国外存在差异

欧洲部分保存相对较好的石质材质的文化遗产，本身就具有较好的可观赏性和可识别性，因此通过直接的原状展示、博物馆展示、背景环境整饬等方式就可充分地将其历史价值与文化价值传达出来。以欧洲的罗马大角斗场、雅典卫城的帕特农神庙等遗址为例，在遵从"最小干预"原则下对其进行直观的展示，参观者即可将这些断壁颓垣与历史上的辉煌联系起来，并产生追古抚今的历史情怀。而我国的大遗址、遗迹有相当部分缺乏观赏性，以秦阿房宫遗址为例，直观地看起来就是一个隆起的土台，当地人称为"郿坞岭"，除专业的考古人士外，普通公众很难将这一土台与秦代历史文化联系起来，也无法认同这一土台所蕴含的价值。而部分埋藏于地下的遗址遗迹通过常规的回填保护、覆土保护等方式，其可观赏性也较低。吕舟（2008）曾提出，要存在公众对于遗址价值认可的一种途径和方式，否则难以调动人们保护遗址的积极性。因此，在活化方式上，需要基于东方大遗址本身的特点，积极探索多样化的活化方式，而不能照搬西方文化遗产活化方式。

通过以上对于中国文化遗产活化环境特殊性的分析可知，活化对象本身的差异性决定了活化方式的差异，因此盲目照搬西方成熟的文化遗产活化理念和方式显然是行不通的，必须在借鉴的基础上予以创新、发展，逐步形成适合我国大遗址区文化资源特色的活化方式。

2. 我国对国际文化遗产活化理念的发展

1）对真实性原则的应用与发展

"真实性"原则是国际文化遗产保护理念的核心，也是西方文化遗产活化理念的基石。然而有别于西方石质材质文化遗产，我国大多数土木结构的文化遗址在保存物质实体的真实性方面处于明显的劣势。因此，《威尼斯宪章》（1964）以及随后出台的相关国际宪章中所强调的追求物质客观存在、追求原始的真实性的客观主义，并不完全适用于包括我国在内的东方大遗址的保护与活化。《奈良真实性文件》（1994）的出台，标志着对于以《威尼斯宪章》（1964）为代表的西方文化遗产保护"真实性原则"的延伸和发展。该文件提出在不同的文化背景下，对于真实性的理解可能存在差异，因此对于真实性的评判不能仅依据西方所通行的唯一标准。《奈良真实性文件》（1994）提出，真实性评判既与文化遗产的物质形式有关，也与文化遗产相关的精神、情感、文化传统等非物质因素有关，从而大大丰富和拓展了真实性的内涵，将对于真实性的理解和判定与特定的文化背景结合起来。2007 年，我国在东亚地区文物建筑保护理念与实践国际研讨会上发布的《北京文件》，结合我国以土木结构为主的文物建筑形式，在《奈良真实性文件》（1994）的基础上对"真实性"原则做了进一步的发展和运用，指出真实性不但存在于与文物建筑相关的物质实体方面（主要涉及形式、涉及、原料、用途、环境等方面），真实性还体现在与文物建筑相关的精神因素方面（如真实性所赖以存在的文化传统、技艺、精神、情感等方面）。《北京文件》（2007）进一步指出，对于在维护与修复土木结构文物建筑中所需要延续采取的一些复原做法，如重新彩绘、替换部分构件等，也应该对其真实性予以认同。从以上分析可以看出，由于东西方文化遗产本身特点的差异，以《威尼斯宪章》（1964）为基础所确立的西方"真实性原则"并不完全适用于我国，而结合我国土木结构文化遗产特点对于"真实性原则"进行的拓展和延伸，在我国文化传统下对于真实性内涵所进行的丰富，将成为探索符合我国实际的文化遗产活化方式的基础与前提。《会安草案——亚洲最佳保护范例》（2005）中对于文化遗产活化的真实性原则做了进一步的发展，提出真实性原则是包括文化遗产的位置与环境、形式、材质与设计、用途与功能以及"无形的"或本质的特性相关。《会安草案——亚洲最佳保护范例》（2005）同时还明确指出，对于包括我国在内的东方大遗址而言，保持遗产物质实体真实性较为困难，因此应更加注重保持与传承无形的文化传统、文化精神的真实性。对于西方真实性原则的应用与发展，将成为探索大遗址区有形及无形文化资源活化的理论基础。

2）对活化价值观念的应用与发展

受西方注重理性思维的文化传统的影响，西方（以欧洲为主）在文化遗产活化的价值理念上注重以真实为依据，同时注重与人的理性思维相结合。而在我国，长期以来崇尚人本主义、天人合一的文化传统，在对待文化遗产活化问题上更加注重传承遗产所包含的精神内涵与外在景观的和谐统一，更加强调场所精神。《巴拉宪章》(1999)首次以"具有文化重要性的场所"这一概念来取代之前常见的文化遗产地、文化遗址等概念，将场所视为更加宽泛、包容性更强的概念，既包括各种物质构成要素，也包括各种美学、历史、精神等方面具有价值的精神要素，从而鼓励对于更加完整的文化空间的整体保护。ICOMOS《魁北克宣言》(2008)的出台，特别强调通过加强有形以及无形文化遗产的保护来延续场所精神，并将其作为促进文化传承、文化发展的有效途径。《魁北克宣言》(2008)指出，文化遗产地的有形元素和无形元素是内在统一、不可分割的，共同构成独特的、富有场所精神的文化空间。其中有形元素主要包括各类文化遗址、文物建筑、文化景观、文化线路以及各种可移动文物等，无形元素主要包括各类文化技艺、口头传说、文献典籍、价值观念、精神特质等。而相较于有形元素，无形元素能为文化遗产提供更为完整、更为丰富的文化意义。"场所精神"的提出，为人们认识文化遗产的价值提供了更为全面而丰富的视角，也更契合我国传统文化中注重内在精神与外在景观和谐一致的文化价值观念。我国在文化遗产保护与活化过程中也更加强调通过延续文化意义、彰显文化精神，来满足社会成员的情感和精神需求。

3）对活化价值传递方式的应用与发展

文化遗产保护的目的是传承，因此需要探索适宜的价值传递方式，提升文化遗产的"可读性"。相较于西方石质材质的文化遗产而言，我国土木结构为主的文化遗产在价值传递方面存在着先天不足：一方面土木结构难以保存，文化遗产毁损严重，普通公众感觉"不好看"；另一方面与文化遗产相关的历史信息大量缺失，除专业考古人士外普通公众感觉"看不懂"。这就决定了不能仅局限于西方在秉承"最小干预"原则下所进行的直观展示等价值传递方式，应该结合我国文化遗产的特点，对现有的价值传递方式进行相应的拓展。

首先，价值传递应遵循真实性的原则，将与文化遗产相关的历史文化信息真实的传递出来；其次，价值传递应追求可读、可感、可体验的目标，提升文化遗产相关历史信息的吸引力，将其所蕴含的文化价值传递出来；最后，价值传递还应该综合运用包括直接展示、价值诠释、数字模拟、解说等在内的多种方式，实现价值传递方式科学性和多样性的结合。

2.4　文化遗产资源价值与遗产活化的关系定位

文化遗产资源作为我国文化资源的精髓，其既是历史发展的见证，也是文化多样性的体现。在当前社会条件下，要充分认识、发掘、利用文化遗产资源的价值，不能坚守静态、固化的观点。随着当代文化遗产保护理论的发展，在保护的前提下如何促进文化遗产价值和功能的发挥、以价值为导向的保护越来越成为国际文化遗产保护的基本目的，文化遗产资源的价值利用的提法也从被忽视、被批判转而被逐渐接受和认可。以下就文化遗产资源的价值利用与遗产活化之间的关联关系进行系统分析。

2.4.1　价值分析作为遗产活化的起点

价值分析是文化遗产资源活化的起点。客观上来讲，之所以需要对文化遗产资源进行活化，是因为其具有价值。活化的对象是具有价值的文化遗产资源。而之所以需要进行活化而非传统的限制型保护，是因为文化遗产资源所具有的价值的内隐性、多样性、利用的共享性等特征，为了促进文化遗产资源内在价值的发挥，实现对文化遗产资源价值利用的公平，需要改变传统静态的限制型保护的模式，转而寻求通过文化遗产资源的活化促进文化遗产资源固有价值的传承和外在价值的提升。

从国际文化遗产保护的视角来看，遗产活化属于广义的文化遗产保护活动的一种，与其他的保护活动如保存、修复、改造、复兴等相关联，但在其目的与手段上有所区别的一种创新性的文化遗产保护性活动。对于文化遗产资源价值的探索始终贯穿于文化遗产保护活动之中，采取何种保护行为也直接取决于人们对于遗产做出何种价值判断，将哪种价值类型置于优先考虑的位置。在现阶段之所以提出需要对文化遗产资源进行活化，是在当前文化多样性的宏观背景下，为了促进文化遗产资源所具有的文化多样性价值的体现，保障普通公众有更多的机会体验、领会文化遗产资源的精深内涵和文化精深，因此要在传统的保护性手段的基础上，创新文化遗产资源的利用方式。而进行文化遗产资源的活化，也需要以对于文化遗产资源的价值分析为起点和依据，秉承以价值为中心的文化遗产保护原则，在价值分析的基础之上了解对待特定的文化遗产资源应该采取何种价值取向，应该将何种价值类型置于优先考虑的位置，从而为后续制订有针对性的文化遗产资源活化策略奠定基础。

2.4.2　价值利用作为遗产活化的目的

以价值为中心的文化遗产保护一直是各种国际性宪章及文件制定的基本原则和基本目的，而随着当代文化遗产保护理论的发展，在保护的前提下如何促进文化遗产价值的发挥、对文化遗产资源的价值进行利用越来越成为国际文化遗产保护的基本目的，文化遗产价值利用的提法也从被忽视、被批判转而被逐渐接受和认可。《威尼斯宪章》（1964）最早出现有关文化遗产"使用"的提法，宪章第五条中提出可以对古迹进行使用，这与古迹保护并不相悖，但需要在保护的前提下、出于社会公用的目的，而非为了满足私利。《巴拉宪章》（1999）明确提出了"保护性利用"的说法，指出对于具有文化重要性的场所进行"延续性、调整性和修复性利用是合理且理想的保护方式"（《巴拉宪章》（1999）第二十三条）。由此可以看出，《巴拉宪章》（1999）对于文化遗产保护与文化遗产利用的关系做了进一步发展，将合理、谨慎的利用视为对于文化遗产保护的一种方式。《奈良真实性文件》（1994）进一步提出，对于遗产的保护包括所有"旨在了解一项遗产，掌握其历史和意义，并在必要时进行修复和增强的活动"，即遗产的保护并不仅限于维持其自然形态，更重要的是要了解遗产所包含的意义和价值，而为达到这一目的可以在确保遗产自然形态的前提下，采取必要的活动来增进公众对于遗产价值的了解。国际古迹遗址理事会中国国家委员会《中国文物古迹保护准则》（2000）第四条明确指出，文物古迹的应当得到合理的利用，但前提是不应损害文物古迹的价值，且应以社会效益为主。《实施〈世界遗产公约〉操作指南》（2013）119 条指出，世界遗产存在多种现有和潜在的利用方式，通过对其进行可持续的利用，有助于提升所在区域的生活质量。从以上分析可知，随着人们对于文化遗产资源价值及重要性认识的不断深化，人们对于文化遗产资源的价值利用的基本态度也发生了变化，利用不再被视为遗产保护的对立面，而合理、谨慎的利用，促进文化遗产资源价值的发挥被认为是促进文化遗产保护的一种重要方式。

文化遗产资源的活化是契合文化遗产资源价值利用的理念更新而应运而生的。与传统的文化遗产资源静态保护相比，遗产活化强调激发文化遗产资源的内在潜能，拓宽文化遗产资源的价值表达和传播方式，让原本孤立、静态的文化遗产资源能够符合当前公众需求、在当前社会充分发挥其价值和功能。因此，文化遗产资源活化的目的是在保护的前提下对静态的文化遗产资源进行利用，促进其内在价值的发挥，满足当前社会对于文化遗产资源价值需求。

2.4.3　遗产活化促进内隐价值的外显

传统文化遗产保护侧重于对于文化遗产真实性的保存，因此所采取的保护方式和保护手段以防护性保护、稳定性干预等措施为主，"可逆性保护""最小干预"原则的提出，均是出于保护文化遗产真实性的目的。Caple（2000）提出了"RIP"模型，概括出传统视角下所采取的保护措施主要是围绕以下三个方面：①揭示（relevation）：通过清洗并暴露遗产外观，恢复其在过去某个时间点的原状等方式，来揭示文化遗产所包含的信息；②调查（investigation）：采取科学调查、X 射线分析等方式，纪录并研究文化遗产所包含的科学信息；③保存（preservation）：采取预防性措施、限制性措施来维持文化遗产现状，避免其所承载的信息流失。林源（2012）概括了传统文化遗产保护采取的主要方式和手段（表 2-6）。

表 2-6　传统文化遗产保护的主要方式和手段（林源，2012）

保护方式	保护目的	保护手段
资源调查	掌握、了解文化遗产状况，获取文化遗产信息，管理现状	记录、勘测、拍摄、测量等
研究	发现文化遗产所包含的价值和意义	文献研究
技术干预	消除破坏文化遗产的因素，促使文化遗产所包含的价值和意义稳定的存在	① 保存：主要包括日常维护、加固等技术手段 ② 修复：维修、修补、添加构件、修整 ③ 重建：重新恢复遗产在某一时点的原状

随着保护理论的发展，在当代对于文化遗产的保护更加强调对于文化遗产意义的保护。Salvador（2012）在《当代保护理论》一书中指出，当代保护理论更注重通过保存及提升文化遗产在科学、历史、社会、文化乃至情感象征等方面的意义，并由此引发了文化遗产保护手段和方式的不断拓展。Salvador（2012）同时提出了三种适用于保护遗产意义的措施：表达式保护（expressive conservation）、功能性保护（functional conservation）、价值导向的保护（value-led conservation）。其中，表达式保护是"用保护行为赋予了对象某种经济和社会价值"（Vestheim，2001），同时来传递出特定群体的价值观、宗教信仰等文化内容；功能性保护强调不应只保护文化遗产在历史、科学、艺术等方面所具有的功能，还应当注重其在现实社会环境中功能的发挥，如政治功能、文化功能、经济功能等；价值导向的保护同样是当代保护理论在保护措施与手段方面的新发展，强调针对文化遗产所做出的保护决策应基于对于利益相关群体的价值分析，在促进文化遗产价值发挥的同时来实现各方利益群体之间的平衡，从而实现对于文化遗产的可持续保护。

从以上分析可以看出，传统的真实性保护并不注重对于文化遗产资源内在价值的利用，文化遗产资源的历史、科学、艺术、文化等价值形式隐含在资源内部。而随着当代保护理论的发展，表达式的保护、功能性的保护和价值导向的保护陆续出现。与真实性保护相比，在这些保护措施下，更加注重对于文化遗产本身所表达的信息、所具有的功能及价值的保护，是促进对文化遗产资源内在价值的发挥及利用，而不仅仅是保护文化遗产在传统意义上的真实性。而本书所提出的文化遗产的活化，其本质上符合当代保护理论所强调的注重遗产功能与价值发挥，而非仅局限于维护遗产真实性的观点。通过采取有效的文化遗产资源活化，以多样化的形式来表达和传递原本隐含在文化遗产资源内部的固有价值，能够有效促进文化遗产资源内隐价值的外显化。

2.4.4　遗产活化实现价值利用的公平

文化遗产资源是属于全体社会成员共有的宝贵财富，不应被当作"架上古董"

加以静态保护，而应通过适当的文化遗产资源活化方式，促进其机制的发挥，实现在当前社会环境中对于文化遗产资源的价值利用，将其纳入当前我国正在推进的中华优秀传统文化传承发展工程。通过进行文化遗产资源的活化，深入阐发文化遗产资源的内在精髓，促进文化遗产资源的保护与文化基因的传承，实现对文化遗产资源价值的创新利用，推进文化遗产资源文化价值的传播与交流，从而让文化遗产资源能够在传承文脉、提升公众文化素养、增强区域文化软实力等方面体现时代担当，发挥应有的积极作用。遗产活化促进价值利用的公平主要体现在如下两个方面。

（1）遗产活化能够促进文化遗产资源价值在当代人之间利用的公平。文化遗产资源本质上作为一种公共文化资源，是全体社会成员共有的宝贵财富。了解、认识、理解、利用文化遗产资源所蕴含的历史、精神、文化等方面的价值和意义，是每个社会成员所应具备的权利。而在我国传统的"限制型"保护模式下，对待文化遗产资源通常采取隔离式的静态保护模式。由于我国文化遗产资源的特殊性，以典型的大遗址为例，大遗址由于年代久远，保存状况普遍较差，大部分是以残缺不全的状态呈现。在这种情况下，如果仅凭借"限制型"保护，除部分专业的考古等领域的专家及文化层次相对较高的人群之外，其他大部分普通公众难以从所看到的断壁颓垣等历史遗存中感受到历史文化信息，获得应有的启迪和文化智慧。而通过进行有效的文化遗产资源活化，通过创造性的方式开展围绕文化遗产资源的展示、诠释、价值发掘、价值传播、价值延伸等文化活动，让原本孤立、静态的文化遗产资源变得形象生动、可观可感，从而可以促进文化遗产资源价值为普通公众所理解和利用，因此遗产活化能够促进文化遗产资源价值在当代人（尤其对普通公众而言）之间利用的公平。

（2）遗产活化能够促进文化遗产资源价值在代际利用的公平。结合对于文化遗产活化内涵及意义的分析，可以了解到，文化遗产资源活化本身就是文化遗产保护的重要内容，能够有效促进文化遗产资源的可持续保护。对于文化遗产资源的有效保护，要以公众的价值认可和广泛参与为基础。在传统的限制型保护模式下，对于部分毁损严重的文化遗产资源，尤其是大遗址，公众难以直观地了解和认可其价值，因此破坏遗产的事件屡有发生。以汉长安城遗址为例，在这片广阔的汉代都城遗址上，坐落着数十个村落，物质文化遗存稀少，所留存下来的仅仅是部分经考古发掘出土的宫殿基址、残留的夯土城墙等。在写作本书过程中，作者曾数次深入汉长安城遗址区进行调研，也走访了若干位长期生活在遗址上的村民，发现大多数村民文化水平有限，对于汉长安城遗址所蕴含的巨大价值并未有足够的认可，因而对汉长安城遗址的人为破坏也屡见不鲜。这种情况给遗址的可持续保护和有效价值利用带来了巨大的挑战，对于子孙后代而言，也由于遗址被破坏从而丧失了原本可以从中获得文化价值和精神力量的机会。而遗产活化可以促进文化遗产资源内在价值的发挥，促进公众对于文化遗产资源的价值认可，在价值认可的前提下，公众才更有可能采取自觉的行动来维护文化遗产资源，真正实现对文化遗产资源的可持续保护，从而才能达到文化遗产资源价值利用代际共享性的目标。

2.5　本 章 小 结

本章进行文化遗产资源的价值分析及遗产活化的理论研究，结合国际文化遗产资源的价值分析及文化遗产保护的趋势分析，从理论方面论证为什么需要采取文化遗产资源活化理念的问题。

首先，进行文化遗产资源的价值属性及其识别，在对比现有关于价值问题的理论观点的基础上，提出应坚持"意义价值论"，将文化遗产资源的价值视为其向主体呈现的一种意义，而这种意义随着时代的发展和人们价值需求的变化呈现出动态演变的趋势，并从国内外不同历史时期人们对于文化遗产资源价值识别的变迁来揭示出价值的动态性。

其次，结合文化遗产资源保护实际，就文化遗产资源价值的特殊性进行系统分析。文化遗产资源价值维度具有多样性，价值要素具有内隐性，价值需求具有阶段性，价值利用具有共享性。

再次，本书在回顾文化遗产保护领域的相关国际宪章、国际性文件等基础上，从国际文化遗产保护视野分析了文化遗产资源活化的产生，文化遗产资源活化的内涵及意义，指出文化遗产资源活化是对传统的静态遗产资源保护理念的创新。活化方式和途径包括各种围绕文化遗产资源所开展的探索、维护、利用、传承、激活、弘扬及文化复兴等保护性活动。从目的来讲，进行文化遗产资源的活化是力图改变大遗址区文化资源的表现形式、拓宽其价值传递的方式、发掘其在当代社会的功能。

最后，本书就文化遗产资源价值及遗产活化的关系问题进行系统分析，提出价值分析是文化遗产资源活化的起点，价值利用是文化遗产资源活化的目的。通过在保护的前提下积极进行文化遗产资源活化，能够促进文化遗产资源内隐价值外显化，促进文化遗产资源在当代人之间、代与代之间利用的公平。

第3章 大遗址区文化资源保护的困境及活化的现实需求

大遗址区文化资源的保护和有效利用，是当前我国文化遗产资源保护的重中之重。文化遗产资源类型丰富，从可移动文物、碑刻、历史性建筑物到古文化遗址、文化景观、非物质文化遗产等，不一而足。从当前我国文化遗产资源保护的实践来看，受城镇化建设及区域经济社会发展冲击最严重、文化遗产资源保护与利用之间矛盾最为突出的当属大遗址。其实，早在中华人民共和国成立之初，随着经济建设全面展开，大遗址保护与所属区域经济发展之间的矛盾就开始显现，文化部曾于 1964 年专门召开会议来协调大遗址区文化资源保护与所属区域经济建设的矛盾。改革开放之后，随着经济建设的加速，大遗址保护与经济建设之间的矛盾又一次激化，1983 年国家文物局在山东曲阜鲁国故城遗址召开会议，促进经济建设与大遗址保护之间矛盾的协调。进入 21 世纪之后，随着我国城镇化建设的加快进行，大遗址区文化资源保护和利用过程中所面临的困境再一次引发广泛的关注，财政部、国家文物局等部门联合下发了《"十一五"期间大遗址保护总体规划》(2006)、《大遗址保护"十二五"专项规划》(2013)、《大遗址保护"十三五"专项规划》(2016)，从国家层面上就如何协调大遗址保护利用与区域发展之间的矛盾做出了宏观规划。目前来看，新形势促进大遗址的保护利用，推进大遗址开放，让大遗址转变为助力区域发展的积极力量，已经在国家政策层面上成为共识，同时也为人们在保护的前提下，促进大遗址区文化资源的利用及活化奠定了政策基础。

本章从我国大遗址区文化资源保护与利用的实践入手，在分析大遗址区文化资源在保护的过程中所面临的各种困境的基础上，深入剖析原因，并阐明在实践中对大遗址区文化资源进行活化的现实需求，从而从现实方面来回答"为什么要进行大遗址区文化资源活化"的问题。

3.1 大遗址区文化资源保护的困境

3.1.1 保护观念"限制化"

自中华人民共和国成立以后，我国逐步形成了以文物保护为中心的管理制度，对于包括大遗址在内的文物实施以物质本体保护为主、限制利用为辅的静态保护模式。然而随着时代的发展，人们对包括大遗址在内的文化遗产资源的需求发生了变化，受传统"限制型"保护观念的束缚，大遗址区文化资源易于出现缺乏有效保护、利用不足的情况，同时大大限制了大遗址区文化资源内在价值的发挥。

1. 注重对物质本体的保护

中华人民共和国成立以后相当长的一段时期内，我国对于大遗址区文化资源以静态保护为主，并不重视对文化资源的合理利用，甚至排斥、反对利用的观点。而静态保护的落脚点是保护，其保护方式以馆藏式保护、抢救式保护为主。所谓馆藏式保护，主要应用于部分具有物质实体、保存状况相对较好的文化资源，通过设立展馆、博物馆等方式，尽力维持其原状。抢救式保护主要应用于部分濒临消失的文化遗存，通过发掘、修复等方式努力延续其生命力，防止其灭失。尽管方式不同，但出发点均是狭义、静态的文物保存的观点，并不注重文化资源的利用，也无法有效实现大遗址区文化资源内在价值的挖掘及提升，客观上也造成遗址保护与区域经济发展之间日益严重的矛盾。

2. 缺乏进行遗产有效利用的动力

传统的文物管理体制下，大遗址区实行双轨并行的分级属地管理体制（余洁，2010）。大遗址区文化资源，一方面受中央及地方各级文物管理部门的行政管理，管理机构主要涉及国家文物局、省级文化厅、文物局、文物管理所等不同级别的机构；另一方面受到大遗址所在地地方政府的行政管理，涉及省级（地市级）文物局、国土资源局、公安局等行政管理机构。在管理职能上，主要负责大遗址区文物的保护、监督管理，以及文物展示、宣传等工作。《中华人民共和国文物保护法》（2017 年修正）第八条明确规定，国务院文物行政部门主管全国文物保护工作，而文物所在地的地方政府，负责本行政区域内的文物保护工作。在这种条块分割的管理体制下，中央与省、市、县（区）文物管理部门之间实质上是一种多重的委托代理关系（刘世锦，2008）。国家文物管理部门主要负责宏观管理监督，管理责任依次往下分解，层级多，不同层级之间的目标不完全一致。处于这种管理体制下的大遗址区文化资源在保护与利用过程中往往面临以下困境。

（1）负责大遗址区文化资源实际管理工作的机构缺乏进行遗产利用的动力。担负具体管理工作的地方文物行政管理部门，主要的职责是进行文物的保护、监督管理等职责，确保文物安全，而非进行遗产利用。以汉长安城遗址为例，该遗址占地面积宏大，为加强遗址区文物保护，西安市于 1994 年成立汉长安城遗址保管所，持续运营至今。该保管所编制 15 人，主要负责遗址现状清查、巩固加固、围栏保护、遗址监测、考古资料保存，以及零星媒体宣传、基层宣讲等活动。由于人员及财政拨款额度有限，汉长安城遗址保管所在日常管理中，对于汉长安城遗址区文化资源如何有效展示、利用，促进其价值发挥等问题所做的工作实际上非常有限，作为实际管理主体的保管所缺乏进行遗址区内文化资源利用的动力。

（2）分散管理体制下的"所有者"缺位易于导致遗产不当利用。根据《中华人民共和国文物保护法》第五条，古文化遗址属于国家所有，国家作为一个整体享有大遗址的所有权。然而国家作为一个并不真实存在的主体，无法行使真正的权力，因此各级政府部门出面充当管理者的角色。而在大遗址管理过程中涉及规划、建设、林业、国土资源等若干个不同的政府部门，分散管理易于引发大遗址区文化资源活化过程中的利益冲突及目标的不一致。另外，受经济利益的驱动，存在地方管理部门忽视大遗址区文化资源的公共性特征，以所有者的名义对大遗址区文化资源进行过度开发或不当利用的倾向。内蒙古和林格尔土城子遗址区，当地政府招商引资在遗址区进行房地产开发，就是由于"所有者"缺位，地方政府受经济利益驱动而进行不当利用的典型案例。

3. 难以充分调动公众参与遗址保护的积极性

大遗址区文化资源的有效保护，离不开公众的积极参与及支持。然而在长期以文物保护为中心的制度下，大遗址区文化资源主要由文物管理部门负责相关的监督、检查、管理工作，普通公众在这一过程中并未起到应有的积极作用，且受宣传手段及渠道的限制，公众对大遗址区文化资源的认知和了解程度普遍不高，保护意愿也明显不足。除此之外，由于我国大遗址多以土质遗址为主，可观、可感性较差，普通的公众单纯凭借直观的视觉体验很难了解、认可其价值，也大大限制了公众保护遗址区文化资源的积极性。

4. 难以实现遗址保护与区域经济社会发展的协同

大遗址由于普遍具有体大面广的特点，其保护和利用工作与所处区域的经济社会发展之间存在着密切的联系。近年来，受城镇化建设的冲击，大遗址区文化资源保护的代价也越来越大，与所在区域经济社会发展之间的矛盾也越来越激烈。以汉长安城遗址区为例，自 1961 年被列入全国重点文物保护单位之后，汉长安城遗址区保护范围内实行严格的文物保护制度，对于遗址区内可以进行的生产生活活动实行了严格的限制，同时对于遗址区内土地资源的用途做出了种种限制性的规定，居住于遗址区内的居民大部分只能从事传统的农业生产活动。而随着周边经济的崛起，遗址区内外的发展差距迅速拉大，遗址区内居民生活水平显著低于周边地区的现实，遗址区成了经济社会发展的"盆地区"，客观上造成了居住于遗址区之上的居民怨怼、不满的情绪，人为破坏遗址的事件。限制型保护显露出了它的无力，既难以切实有效的保护遗址，也难以实现遗址保护与区域经济社会发展的协同。

3.1.2　资源形态"凋敝化"

大遗址区所拥有的各类有形及无形的文化资源是大遗址存在、发挥其价值的根基所在。然而受自然因素及人为因素的影响，在传统的"限制型"保护模式下，大遗址区文化资源形态呈现出"凋敝化"的倾向。造成大遗址区文化资源形态"凋敝化"的因素主要来源于两个方面。

1. 自然因素造成的资源"凋敝化"

我国大遗址多以土质遗址为主，受自然力的影响程度较大。如果任由自然因素继续破坏作用，大遗址区文化资源终将逐渐衰败，直至完全消失。自然因素广泛存在于自然界中，对于大遗址区文化资源产生直接或间接影响的因素，常见的自然因素涉及水分、温度、湿度、风沙、微生物、动植物等多种不同类型。自然因素对于大遗址区文化资源的破坏因素，概括起来其破坏形式及影响作用主要如表 3-1 所示。

表 3-1　自然因素对于大遗址区文化资源的破坏形式及影响作用

影响因素	表现形式	影响作用
水分	雨水冲刷、地表水下渗、地下水位上升等	改变大遗址区的地形地貌；破坏物质遗存等
湿度	崩塌、滑坡、水位升降等	对物质遗存造成无法抵抗、无法预料的破坏
温度	温度升降造成的热胀冷缩	影响土质遗址的稳定性，进而导致土质开裂、脱落等
风沙	风的直接冲撞力、扬沙摩擦、灰尘污染	破坏物质遗存
气体污染物	悬浮颗粒物等	改变遗址背景环境
动植物	动物筑巢、植物根系破坏等	直接作用于物质遗存的表面造成破坏，其中微生物对木质结构遗存破坏严重
微生物	包括霉菌在内的各种微生物的繁殖	破坏大遗址区土壤的酸碱度，破坏木质材质物质遗存的耐久度
震动	地震等所引起的震动	造成土质遗址表层颗粒脱落，土体开裂坍塌，降低土质遗址的结构稳定性

2. 人为因素造成的资源"凋敝化"

在传统的"限制型"保护模式下，由于保护工作主要依赖各级文物管理部门，将公众力量排斥在外，受制于保护人员及保护经费的限制，实际上并未对大遗址区文化资源实行切实有效的保护，大遗址区文化资源易于出现保护过度而利用程度不足的情况，同时也大大限制了大遗址区文化资源内在价值的发挥，各种人为破坏事件屡见不鲜，大遗址区文化资源呈现出"凋敝化"的趋势。尤其是处于城市建成区或者城市近郊的大遗址，受所在地人民日常经济社会发展活动的影响较为显著。在长期实施以"限制型"保护为主体的保护模式下，文物保护工作主要由所在地文物管理部门负责，但由于人员以及经费的限制，无法对大遗址区文化资源实施切实有效的保护，又由于排斥活化、利用等观念难以促进大遗址区文化资源所蕴含价值的发挥，大遗址区反而变成了所在区域经济社会发展的包袱。

以位于西安市西北郊的汉长安城遗址为例，《中华人民共和国文物保护法》明确规定，禁止在文物保护区域范围内从事有可能破坏文物完整性的相关社会经济活动，如挖沙取土、修建道路、修建池塘、打井、挖渠等，但是汉长安城遗址区的人为破坏现象仍然非常严重，严重威胁到遗址区内文物本体及相关文化资源的完整性，遗址区文化资源日渐凋敝。张祖群等（2005）分析了汉长安城遗址区的人为破坏因素涉及修建道路、农民盖房、种植作物、挖荷塘和鱼池、建筑施工、水体污染等类型。例如，部分遗址区内村民直接利用残存的古城墙修建房屋，或者在古城墙取土进行建筑施工，完全忽视了古城墙作为具有突出价值的文化资源其存在的意义。2015 年 10～11 月、2016 年 5 月、2017 年 4 月，作者组织调研团队数次进驻汉长安城遗址区，对占压在遗址区上的部分村庄，包括阁老门村、讲武殿村、张家巷村、李下壕村等进行实地走访，以了解当地居民对于汉长安城遗址区文化资源的了解状况及保护态度。在谈到汉长安城遗址区内的文化资源问题时，一位李姓老年受访者表示，"祖祖辈辈就是生活在这个村子里，听老一辈提到这里附近的一些土堆、土城墙都是以前传下来的，但是现在都破破烂烂了，也有人私自挖土什么的，其他的文化资源了解的也不多。"在谈到对于遗址区文化资源的保护态度的问题时，一位杨姓中年受访者谈到，"住在遗址上是吃亏的事情，国家这也不让弄，那也不让弄（指文物保护法禁止从事破坏遗址的生产生活活动）。"在谈到汉长安城遗址区居民构成状况时，一位王姓青年受访者表示，"这里目前居民比较复杂，一些本地的有些能力的早就离开遗址，去西安市里发展了，还有一些当地人扩建房屋，租赁给外地做小买卖的人住，目前在遗址上住的外地人很多，因为这里租金便宜很多，这些外地人住进来主要是图便宜，图方便，至于保护遗址可能不会考虑很多。"

从以上对汉长安城遗址区居民的访谈可以大致了解到：首先，居民对于汉长安城遗址区文化资源的认知、了解程度并不高，即便是祖祖辈辈居住在这里的老人，也只是大致了解一些土城墙之类零星存在的物质实体的文化资源，对于更广泛的非物质形式、地下遗存等了解不够全面。其次，受经济因素的驱使，原来占压在遗址之上的部分房屋通过出租、转包等方式出让给外来务工人员，这部分外来人员对于遗址区文化资源的了解程度更低，保护意识更加淡薄。最后，从现有的价值宣传方式来看，存在宣传不到位、宣传渠道有限等弊端，制约了普通民众对大遗址区文化资源形成有效的认知。在遗址区居民及外来务工人员缺乏对大遗址区文化资源的正确了解、认知的前提下，对大遗址区文化资源的保护成为奢谈，对大遗址区文化资源的人为破坏也难以避免，从而加剧了大遗址区文化资源的生态脆弱性、加速了文化资源凋敝的进程。

3.1.3　资源价值"忽视化"

对于大遗址区文化资源而言，保护并非是将其隔离起来，而是通过传承，让世世代代的人们均能感受到大遗址区文化资源所蕴含的价值，均能从接触、认知、品读这些文化资源中得到智慧和启迪。而在传统的"限制型"保护模式下，对于大遗址区文化资源的价值普遍存在重视程度不够的问题，尤其是部分土木结构的大遗址，受保存条件的限制，物质文化遗存普遍毁损严重，除专业的考古人士外，普通公众难以直观地了解其内在的历史文化价值。在这种情况下，由于忽视大遗址区文化资源的价值，对于大遗址区文化资源的破坏更是难以遏制。

以内蒙古和林格尔县的土城子遗址为例，该遗址位于内蒙古自治区中部呼和浩特市和林格尔县的县城近郊，是汉唐时期的故城遗址，已被列入大遗址保护"十三五"专项规划之中。和林格尔土城子遗址内拥有包括城址、城门、角楼以及数十座汉唐时期的古墓葬等在内的珍贵文化遗存，是了解汉唐时期内蒙古中部地区历史文化信息的重要依据。该处遗址占地面积广阔，但是由于地方政府对于土城子遗址资源价值的忽视，在进行决策时将文化资源价值让位于经济价值，擅自通过招商引资的方式，于 2005 年引入开发公司在这片古城遗址的墓葬区内开发房地产。为赶工期，施工方无视文物保护部门的劝阻，悍然出动推土机等大型工程设备进驻遗址区，在短短两日之内摧毁了 50 余座古墓葬，共计近百座古墓葬遭受到不同程度的破坏（关福财，2005）。如此价值突出、不可复制的珍贵文化遗址资源，却在房地产开发的经济利益驱动下遭受了严重的浩劫。在这背后，显示出文物保护工作在面对经济利益冲击时的无奈与被动，也暴露出当地政府、施工单位的急功近利、对大遗址区文化资源价值的忽视化，才做出大遗址区文化资源保护让步于经济开发的错误决策。类似的事件还有 2007 年在辽宁牛梁河红山文化遗址区铁矿石开采所造成的破坏、2013 年在山东曲阜鲁国故城遗址区内违规建设停车场所造成的破坏等，这一系列破坏遗址区文化资源的野蛮开发行为的背后，深层次的原因是对于大遗址区文化资源价值的忽视化。

3.1.4　利用方式"商业化"

对大遗址区文化资源进行利用是促进大遗址区文化资源经济价值发挥、满足当代人需求的重要途径。近年来，以文化遗产资源为吸引物的遗产旅游广泛兴起，成为满足人们文化体验的一种重要方式，而越来越多的大遗址区文化资源也在这一过程中被作为旅游资源加以开发、利用、活化。如果以保护为前提，手段适宜，旅游开发本身是促进大遗址区文化资源活化的一种有效方式，但是在实践中，也出现了部分大遗址区文化资源遭受不合理旅游开发而导致区内文化资源不当活化的负面事例。

1. 忽视遗址资源的可持续保护

受经济利益的驱动，部分遗址区被开发为旅游目的地之后，忽视旅游环境承载力，"超载"现象非常严重，对于遗址资源的可持续保护带来了巨大的压力。以八达岭长城为例，由于其是砖石结构，保存状况相对较好，旅游开发也相对较早，然而近年来，接待游客量始终处于高位，过量的游客已经让八达岭长城不堪重负，根据国家旅游局 2015 年核定的《景区最大承载量核定导则》，八达岭长城核心景区人均空间承载指标至少为 $1m^2$/人，然而这一承载量标准并未被严格遵循，尤其是在黄金周等客流量相对集中的时间段，八达岭长城摩肩接踵，人山人海，单日客流量接近 10 万人，远远超出 $1m^2$/人的核定标准。过量的游客涌入，对于长城砖石磨损加大，还存在部分游客乱刻乱画、乱扔垃圾等不文明行为，这些均给八达岭长城的可持续保护带来了沉重的负担。因此，为了合理保护长城，将这一中华民族的精神象征完整的传递给子孙后代，应加强对于景区的承载力管理，同时通过加强宣传教育，增强人们的文化遗产保护意识和维护长城的责任感，有效实现长城的可持续保护。

2. 兴建不当旅游设施

我国大遗址大多数可观赏性效果较差，因此部分地区为吸引游客眼球，提升遗址文化资源的旅游吸引力，大肆兴建各类现代旅游设施、娱乐设施，严重污染或破坏了大遗址区的整体环境，甚至对遗址区物质文化资源本体造成一定程度的破坏。以汉长安城遗址为例，由于该处遗址区内的物质文化遗存基本消失殆尽，仅留下部分残损的夯土城墙、宫殿地基等，对于普通公众而言，可观赏性较差。为了吸引游客，增加旅游收入，部分遗址区采取兴建仿古建筑等措施。例如，唐大明宫遗址区曾违规兴建部分宫殿建筑；汉长安城遗址区曾违规兴建长乐宫等仿古建筑；秦阿房宫遗址区内兴建的阿房宫景区，也存在包括秦始皇雕塑等在内的大量仿古建筑物。这些尽管可以部分地起到博人眼球的效果，但由于缺乏真实历史材料的支撑，违背了文物保护的规定，均以被拆除告终。

3. 非物质文化遗产资源的保护和利用有限

非物质文化遗产资源是大遗址区文化资源的重要组成部分，是公众了解、领略与遗址相关历史文化信息的重要途径。然而由于其存在形态的限制，非物质文化遗产资源需要经由特别的设计及演示等方式才能够将其所包含的内容呈现出来，在现实中受种种条件的限制，大遗址区非物质文化遗产资源的利用较为有限，其文化内容的可达性较弱。

首先，部分人遗址区延续传统文物保护观念，重视各种物质文化遗存的保护及展示，对于非物质文化遗产资源的利用重视程度不够，尤其是对于处于偏远地区的大遗址，旅游开发条件有限，遗址管理部门也缺乏投入资金人力进行非物质文化遗产利用的动力；然后，部分大遗址区文化资源在进行利用时，娱乐化、艺术化的色彩过于浓重，放松甚至部分违背了真实性原则，如依据唐大明宫遗址部分文化信息所拍摄的电影《大明宫传奇》，故事情节俗套，将现代观众所感兴趣的武打、爱情等元素融入在内，尽管场面令人眼花缭乱，但却难以将唐大明宫遗址所代表的盛唐文化精神传递出来。

4. 偏离了国际遗产保护的基本原则

1）偏离"真实性"原则

"真实性"原则是国际文化遗产保护的基本原则之一，是经《雅典宪章》（1931）奠基、《威尼斯宪章》（1964）所确立的，半个多世纪以来始终作为国际文化遗产保护理论的基础性原则广为接受。"真实性"原则确定了要保护的对象是真实的历史遗存，要以维护原有真实的历史信息为目的，即便进行必要修复也需要加以区分等，是对于文化遗产保护实践具有重要指导作用的基本方针。但是在我国近年的大遗址保护与活化的实践中，却出现了一种错误的偏离"真实性"的倾向，将活化简单理解为重新恢复已经消失的物质实体，甚至牵强附会地兴建一些人造仿古建筑，以供发展旅游或者娱乐的需要。这种缺乏历史文化信息支撑、偏离真实性原则、破坏大遗址固有历史风貌的做法，必然招致贻笑大方的结局。以陕西秦阿房宫景区为例，该景区自 1995 年开工，历时 5 年耗资达两亿元建成，但实质上属于典型的人造景区，无论是浮夸的景区入口大门、突兀的秦始皇雕像，还是各种令人目不暇接的娱乐项目，处处显示出一种主题公园式的消费导向化、娱乐化倾向，而与真实的历史文化信息相去甚远。更为严重的是，该处人工景点选址本身位于秦阿房宫遗址区保护范围之内，景区所传达出的错误的历史文化信息会误导公众，同时也大大削弱了公众对于文化遗产保护所应有的尊重意识和态度，2013 年，仿造的秦阿房宫景区被勒令拆除。这一"短命"的人造景点以勒令拆除的方式潦草收场，事件背后所折射出的正是对于活化观念的错误理解，摒弃了文化遗产保护的真实性原则，缺乏真实历史文化信息支撑的"娱乐式"活化，仅仅能起到暂时博人眼球的效果，而缺乏持久的生命力和存在的意义。

2）偏离"完整性"原则

"完整性"是国际文化遗产保护的另一基础性原则。完整性原意为维护文化遗产完整的状态，使其免受可能的损害，后来完整性原则得到进一步拓展，转变为维护文化遗产所携带历史文化信息的完整性，而承载历史文化信息的载体，既包括具有有形物质实体的物质载体，也包括各种非物质载体。尤其是 20 世纪末以来，随着国际文化遗产保护领域对于遗产文化价值的关注，包括民间传统、知识、技能等在内的广泛的非物质文化遗产在促进地域文化传承、维护文化特色等方面所发挥的积极作用得到了越来越广泛的认同。从广义来说，完整性既体现在有形物质层面的完整，也体现在无形文化信息的完整，还体现在遗产及其所存环境之间的和谐与完整统一。

然而我国长期实行的是以文物保护为中心的保护制度，而对文物也主要限定在具有有形物质实体的载体，并未考虑非物质形态的文化遗产。进入 21 世纪以后，随着国际非物质文化遗产保护观念的传入，我国对非物质文化遗产的价值和保护意义的认识才逐渐普及开来，并逐渐形成社会共识。而根据第 1 章就大遗址区文化资源的范围所进行的界定，除部分被列入保护名录的物质文化遗产资源外，大遗址区非物质文化遗产资源及大遗址区周边环境长期以来处于被忽视的境地，单纯以保护文物物质实体不受侵害的原则整体而言偏离了国际文化遗产保护的"完整性"原则。

3）偏离修复的"最小干预"原则

修复的本意是恢复文化遗产的历史性原状，使文化遗产资源保持相对完整的良好状态。修复的思想由来已久，在国际文化遗产保护的实践中也有着广泛的应用。欧洲在 20 世纪时，围绕是否需要对于历史性建筑物实施修复、如何修复等问题，掀起了一场"修复革命"，并最终在《雅典宪章》（1931）中确定了关于修复的国际基本原则：对于考古遗址要实行严格的"监护式"管理；如需进行修复，应尽可能将修复的痕迹隐藏起来，以维护历史性纪念物的原有外观和真实性等。然而在我国大遗址区文化资源保护的实践中，却出现了种种违背国际宪章中所确立的修复基本原则的不当行为，对于大遗址区文化资源的真实性及背景环境造成了不同程度的破坏。

（1）修复并非必不可少。《雅典宪章》（1931）中明确指出，在对历史性纪念物进行任何形式的修复之前，应先对其遭受损害的状态进行全面分析，以明确是否需要进行修复。《威尼斯宪章》（1964）进一步提出，修复旨在"保存和展示历史古迹的美学与历史价值"，如果需要对于历史古迹进行"不可避免的添加"，应以专业的考古及历史研究为前提。因此，在进行修复及相关的人工干预之前，应首先明确这一行为是否必要、是否是为维护文化遗产的真实性和完整性而不可避免、不可或缺的。然而在现实中，却也存在漠视这一原则，随意进行人工干预的误区。以北京圆明园遗址公园铺设防渗膜事件为例，圆明园湖水原本为天然水体，湖体及周边环境有着天然的景观融合性，并不存在进行人工干预防渗的必要。然而在 2005 年上半年，圆明园遗址公园内启动了一项规模浩大、总投资额高达 1.5 亿的湖底防渗工程，采用现代工程施工技术，对圆明园天然湖底采取铺设防渗膜的方式，来对遗址公园内的天然湖泊进行改造。改造主要是出于两方面的意图：一是减少圆明园湖水的下渗，降低补水成本；二是便于建造水上公园，以开展水上划船游览等旅游项目，提升旅游收入。但这一项目一经披露，即引发了社会广泛的质疑。兰州大学张正春教授从生态学角度指出，通过人工铺设防渗膜的方式，一方面会把园区的活水变为死水，将天然湖泊变为一个有着人工干预痕迹的大型"水泥池"，从而严重影响到圆明园遗址公园湖区的自然生态环境；另一方面，人工改造的痕迹以及增加的部分现代旅游设施也直接影响到圆明园遗址公园的历史氛围和整体环境风貌。时任国家文物局局长单霁翔明确表示，圆明园铺设防渗膜是非常愚蠢的行为。至后期该项目在国家环保总局的干预下停工之时，将近九成的湖底面积已经被人工防渗处理完毕，负面影响已无法消除。这一案例是典型的并非出于必需进行修复，而仅仅是出于节约部分补水费用、增加部分旅游设施的需要，但这与圆明园遗址公园所蕴含的无可替代的历史价值、文化价值相比，根本无法相提并论。

（2）修复并未坚持真实性原则。《威尼斯宪章》（1964）第九条指出：修复应以尊重原始材料和确凿文献为依据，应避免出现臆测。而 18 世纪以杜克为代表的"风格式修复"之所以饱受质疑，根本原因即在于进行修复时大量地掺杂了建筑师自身的臆测，而将历史性建筑物恢复到一个看似较为完整的、辉煌的状态，这种做法是对真实性原则的背离。在我国大遗址区文化资源的活化实践中，也存在罔顾真实性原则，用缺乏历史史料支撑的、掺杂主观臆测的修复来破坏大遗址区文化资源原本真实的状态。以唐大明宫遗址为例，在建设大明宫考古遗址公园的过程中，位于含元殿后根据主观臆测所兴建的部分仿古宫殿、城门等现代建筑，由于其风格与遗址公园整体历史文化氛围不协调，在建成之后尚未投入使用，即被国家文物管理部门勒令拆除，其根本原因在于忽视了修复的真实性原则。

（3）修复并未坚持"最小干预"原则。《中国文物古迹保护准则》（2000）第 19 条规定，对于文物古迹的保护应"尽可能地减少干预"，意即在进行修复时，应尽可能地减少对于文物古迹所造成的人为扰动，尽可能地维护遗址区原有的历史景观及整体风貌。《中国文物古迹保护准则》（2000）还详细列出了一些"最小干预"的做法，指出"应尽可能减少干预，附加的手段只用在最必要部分，并将干预的程度维持在最低限度"等。然而在我国大遗址区文化资源的修复实践中，也存在部分违背"最小干预"原则的错误做法。以位于山东境内的齐长城遗址为例，齐长城修建于春秋时期，被誉为中国长城的"始祖"。但由于年代久远，且为夯土结构，留存至今的齐长城遗址大多已经破败不堪。然而 2006 年，在对齐长城进行修复的过程中，竟然出现动用推土机将残存的齐长城夷平，在其上重新修建类似于明长城风格的"假长城"的做法，原齐长城东端入海处的烽火台也被铲平，重新修建了规模巨大、博人眼球的仿古烽火台（李继生，2009）。这种拆毁真遗址、重建假古董的方式，严重背离了"最小干预"原则。

3.1.5　空间环境"割裂化"

　　大遗址区周边环境本身作为大遗址不可分割的组成部分，与大遗址区内的物质及非物质文化资源一起共同形成具有独特历史氛围的文化空间。但是近年来，受我国城市改造、新农村建设等因素的影响，部分地区在进行开发建设及规划时忽视了对于大遗址及周边环境的整体维护，部分大遗址区周边环境呈现出破碎化、割裂化的倾向。尤其是处于城乡近郊的部分大遗址，在各种现代化建筑快速崛起的同时，周边环境不协调化、破碎化的状况更为严重。以西安市北郊的大明宫国家遗址公园为例，大明宫国家遗址处于西安市城市建成区范围之内，且毗邻火车站，周边经济社会发展速度快，对于大明宫国家遗址周边环境产生了显著的影响（苏卉等，2016）。大明宫国家遗址周边环境的变迁可以分为前后两个阶段：第一阶段是 2007 年以前，出于保护遗址的目的，国家文物部门规定在遗址区内禁止建设地下管网等基础设施，但由于大明宫国家遗址地处西安市火车站附近，人员密集，客观上造成了该区域环境脏乱，更是一度被比喻为"城市伤疤"，遗址区整体风貌呈现出破败的景象；第二阶段从 2007 年起，西安市政府启动大明宫遗址区保护改造工程，历时五年基本完成遗址区内棚户区拆迁改造、大明宫国家遗址公园整体绿化等工程，但由于耗资巨大，在大明宫遗址公园改造过程中，周边土地的商业化开发成为重要的改造资金来源之一，建成之后的大明宫国家遗址公园从整体上看被商业设施林立的闹市区所环绕，周边环境与常见的闹市区无异，无助于形成与遗址有关的独特历史文化氛围。与之相对比，欧洲部分地区在维护文化遗产周边环境方面做得比较成功。以罗马历史中心区为例，该区域拥有万神庙、竞技场、圣保罗大教堂等在内的数量众多的历史性建筑物及历史古迹，形成了独特的历史文化氛围。为保护罗马历史中心区的整体环境，当地政府对于新兴的产业及新的城市功能区均另行规划，从而在保护文化遗产的同时，较好地保护了整体的历史环境氛围。尽管罗马历史中心区占地面积广阔（目前为罗马城面积的 40% 左右），但罗马市政府有效地避免了现代经济发展对于文化遗产保护所带来的冲击，通过采取"区域分治"的方式，维护了罗马历史中心区及周边环境的完整性。

　　20 世纪 70 年代，日本经济处于高速增长期，在经济建设浪潮冲击下，部分历史地区及历史性城镇逐渐丧失原有的文化特色，学者将这种经济建设所带来的破坏作用称之为"社会公害"（路秉杰，1991）。近年来在我国城镇化建设快速发展的背景下，我国的大遗址区周边环境，也面临着类似的冲击与侵害。

（1）城乡工商业建设造成的破坏。在我国当前城乡建设高速发展的宏观背景下，各种工业企业、商业设施的建设，以及城乡房地产开发等各项工程的进行，给大遗址区文化资源的保护及活化带来了严峻的挑战，尤其是处于城市建成区、城乡接合部等建设开发活动相对活跃的地区，遭受破坏的程度更为明显。例如，隋唐洛阳城遗址的宫城区，基本被现代城市设施所占压；汉长安城遗址建章宫遗址区，被大型工业企业所占压；存在类似情况的还有郑州商代遗址、北宋东京城遗址、扬州城遗址等。

（2）城乡基础设施造成的破坏。部分大中型城乡基础设施建设项目的进行，给大遗址区文化资源的保护和活化带来了一定的威胁，甚至还有部分建设工程进行设计论证时并未经过文物管理部门审批，所造成的建设性破坏更为严重，如阿房宫遗址、三星堆遗址都曾不同程度地受到公路等基础设施建设的破坏。

（3）农业生产活动造成的破坏。部分大遗址区内分布着村落、农庄，农业生产经营活动的开展，也给大遗址区文化资源的保护及活化带来了一定的负面影响。例如，陕西汉长安城遗址区上自然分布着 58 个规模不同的村落，村民日常农业生产生活活动的开展，如建房、挖沙取土、兴建鱼塘等，均对遗址区文化资源产生了一定程度的破坏。存在类似情况的还有周原遗址、阿房宫遗址、汉魏洛阳故城、偃师商城遗址等。

3.2　问题的剖析

以上现实问题的存在，严重制约着大遗址区文化资源的有效保护和可持续利用。究其原因，可能存在于以下几个方面。

3.2.1　根深蒂固的静态保护观念

静态保护观念的产生，与我国长期实行的以文物保护为中心的保护制度息息相关。静态保护主要是保持文物的现状，尽量维持其原有的形态而不去改变，这对于物质形态的文化遗存而言，能够在一定程度上起到减缓其损坏程度、防止其灭失的作用。常见的静态保护的措施，如设置博物馆、保护区等方式，都是以尽量减少潜在损害为目的，中华人民共和国成立以后所确立的各种文物保护法规制度中，也始终贯穿着静态保护的思想。

然而随着文化遗产保护对象范围的拓展，静态保护观念显现出越来越多的局限性：一是大遗址体量巨大，动辄数平方公里，与可移动的文物不同，难以将其进行隔离式保存，且受制于保护经费及保护人员的限制，在实践中对大遗址区物质遗存进行的静态保护效果并不理想，破坏遗址的事件层出不穷；二是除物质文化遗存外，与大遗址相关的大量非物质文化遗存以及遗址区周边环境，也是构成大遗址区文化资源历史信息真实性和完整性的不可或缺的组成部分，但是在传统以文物保护为中心的静态保护模式下，对于非物质文化遗存及周边环境的保护相对而言较为欠缺；三是静态保护观念不注重对于大遗址区文化资源价值的挖掘及提升，因此客观上造成遗址区的经济社会发展程度显著低于周边地区的客观现实，难以实现遗址保护与周边区域发展的协同。

由于长期存在以文物保护为中心的静态保护观念，我国大遗址区文化资源既无法得到有效的保护，也难以发挥资源所蕴含的价值，还客观上拉大了遗址区与周边区域的经济社会发展的差距。从问题的根本上来说，迫切需要实现文化遗产保护理念的革新，转换以静态保护为主的传统观念，这将成为促进遗址可持续保护、促进遗址保护与区域发展相协同的关键。

3.2.2　对资源价值缺乏全面认识

受静态保护观念的影响，长期以来大遗址区文化资源的价值并未得到客观全面的认可。价值认识问题上的局限性，进一步影响到对大遗址区文化资源所采取的保护与利用方式的不足。自中华人民共和国成立以后，随着以文物保护为中心的保护制度的确立，我国对于包括大遗址在内的有形物质遗存的价值认定主要集中在历史价值、艺术价值、科学价值三个方面。例如，1982 年颁布的中国国家委员会制定的《中华人民共和国文物保护法》明确规定，对于古文化遗址这类不可移动文物应依据其所蕴含的历史、艺术、科学价值来进行确认。国际古迹遗址理事会《中国文物古迹保护准则》（2000）也指出，文物古迹所包含的价值主要涉及历史、艺术、科学三个方面。可以看出，我国所确立的是以历史、艺术、科学三大价值为核心的价值评定标准，所侧重的是文化遗产资源随着时间的推移所具有的纪念性、历史性价值，而对于文化遗产资源在当代社会所具有的现世价值，却缺乏有效的关注。这种价值认识问题上的偏颇，成了大遗址区与周边区域发展不协调的症结所在。

对于体大面广的大遗址区而言，一味强调对历史性价值的维护，而忽视了其所具有的现世价值、当代功能的发挥，客观上造成大遗址区与周边区域经济社会发展差距的日益扩大。尤其在当前城镇化建设高速发展的背景下，不断扩大的市场经济的影响和商业开发思维，将使得人们无法回避对于大遗址区文化资源经济价值与功能的考虑。对于大遗址区文化资源价值的全面客观认识，要求人们一方面要考虑其历史性价值，另一方面要考虑大遗址区文化资源在当代社会可能发挥的现世价值，通过采取有效手段促进其现世价值的发挥，将是协调大遗址保护与区域发展矛盾、促进大遗址区文化资源可持续保护的关键。

3.2.3　对遗址区资源利用不充分

长期以来，受以文物保护为中心的传统观念的影响，大遗址区文化资源主要以防止大遗址物质本体遭受损害为目标，不注重遗址区文化资源的价值提升及活化。尤其是位置偏远、物质本体破坏严重的大遗址，在遗址区文化资源活化手段的运用上更是非常有限。从目前来看，我国大遗址区文化资源总体上仍然以传统的展示方式为主，在方法上主要借助于原状展示、模拟展示、标识展示、解说诠释等，部分地将大遗址区文化资源所包含的历史文化信息传递出来。对于部分保存状况较为完好的遗址，采取这种展示方式能够带给公众真实、直观的感受，如秦始皇陵兵马俑、圆明园大水法等。然而对于大多数毁损严重的遗址而言，采取传统的展示方式则有着较大的局限性。典型的如汉长安城遗址，单纯从直观上来看，整个遗址区内现存的物质遗存几乎毁损殆尽，可谓"一无所有"。通过直观的展示并不能让公众产生震撼、体会到遗址的价值。

吕舟（2008）指出，要采取一种有效的途径或方式，促进公众对于遗址价值的认可，这样方能调动人们保护遗址的积极性。然而我国大遗址以土质遗址为主，尤其是部分年代久远的遗址，毁损严重，大遗址区文化资源所携带的历史文化信息大量丢失，因此利用常规的展示方式其可视性、可观赏性效果较差，除专业考古人士之外，普通公众可能会觉得这些残损的遗址看不懂、不好看，从而大大限制了大遗址区文化资源其价值和作用发挥的空间。

3.2.4　对社会力量缺乏有效利用

大遗址区文化资源的活化不足，很大程度上归结于对社会力量缺乏有效利用。我国在长期的文物保护管理体制下，逐步形成的以中央与地方文物管理部门相结合的行政管理体制，承担着对大遗址区文化资源进行监督、管理的职责，但是对大遗址区文化资源活化的动力也不足。而社会公众参与大遗址区文化资源活化却存在着参与渠道有限、参与成本较高、缺乏参与动力等问题，客观上限制了大遗址区文化资源活化的程度及效果。

纵观发达国家文化遗产保护的实践，包括美国、法国、意大利等在内的诸多国家，均非常重视公众力量在文化遗产保护与利用过程中的广泛参与和支持。以美国为例，与我国"自上而下"的行政管理不同，美国的文化遗产保护与管理带有鲜明的"自下而上"的特点，民间组织、社会团体引导着文化遗产保护与利用的方向，进而推动文化遗产保护相关法律法规在制度层面上的完善。美国政府早在 20 世纪 60 年代，就通过法律的形式明确了社会力量参与遗产保护与管理的权利和义务，从而为社会力量参与提供了法律保障。美国公众参与遗产保护的渠道非常广泛，参与形式灵活多样，参与意愿较高，为促进美国文化遗产可持续保护和利用奠定了坚实的群众基础。法国文化遗产保护运动起步较早，对于公众力量的参与和支持非常重视。政府首先通过长期的宣传教育和文化遗产推广活动，增进公众对于文化遗产价值的认识，引发公众对于文化遗产保护与利用的关注和参与的热情。进而通过管理模式的完善，从法律及制度层面为社会公众参与提供了保障。意大利从 20 世纪 90 年代开始，就逐步引入社会资本参与文化遗产保护及管理工作，并将部分古迹遗址逐步交由社会资本进行管理运营，政府仅负责宏观监督管理。意大利还进一步采取税收优惠、发行债券等举措鼓励社会资本积极投资于文化遗产保护事业，有效拓宽了文化遗产保护资金的来源。

　　与发达国家在文化遗产保护与利用过程中对于社会力量的充分利用相比，我国长期以来在大遗址区文化资源的保护及利用方面过于倚重政府行政管理部门的力量，忽视了对社会力量的动员及有效利用。然而由于政府行政力量有限，资金缺口巨大，实际上难以对体量巨大的大遗址区丰富的文化遗产资源实施有效的保护。因此，广泛动员社会参与、积极融入社会力量的支持迫在眉睫。

3.2.5　遗址服务社会的能力受限

　　受传统的"限制型"保护观念的影响，大遗址区文化资源被当作"架上古董"进行监护式保护，严格限制社会经济生活对于大遗址区文化资源可能造成的损害。这种单纯以防止大遗址区文化资源遭受损害为目的的保护观念，忽视了如何促使文化遗产资源本身所蕴含的情感、文化、历史、社会、经济、政治等方面价值的发挥，大大限制了大遗址区文化资源服务社会的空间与能力。Austin（1998）提出，通过进行历史文化遗产资源的活化，可以将过去的历史以"活"的状态呈现出来，历史文化遗产资源成为维系当代人民与历史之间文化及情感联系的纽带。Austin（1998）进一步指出，正确的对待历史文化遗产资源的态度，应该是珍惜并赋予其新的用途，而非仅将其当成"令人怜悯"的博物馆展示品。

　　实践中之所以出现种种人为破坏遗址的事例，归根结底与大遗址区文化资源的价值被低估、缺乏服务社会的能力息息相关。对于体大面广的遗址区而言，如果忽视了其在当代社会所具有的功能的发挥，则遗址区与周边区域经济社会发展之间的矛盾将日益扩大。作者及其团队在对陕西汉长安城遗址区进行调研时发现，居住于遗址区上的村民自嘲称汉长安城遗址区是"被社会遗忘的角落"。遗址区周边地段在新一轮的城市建设中日新月异，而遗址区内却依然维持原有的以农业、手工业等为主的落后经济形态。因此，必须寻求对大遗址区文化资源保护与利用方式的革新，改变传统的大遗址被动保护的局面，促进大遗址区文化资源价值的发挥和当代功能的延伸。对于生活在遗址区之上的居民而言，他们有着强烈的促进遗址区经济发展的诉求。《中华人民共和国文物保护法》对于遗址区内的生产生活形态做出了严格的限定，成为遗址区经济发展的政策壁垒，客观上造成遗址区经济发展水平显著低于周边地区的现实，遗址区成为经济发展的"凹陷地带""盆地区"。以汉长安城遗址区为例，遗址区内分布着 50 余个行政村，常住居民人口近 5 万人。在长期的限制型保护模式下，遗址区内超过一半以上的地区仍然以传统的农业生产为主，遗址区的经济社会发展水平、居民的日常生活水平显著低于周边地区。因此，进行大遗址区文化资源的活化，是缩小遗址区内外经济发展差距、促进区域经济协调发展的内在原因之一。通过进行有效的大遗址区文化资源活化，让沉睡的遗址苏醒过来，在当代社会发挥一定的经济、教育、文化等功能，让曾经被视为经济社会发展包袱的大遗址真正转变为区域经济社会发展的积极力量。

3.3　大遗址区文化资源活化的现实需求

由于大遗址区文化资源在保护与利用的实践中所面临的保护观念"限制化"、资源形态"凋敝化"、资源价值"忽视化"、利用方式"商业化"、空间环境"割裂化"等方面困境的存在，严重影响到大遗址区文化资源的保护和可持续利用，因此需要从创新保护理念入手，破除传统"限制型"保护观念的束缚，引入遗产活化理念，探索如何在保护的前提下实现对于大遗址区文化资源的价值利用及可持续保护。

结合大遗址区文化资源保护的困境，以及大遗址区文化资源保护及利用所处的环境，本书认为，进行大遗址区文化资源的活化有着强烈的现实需求。首先，现实中大遗址区文化资源保护与利用所面临的资源形态凋敝、资源价值忽视、限制型观念束缚、利用方式不当等问题；其次，随着国际文化遗产资源保护与利用理念的传入，对于改变传统的"限制型"保护理念起到了助推作用；再次，近年来我国文化遗产保护制度总体上呈现出不断完善、逐步与国际接轨的趋势，对于加强大遗址区文化资源的合理利用也发生了从否定到支持、鼓励的转变，从制度层面上为进行大遗址区文化资源的活化提供了坚实的保障；最后，出于创新保护观念、改善大遗址区文化资源形态、提升资源价值、完善资源利用方式以及促进大遗址区文化资源助力区域协调发展等方面的目的，进行大遗址区文化资源的活化存在强烈的现实需求（图 3-1）。

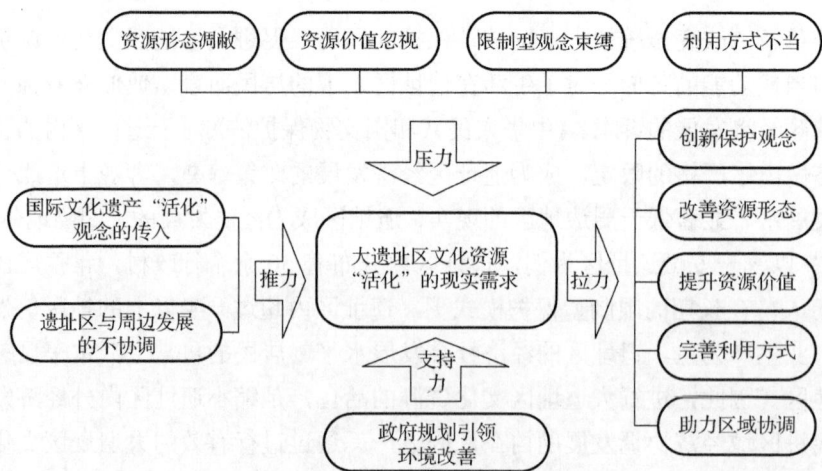

图 3-1　大遗址区文化资源活化的现实需求

3.3.1　活化创新保护观念

从国际文化遗产保护理论发展的趋势来看，在文化全球化的背景下，通过促进遗产文化价值的发挥进而维护地区文化的多样性，逐渐得到了日益广泛的认可。我国也在逐步学习、吸收国际文化遗产保护理念的过程中，从社会思想和观念层面逐渐形成了符合我国实际的大遗址区文化资源活化的观念。活化是强调以利用促进保护的一种新型的文化遗产保护理念，是对传统的静态保护理念的革新。文化遗产资源活化，能够赋予文化遗产资源新的生命力，变静态的遗产资源动态化，是文化遗产资源利用的一种新方式。相较于传统的静态保护观念，以活化理念为中心，将更有利于文化遗产资源发挥内在价值、提升服务社会的能力。

首先，活化强调保护的前提下，促进大遗址区文化资源所蕴含的中华优秀传统文化基因的延续，通过充分挖掘大遗址区文化资源的历史、文化、科学等方面的价值，并采取有效的活化措施促进这些内隐价值的外显化，让沉睡的文化遗产资源"醒过来"，重新焕发生机活力，从而使大遗址区文化资源在促进我国优秀传统文化传承、促进传统文化复兴过程中发挥积极作用。活化是一种动态的、发展的观念，强调让文化遗产资源保持一种具有生命力的、活的状态，而非静止的、凝固的状态。活化反对"冷冻式"、博物馆式的保护，而是强调通过在保护的前提下对文化遗产资源进行有效的利用，以利用促保护，让文化遗产资源所蕴含的价值充分发挥出来。

其次，活化理念更有利于实现对大遗址区文化资源的可持续保护。由于我国大遗址多以土质遗址为主，普遍存在保存状况较差、可观赏性低的问题。通过对大遗址区文化资源进行有效的活化，让这些貌似"一无所有"的古遗址变成可观、可感、可理解的文化内容，将更有利于唤醒公众的文化遗产保护意识，形成文化遗产保护的更广泛的群众基础，有利于促进对于文化遗产的可持续保护和利用。活化强调要让大遗址区文化资源成为普通公众可以接近、可以观赏、可以感受、可以体验的公共文化资源，让大遗址区便成为富有历史文化气息的新型公共文化空间，让大遗址区文化资源在优化我国公共文化服务体系中发挥重要作用。

最后，活化理念能够促进大遗址区文化资源在功能上更符合所在区域经济社会发展的需求。活化拓宽了大遗址区文化资源保护的方式，在发展中保护、在保护中发展，提升大遗址区文化资源服务社会的功能，这将有效地缓解在静态保护模式下所造成的遗址区内外经济发展不协同的矛盾。活化借助于现代科技手段及创意技术的支撑，依托大遗址区传统文化资源，逐步形成融合遗址保护、文化旅游、休闲体验、演艺娱乐等业态于一体的综合性文化产业集群，成为助力区域发展的积极力量。

3.3.2　活化改善资源形态

资源状况是指大遗址区文化资源自身的存在状况。客观上来讲，由于我国大遗址多以土质遗址为主，与石质遗址相比，土质遗址普遍毁损严重，可观赏性差。无论是城垣、宫殿、夯土台基，还是窖穴、墓葬等，这些承载特殊历史年代文化信息的资源，在长期的历史发展过程中，受岁月的磨砺逐渐丧失了原有的风采，甚至部分物质遗存已经永久消逝。除少部分保存相对完好、可观赏性较强的遗址外（如秦始皇陵兵马俑），大多数遗址区的物质文化资源直观上看起来可观赏性较低，其他文化、精神等层面的文化资源更是难以直接地为普通公众感受和体验到。以汉长安城遗址区为例，该遗址是保存相对完整的古代都城遗址，遗址核心区并未被大型工业企业所占压，超过一半以上的面积仍为传统农业用地。在规划面积高达 75 平方公里的广阔区域内，分布着各种宫殿基址、城墙遗址、道路遗址，以及沟渠、民居聚落、手工业遗址等，这些遗存部分经过考古发掘后覆土保存，部分采取地面标识等方式进行展示。但总体而言，采取这种直观方式展示的汉长安城遗址区的文化资源，其可观赏性、吸引性仍然较差。曾经作为皇宫大殿、巍峨耸立的未央宫，仅留下一座高达十余米的夯土堆，单凭直观的视觉感受，很难将其与曾经的峥嵘岁月、与博大精深的汉文化联系起来。因此，大遗址区文化资源从保存及展示的条件来看，可以说条件天然不足，这也是大遗址区文化资源价值容易被忽视的最为直接的原因。而借助于有效的活化手段，如利用虚拟现实技术再现壮丽辉煌的古代建筑等，可以显著地提升普通公众对于大遗址区文化资源的可观、可览、可理解的程度，促进资源所蕴含文化价值的发挥。通过对大遗址区文化资源进行有效的活化，能够让大遗址区文化资源的文化内涵传递出来，让大遗址区文化资源所蕴含的价值彰显出来，让沉睡的遗址重新焕发生机，重新在当代社会发挥其应有的功能及作用。

3.3.3　活化提升资源价值

　　活化遵循价值导向，采取以价值为中心的保护理念和方法，既符合国际文化遗产保护理念的新趋势，也是协调我国大遗址保护与区域发展矛盾的有效途径。以往在我国大遗址保护实践中所出现的非法侵占遗址区土地、对遗址物质本体保护不力等现象，其根本原因在于对大遗址区文化资源所蕴含的价值缺乏全面客观的认识。而通过实施有效的活化措施，以活化促进大遗址区文化资源价值的提升，引发公众对大遗址区文化资源价值的认可和尊重，是促进大遗址区文化资源持续发展和永续保护的根本出路。

　　首先，活化以价值评估为依据，在保护的前提下促进文化遗产资源内在价值的发挥与提升，能够有效地促进文化遗产资源在现代文明社会中发挥其积极的作用。对比传统的保护理念与以价值为中心的现代保护理念可以发现，传统保护理念侧重于采取限制性的措施，将某一文化遗产资源加以固定化，让其固定在某一历史瞬间。而所采取的补救、修复等方式的目的也主要是为了维持文化遗产资源所固有的形态。传统保护理念最突出的特点是"静态化"，或者称之为"木乃伊化"。在这种保护理念下，文化遗产资源的自然衰败无法遏制，同时文化遗产资源也与其周围的社会生活环境隔离开来，难以实现文化遗产资源保护与区域发展的协调。而以价值为核心的文化遗产资源保护模式，在价值识别、价值评估的基础上，制订合理规划，采取适当的管理措施及方法对于文化遗产资源的价值进行展示、诠释、活化，从而可以促进文化遗产资源价值的有效发挥和提升，将文化遗产资源真正转变为促进区域经济社会发展的积极力量。

　　其次，以价值观念为导向的文化遗产资源活化理念，有利于激发不同学科、不同领域的人们对其价值的关注，从而可以协调和整合相关社会力量，促进文化遗产资源的保护从专业型保护向社会型保护的转变。在传统保护模式下，文化遗产资源吸引的主要是一些历史学家、考古学家、艺术工作者等的兴趣，他们从专业的角度去发掘、证明特定的文化遗产资源与某一历史时期或者某些特定的人类活动之间的关联。但在近些年，对于文化遗产资源的价值识别程度在不断扩展，除了历史、美学、艺术等方面的价值外，人们也注重将文化遗产资源与社会、文化、经济等方面的目标联系起来，对于文化遗产资源价值的认知和诠释也在不断拓展。在这一过程中，文化遗产资源的价值问题逐渐吸引了考古、历史、艺术、文化、旅游、经济、社会、民族等不同领域的专家学者及利益相关者的注意。人们在不断讨论与深化对于文化遗产资源价值识别的同时，也在探索如何找寻更为有效的文化遗产资源价值展现与活化的途径及方式。因此，以价值为核心的保护模式有助于凝聚起更为广泛的社会力量，为文化遗产资源的保护与活化寻求更为坚实的社会基础。

最后，以价值观念为核心的文化遗产资源活化更适应全球化背景下文化多样性的要求。文化多样性被认为是"社会中普遍的、恒久不变的特征"（Mason，2000），但近年来在文化领域出现的文化全球化现象，不同文化在全球范围内相互交叉、碰撞，处于强势地位的文化向其他民族地区进行着不断的文化渗透和扩展，从而加剧了西方文化霸权与其他民族文化之间的冲突，也对文化多样性构成了严重威胁。因此如何促进在平等的基础上加强不同文化之间的沟通和对话，实现多元文化共存，维护文化多样性体系，成了当前世界文化领域的核心问题。以价值为核心的文化遗产资源保护模式适应了当前文化多样性的要求。文化遗产资源作为承载特定民族或特定区域某一历史阶段文化的物质载体，通过增进人们对于本地区文化遗产资源的价值识别，促使他们了解、重视本民族独特的文化传统与文化价值观念，从而增强文化认同和文化自信，在保护、展示、传播区域文化的同时，也客观上促进了文化多样性的实现。

3.3.4　活化完善利用方式

中华人民共和国成立以后相当长的一段历史时期内，我国对于大遗址区文化资源以静态保护为主，并不重视对文化资源的合理利用，甚至排斥、反对利用的观点。静态保护的落脚点是保护，其保护方式主要以馆藏式保护、抢救式保护为主。所谓馆藏式保护，主要应用于部分具有物质实体的、保存状况相对较好的文化资源，通过设立展馆、博物馆等方式，尽力维持其原状。抢救式保护主要应用于部分濒临消失的文化遗存，通过发掘、修复等方式，来努力延续其生命力，防止其灭失。尽管方式不同，但出发点均是狭义的、静态的文物保存的观点，并不注重文化资源的利用，也无法有效实现大遗址区文化资源内在价值的挖掘及提升，客观上造成遗址保护与区域经济发展之间的矛盾日益严重。

自 1985 年我国成为《保护世界文化和自然遗产公约》缔约成员之后，国际文化遗产保护和利用的观念才逐渐传入我国，关于遗产利用的观念才逐渐得到认可，但利用方式及利用程度依然非常有限。进入 21 世纪之后，随着我国经济发展步伐的加快，传统遗址保护与区域经济发展之间的矛盾日益加剧，促进大遗址区文化资源有效利用的问题正式上升到国家层面。2005 年国家文物局、财政部下发的《大遗址保护专项经费管理办法》中，提出了"侧重本体、展示优先"的原则，强调加强遗址展示；《"十一五"期间大遗址保护总体规划》中，正式提出了要促进大遗址能够在经济和社会发展中发挥重要作用；《大遗址保护"十二五"专项规划》中，提出要让大遗址成为"区域经济社会和谐发展的积极力量"，在具体的措施上，提出要加强大遗址保护展示示范园区、遗址博物馆等的建设；《大遗址保护"十三五"专项规划》中，同样申明要"有效提升大遗址保护展示利用水平"，实现遗址保护与经济社会的统筹发展。从以上文件可以看出，国家从观念层面上已经确立了加强大遗址的保护利用、促进大遗址在当代社会发挥积极作用的总体方向，然而在具体的实践中，大遗址区文化资源仍然存在利用不足、利用效率有限的客观问题。在具体的利用形式上，仍然以传统的遗址展示、遗址博物馆建设等方式为主，如何通过创新的形式挖掘大遗址区文化资源内涵，进而带动周边产业发展、促进区域经济发展方面，仍然有很大的空间需要继续探索。因此，进行大遗址区文化资源的活化、挖掘文化资源内在价值、带动周边产业发展、提升大遗址服务社会的能力成为实现大遗址保护系列规划中对于提升大遗址服务社会能力的目标的必然选择。现有利用程度的不足及提升利用效率的内在迫切性，成为大遗址区文化资源活化的现实需求因素之一。

市场对于遗址类文化产品需求的提升，也是促进大遗址区文化资源进行活化的重要因素。近年来，随着公众文化遗产保护意识的增强以及人民文化水平的提升，公众对于遗址类文化旅游产品的关注度呈现出逐步攀升的态势，各种围绕大遗址区文化资源所形成的历史文化类旅游产品，对于公众的旅游吸引力也在不断增强。为了满足公众需求，部分条件较好的遗址区已经逐步向公众开放，在展示遗址、提升遗址知名度的同时，也获得了可观的经济收益。今后仍需进一步提升大遗址区文化资源面向市场的能力，通过与现代科技及创意技术相结合，形成富有历史文化特色的遗址类文化创意产品，丰富公众的文化生活。

3.3.5　活化助力区域协调

大遗址区文化资源的活化，是历史发展的必然。大遗址区应积极主动地融入所属区域经济社会的整体发展之中，而非与之隔离开来。正如 Rossi（1982）在阐述区域发展与文化遗产保护关系时所指出的：区域发展整体上趋于演化而非保护，在演化的过程中历史文化遗产可以发挥其独特的功能，成为推动区域发展的元素。通过促进大遗址区文化资源的活化，可以起到助力区域发展、实现文化复兴的积极作用。

1. 通过活化缩小大遗址区与周边城镇化建设的差距

当前我国正处于城镇化加快发展的新阶段，城镇化建设在促进区域经济发展的同时，也成为促进大遗址区文化资源活化的一个重要外部因素。通过对被列入我国"十三五"时期重要大遗址名录的 152 处大遗址距城镇的距离进行分析，发现有一半以上的大遗址处于城镇建成区或城镇近郊，城镇化建设活动一方面对于遗址保护、遗址周边环境产生着直接的影响；另一方面对于遗址区产生了巨大的推动力，促使遗址区改变传统的静态保护模式，通过挖掘遗址区文化资源价值，提升遗址区社会功能，来缩小与周边区域城镇化建设之间的差距。

2. 通过活化改善大遗址区经济结构

在传统的限制型保护时期，出于维护遗址本体及遗址区历史风貌的目的，对于大遗址区域范围内的经济社会活动形式做出了各种限定，客观上造成了遗址区内经济社会结构单一、经济社会发展水平较之周边地区相对缓慢的现实，尤其是处于城市建成区或城市近郊的大遗址区，更是被形象地称为"经济塌陷区"。以地处西安市西北郊的汉长安城遗址区为例，受土地利用用途的限制，汉长安城遗址区内长期以来以传统农业经济为主，农业经济收入占区域经济总收入比例较高，与周边以工商业、房地产业等为主体的经济形式相比，经济收入水平低，经济结构相对单一。因此，为了促进遗址区内经济结构的优化，改变传统的以农业经济为主体的低效率经济发展方式，也为促进大遗址区文化资源的活化，汇聚包括文化、创意、生态农业等在内的新型产业形态提出了迫切的要求。

3. 通过活化提升大遗址区文化影响力

大遗址区文化资源是承载中华民族特定历史文化信息、反映中华民族文明发展历程的独特载体，同时也是我们在文化全球化浪潮中能够形成文化差异性、塑造独特文化性格的基础所在。需要通过系统梳理包括大遗址在内的传统文化资源，发掘、继承、创新中华优秀传统文化，促使人们了解、重视我国独特的文化传统与文化价值观念，提升当代人的文化认同和文化自信，在保护、展示、传播区域文化的同时，实现文化的多样性，从而有助于我国增强文化软实力，在文化全球化的浪潮中站稳脚跟。而对于大遗址区文化资源进行有效的活化，是发扬我国传统魅力、维护文化多样性、提升文化影响力的重要渠道。

进行大遗址区文化资源活化，也是增强区域文化气息、改善区域人文环境的重要方式。大遗址区作为人们共同的文化财富，不应被隔离起来，而应积极融入人们的社会生活中，成为人们感受文化、品位历史、享受艺术的独特的公共文化空间。要通过积极地促进大遗址区文化资源活化，遵照《大遗址保护"十三五"规划》中所提出的相关要求，全面推进大遗址对外开放，促进大遗址在构建公共文化服务体系中重要作用的发挥。

3.4　本　章　小　结

本章从现实出发，分析我国大遗址区文化资源在实践中所面临的保护困境，进而提出进行大遗址区文化资源活化的现实需求，从实践层面回答"为什么要进行大遗址区文化资源活化"的问题。

本章首先联系实践，提出当前我国在大遗址区文化资源保护的过程中，存在保护观念"限制化"、资源形态"凋敝化"、资源价值"忽视化"、利用方式"商业化"、空间环境"割裂化"等困境，进而对问题展开剖析，指出原因在于存在根深蒂固的静态保护观念、对资源价值缺乏全面认识、对大遗址区文化资源利用不充分、对社会力量缺乏有效利用、遗址服务社会的能力受限等方面。继而提出在当前社会现实环境中，为缓解大遗址区文化资源保护所面临的种种困境，有效解决所面临的保护观念限制、价值认识不足、遗址服务社会能力受限等问题，有必要引入活化理念，通过进行有效的大遗址区文化资源活化，达到创新保护观念、改善遗址区文化资源的形态、提升资源价值、完善资源利用方式，进而实现与周边区域协调发展的最终目的。

第4章 大遗址区文化资源的价值构成及价值评估

价值分析是大遗址区文化资源活化的起点和依据。本章在充分考虑大遗址区文化资源的特性的基础上，首先基于国际文化遗产保护的相关规定，确立了对大遗址区文化资源进行价值评价的基本原则；然后就大遗址区文化资源的价值构成进行理论分析，构建出符合我国当前社会价值需求的大遗址区文化资源价值构成体系，并针对不同的价值形式提出差异化的价值评估方法；最后选取代表性的大遗址——汉长安城遗址为例，在对汉长安城遗址区文化资源进行存量梳理和谱系构建的基础上，分析了汉长安城遗址区文化资源的价值构成，并进行具体的价值评估，以期为后续大遗址区文化资源活化策略的制订提供价值依据。

4.1 大遗址区文化资源的价值认定原则

4.1.1 真实性原则

真实性原则是对大遗址区文化资源进行价值认定所需遵循的基本原则。从某种意义上说，只有具备了真实性的前提，才有必要对于大遗址区文化资源所包含的价值做进一步辨识和评估。因此需要准确理解真实性原则所包含的内容，并在对大遗址区文化资源进行价值评估的过程中严格遵循真实性原则。

1. 真实性的含义

真实性（authenticity）一词来源于希腊语中的 authentikos（相同）和拉丁语中的 auctor（起源、最初的）两词，原义被理解为原初、原真、真正。真实性的评价标准曾被广泛地应用于艺术、文学、新闻传播学等多个领域，来反映所采取的材料、所获取的信息来源等方面内容的真实可靠。

《威尼斯宪章》（1964）强调，在对古迹进行修复时以尊重原始材料和确凿文献为依据、强调对古迹进行的不可避免的添加应与原来材料有所区别，以维护原有真实的历史信息等。但同时也应注意到，《威尼斯宪章》（1964）集中体现的是欧洲长期文化遗产保护理论与实践，因此这些原则的确立是以欧洲石质古建筑遗产为基础的，石质材料更经久耐用，其物质形态的保存相对持久，在不同历史阶段进行的修复等痕迹也能够辨识。但是仅强调物质层面的真实性，对于类似我国土木结构的文化遗址、古建筑来讲并不完全适用。土木材质的物质实体难于保存其物质形态，很多处于大遗址区的物质文化资源在长期的历史发展中早已荡然无存，因此遗产保护实践中的困境也引发了人们对于真实性原则的重新思考。《奈良真实性文件》（1994）对于《威尼斯宪章》（1964）中的真实性精神在继承的基础上做了延伸，提出应充分考虑不同文化背景的差异，对真实性的判定不能采取固定的标准，除了基于文化遗产的形式、设计、材料、物质等物质层面的真实性予以评价外，还应考虑文化遗产所包含的精神层面的历史信息的真实性，包括文化传统、技术、文化背景，以及遗产所包含的人类的精神与感情等无形层面。《会安草案——亚洲最佳保护范例》（2005）中对于真实性的含义做了进一步的补充，指出真实性是一个涉及多个维度的综合性的概念，真实性与文化遗产的位置及环境、形式、材质与设计、用途与功能以及"无形的"或本质的特性相关。《会安草案——亚洲最佳保护范例》（2005）进一步强调，对于亚洲地区而言，相比物质实体的真实性，活的文化传统的真实性更为重要（表4-1）。

表4-1　《会安草案——亚洲最佳保护范例》（2005）对于真实性的规定

真实性的维度	内容
位置与环境	场所、环境、地方感、生境、地形与径直、周边环境、生活要素、对场所的依赖程度
形式与设计	空间规划、设计、材质、工艺、建筑技术、工程、地层学、与其他项目或遗产地的联系
用途与功能	用途、使用者、联系、因时而变的用途、空间布局、使用影响、因地制宜的用途、历史用途
本质特性	艺术表达、价值、精神、感性影响、宗教背景、历史联系、声音、气味、味道、创造性过程

《奈良真实性文件》（1994）及《会安草案——亚洲最佳保护范例》（2005）对于真实性原则的拓展得到了国际社会的认同，并被纳入《实施〈世界遗产公约〉操作指南》中。以2013版操作指南为例，指南提出信息来源的真实可信是评价真实性的基础，但具体的评价应考虑到所处文化背景的差异。《实施〈世界遗产公约〉操作指南》特别强调，尽管精神和感觉等非物质层面的属性在评价其真实性方面不易操作，但这却是体现区域文化延续性的重要方面。

2. 真实性原则在国内的应用

真实性原则传入我国，是在我国成为《保护世界文化和自然遗产公约》缔约国之后。在此之前，文物保护"修旧如旧"的原则很长时间内在我国文化遗产保护实践中一直发挥着指导性的作用。"修旧如旧"是梁思成先生于中华人民共和国成立初期提出的，本意是防止文物修复过程中过度抹杀历史痕迹、追求焕然一新的错误倾向。但是将"旧"作为价值评判的标准，实践中却出现了分歧：旧是指旧时的原状，还是目前的旧现状，抑或是对新材料人为进行做旧？实际上，所谓修旧如旧，包含着修复的实践应与原来的物质遗存保持和谐的含义，但这种文物修复思想却与《威尼斯宪章》（1964）中维护物质层面真实性的原则存在一定的冲突之处。自 1985 年我国加入《保护世界自然和文化遗产公约》之后，真实性概念也逐渐传入我国。最初"authenticity"一词一度被翻译成"原真性"，来表示原来、原初、未改变的含义，但实际上文化遗产在长期的历史发展过程中，可能经历了若干次的修复、改动，若一味强调维持最初的原真，则将后期与遗产发展、沿革相关的历史信息全都排除在外，尤其是对于我国部分土木结构的古代建筑、文化遗址而言，更难以保持"原初"的状态。后来在常青等（2009b）的坚持下，认为以"真实性"来表示更为恰当，真实性反映了文化遗产所包含历史信息的真实确凿、准确有效，也强调了要保护文化遗产在各个历史阶段状态的真实信息。《中国文物古迹保护准则》（2015）所认为的真实性，同样是指文物古迹所包含的信息的真实性，而这些信息既涉及物质方面有关文物古迹的材料、工艺、设计、环境，也涉及非物质方面有关文化特征、社会、文化传统等。其中对于真实性的评价与保护《实施〈世界遗产公约〉操作指南》（2013）中的标准保持一致。

3. 真实性与价值评估

将真实性原则运用于对大遗址区文化资源的价值评价中，可以理解为对于大遗址区各种物质及非物质文化资源而言，其所提供的相关历史文化信息必须真实可靠，这也是大遗址区文化资源之所以具有价值的最基本前提。而所涉及的这些信息范围广泛，有形的信息涉及遗产相关的形式与设计、原料与材料、用途与功能、位置与环境等方面，无形的信息涉及与遗产及其所属文化环境相关的传统知识体系、口头传统与技艺，乃至文化精神与人类情感等因素。同时，在对大遗址区文化资源进行价值识别及价值评估的过程中坚持真实性原则，也需要考虑不同文化背景的差异，对于遗产能够真实体现人类情感、促进区域文化延续等方面的作用也要充分予以考虑。

4.1.2　完整性原则

1. 完整性的含义

完整性（integerity）来源于拉丁语 integritas，原义为完整无缺的、未损的状态。完整性用来衡量文化遗产资源在价值方面的整体和无缺憾的状态。早期文化遗产保护领域对于完整性的追求主要侧重于物质层面"原样""完整状态"等方面，因此在实践中出现大量的重建、复原、修复等措施，这种对于完整性的追求一直贯穿于文化遗产保护历史过程之中，无论是古罗马时期对于残损雕像的修补，抑或是启蒙时代人们对于艺术品的修补，均是意图将遭受破坏的文化遗产恢复到完整的状态。19 世纪，随着法国"风格式修复"风潮的兴起，对于文化遗产完整性的追求也掀起了高潮。在维奥莱·勒·杜克看来，对于古建筑类文化遗产应当按照符合其风格的方式进行修复，以使其恢复到"过去任何时候可能都不曾存在过的完整状态"，在实践中也开展了对于圣塞尔宁教堂、皮埃尔丰城堡、圣马德莲娜教堂等一系列的修复工作，使这些历史建筑在外观、结构等方面满足完整性的要求。但修复实践并非完全以确凿史料为依据，有时加上了设计师本人的臆测，一味追求完整性反而降低了历史建筑固有的真实性，因此引发了广泛的争论，在追求完整性的实践中也出现了所谓忠实的修复、保守的修复、折中的修复等做法。《威尼斯宪章》（1964）明确提出，要将历史古迹真实、完整地传下去，指出对于构成历史古迹整体的各种雕塑、绘画、装饰品等，要予以保留；而对于缺失的古迹若要追求完整，进行修补时要注意整体和谐，同时要区别原作，以兼顾真实性原则。可以看出，《威尼斯宪章》（1964）对于完整性仍然侧重于历史古迹本体的物质层面。《内罗毕建议》（1976）中对于完整性的内涵进行了延伸，指出历史地区及其周围环境是完整的统一体，从而将对完整性的追求从仅关注遗产本体拓展到其周围环境。《实施〈世界遗产公约〉操作指南》（2013）指出，完整性可以定义为衡量自然和/或文化遗产及其特征的整体性和无缺憾性，将对于遗产完整性的要求拓展到能够体现遗产重要性和价值所需的一切因素，既涉及遗产物质层面的物理结构、工艺材料、雕塑装饰等要素的完整性，也涉及非物质层面能够体现遗产价值的历史积淀、社会关系、动态文化特征等要素的完整性。《西安宣言》（2005）突出强调了古迹遗址周边环境是影响古迹遗址重要性和独特性不可或缺的组成部分，提出通过对于周边环境的保护和管理来达到维护古迹遗址完整性的目的，而周边环境包含了各类有形和无形、过去和现在、人工和自然的在社会、精神、历史、艺术、审美、自然、科学、文化等层面具有价值的诸多要素，对古迹遗址完整性的保护，实质上就是对古迹遗址及周边环境中价值构成要素完整性的保护，这些要素涉及能够体现文物古迹价值的有形或无形的载体，以及相关的环境等多个方面。完整性原则还体现在对于文物古迹在各个历史发展过程中所保留的历史特征、与文物古迹相关的文化特征、文化传统的尊重和完整保护。

2. 完整性与价值评估

完整性是一个相对的概念，既包含对大遗址区文化资源物质层面完整无缺性要求，也包含对其所包含、反映的历史文化信息完整性的要求。由于我国当前大遗址普遍毁损严重，从价值评价的实践来看，一味追求原物的完整无缺、通过修复达到完整的状态，反而会破坏大遗址区文化资源本身包含历史信息的真实性。正如以维奥莱·勒·杜克为代表的"风格式修复"学派为了追求历史性纪念物的完整性，不惜改变原有设计的修复手法，反而严重违反了维护历史性纪念物真实性的基本原则。因此，在将完整性原则应用于对大遗址区文化资源价值评价时，需要结合我国大遗址区文化资源保护的实践，注意到我国东方大遗址与西方文化遗产资源在保护对象上的差异，将对大遗址区文化资源物质层面的完整性与所包含历史文化信息信息的完整性两个方面综合起来，在对大遗址区文化资源所包含的各种有形及无形物质文化信息信息进行全面客观调查的基础上，再来进行完整性的评价。除此之外，对大遗址区文化资源价值评价完整性的要求同时也应注意到大遗址区文化资源与其所赖以存在的环境、文化背景之间的相互关系，将维护背景环境的完整性也纳入到完整性评价之中，谋求大遗址区文化资源与整体的和谐与完整统一。

4.1.3　突出性原则

突出性（outstanding）所包含的含义是卓越、引人注意、有别于其他同类等。在《实施〈世界遗产公约〉操作指南》（2013）中，世界遗产被认为在价值方面要具有突出性、罕见性，故而要对其进行永久性保护。突出性这一原则作为价值评价的标准，可以用来体现文化遗产资源所包含的历史文化信息的质量高低。对于那些能够见证特定的历史阶段、包含独特的历史信息，抑或作为区域文化特征及文化精神的典型代表，这类遗产由于具有典型性及稀缺性，其所包含的价值更加突出。在《实施〈世界遗产公约〉操作指南》（1977）中将突出性解释为非常独特、是所在类型的最突出范例；在《实施〈世界遗产公约〉操作指南》（2005）中将突出性解释为非常特殊；在《实施〈世界遗产公约〉操作指南》（2013）中将突出性解释为无法替代、独一无二。

将突出性原则运用于对大遗址区文化资源的价值评价中，要求大遗址区文化资源所具有的价值是突出的、独特的、稀缺的、具有代表性的。但同时也应注意到，突出性是建立在不同的文化遗产资源价值的相互比较基础之上的，本身就是一个相对的概念。是否符合价值突出性的原则还受人们在主观思维方面对于大遗址区文化资源价值所产生的主观判断，而这种判断是随着人们的价值需求的变化而发生变化的。近年来随着文化多样性主题的兴起，世界遗产委员会对于突出性的评价也从"最好的"转向"最具代表性的"，以更好地彰显遗产本身所包含的独特品质与特征。因此，对大遗址区文化资源进行突出性的价值认定时，并非要一味追求其是最突出的、最独特的，而只要这些文化资源能够在反映大遗址及其所处历史年代社会、政治、经济、文化、科技等方面的信息是具有较强的代表性即可。

4.1.4　普遍性原则

普遍性（universal）是指大遗址区文化资源尽管在表现方式和存在形式有所区别，但就遗产能够反映特定地域的文化背景，体现文化传承与文化特质这一方面而言，具有普遍性，大遗址区文化资源因其价值的普遍性而成为全体社会成员共同的文化财富。《雅典宪章》（1931）认为，文化遗产能够引起人们普遍的兴趣；1994年全球治理委员会的报告中提到，文化遗产价值的普遍性体现在遗产的核心价值对于全人类而言均具有重要的文化意义；《巴拉宪章》（1999）指出，遗产无论对于过去、现在及将来，均是历史的纪录，具有普遍的文化重要性。《实施〈世界遗产公约〉操作指南》（2013）提出，世界遗产的突出普遍价值体现在其所具有的罕见的、超越了国家界限的、对全人类的现在和未来均具有普遍的重要意义的文化和（或）自然价值，而遗产价值所具有的普遍性特征，也成为文化遗产保护国际合作的基础。

将普遍性原则运用于对大遗址区文化资源的价值评价中，是要求大遗址区文化资源所具有的价值是具有普遍意义的、能够为全体社会成员所享用的，这其实也隐含着需要采取有效的措施促进大遗址区文化价值利用的共享性，从而让大遗址区文化资源价值的普遍性得到更充分的体现。

4.2　大遗址区文化资源的价值构成

结合对于文化遗产资源价值的分析可以了解到，价值是作为客体的文化遗产资源向作为主体的人们所呈现的一种意义，而这种意义会随着社会发展及人们观念的变化而发生变化，因此对于大遗址区文化资源价值构成的确定，应结合当前我国社会人们的价值需求及价值观念来做出。

表4-2梳理了自中华人民共和国成立以来我国发布的相关法律法规中有关文物（文化遗产）价值的规定，从中可以看出，我国对于包括大遗址在内的各种文物价值的认定也是不断变化的：从最初重视历史价值、纪念性价值，到《中华人民共和国文物保护法》（2002）确立了以历史价值、艺术价值、科学价值三大价值为主体的价值体系，再到21世纪随着国际文化遗产保护观念的传入，《中国文物古迹保护准则》（修订）（2015）将文化价值作为单独的价值形式加以强调，与历史价值、艺术价值、科学价值、社会价值等共同构成文物古迹的价值体系。这个过程中，反映出我国对于文物（文化遗产）价值认识程度在不断深化，也折射出当前社会人们对于文物（文化遗产）价值需求的变化。

表4-2　我国发布的相关法律法规中关于文物（文化遗产）价值的规定

发布时间	法律法规名称	发布机构	关于文化遗产价值的规定	价值类型
1950年	《关于保护古文物建筑的指示》	中央人民政府政务院	凡全国各地具有历史价值及有关革命史实的文物建筑，如：革命遗迹及古城廓、宫阙、关塞、堡垒、陵墓、楼台、书院、庙宇、园林、废墟、住宅、碑塔、石刻等以及上述各建筑物内之原有附属物，均应加以保护，严禁毁坏	历史价值 纪念价值（有关革命史实）

续表

发布时间	法律法规名称	发布机构	关于文化遗产价值的规定	价值类型
1961 年	《文物保护管理暂行条例》	国务院	国家保护文物的范围：与重大历史事件、革命运动和重要人物有关的、具有纪念意义和史料价值的建筑物、遗址、纪念物等；具有历史、艺术、科学价值的古文化遗址、古墓葬、古建筑、石窟寺、石刻等；各时代有价值的艺术品、工艺美术品；革命文献资料以及具有历史、艺术和科学价值的古旧图书资料；反映各时代社会制度、社会生产、社会生活的代表性实物	历史价值 纪念价值 艺术价值 科学价值
1963 年	《文物保护单位保护管理暂行办法》	文化部	各级文化部门对于本地区文物中具有历史、艺术、科学价值和纪念意义而必须就原地保护的文物如革命遗址、纪念建筑物、古建筑、石窟寺、石刻、古文化遗址、古墓葬等，要进行分类排队	历史价值 艺术价值 科学价值 纪念价值
1982 年	《中华人民共和国文物保护法》	全国人民代表大会	在中华人民共和国境内，下列文物受国家保护：（一）具有历史、艺术、科学价值的古文化遗址、古墓葬、古建筑、石窟寺和石刻、壁画；（二）与重大历史事件、革命运动或者著名人物有关的以及具有重要纪念意义、教育意义或者史料价值的近代现代重要史迹、实物、代表性建筑；（三）历史上各时代珍贵的艺术品、工艺美术品；（四）历史上各时代重要的文献资料以及具有历史、艺术、科学价值的手稿和图书资料等；（五）反映历史上各时代、各民族社会制度、社会生产、社会生活的代表性实物	历史价值 艺术价值 科学价值 纪念价值 教育价值
2000 年	中国文物古迹保护准则	国际古迹遗址理事会中国国家委员会	第三条：文物古迹的价值包括历史价值、艺术价值和科学价值	历史价值 艺术价值 科学价值
2002 年	《中华人民共和国文物保护法》修订	全国人民代表大会	文物范围的认定同 1982 年《中华人民共和国文物保护法》	历史价值 艺术价值 科学价值
2004 年	《全国重点文物保护单位保护规划编制要求》	国家文物局	价值评估：评估文物保护单位的文物价值（包括历史价值、艺术价值和科学价值）和社会文化价值（对社会、文化、经济的影响作用）	文物价值 社会文化价值
2006 年	《风景名胜区条例》	国务院	风景名胜区，是指具有观赏、文化或者科学价值，自然景观、人文景观比较集中，环境优美，可供人们游览或者进行科学、文化活动的区域	观赏价值 文化价值 科学价值

续表

发布时间	法律法规名称	发布机构	关于文化遗产价值的规定	价值类型
2006 年	《世界文化遗产保护管理办法》	文化部	各级文物主管部门和世界文化遗产保护机构应当组织开展文化旅游的调查和研究工作，发掘并展示世界文化遗产的历史和文化价值	历史价值 文化价值
2011 年	《中华人民共和国非物质文化遗产法》	全国人民代表大会	第三条：国家对非物质文化遗产采取认定、记录、建档等措施予以保存，对体现中华民族优秀传统文化，具有历史、文学、艺术、科学价值的非物质文化遗产采取传承、传播等措施予以保护	历史价值 文学价值 艺术价值 科学价值
2015 年	《中国文物古迹保护准则》（修订）	国际古迹遗址理事会中国国家委员会	第三条：文物古迹的价值包括历史价值、艺术价值、科学价值以及社会价值和文化价值。社会价值包含了记忆、情感、教育等内容，文化价值包含了文化多样性、文化传统的延续及非物质文化遗产要素等相关内容	历史价值 艺术价值 科学价值 社会价值 文化价值

　　因此，基于以上分析，在综合考虑当前社会的价值需求的前提下，本书提出以历史价值、艺术价值、科学价值、文化价值、功能价值为主导的大遗址区文化资源价值构成体系（图 4-1）。

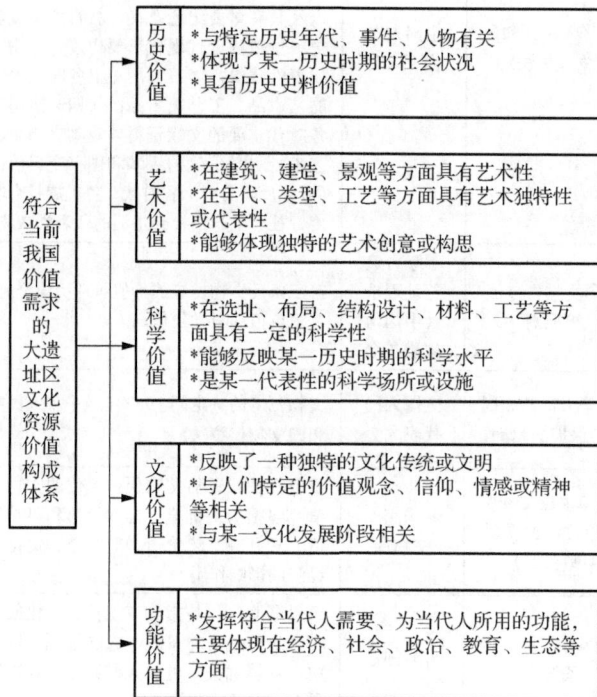

图 4-1　符合当前我国价值需求的大遗址区文化资源价值构成体系

4.2.1　历史价值

历史价值是大遗址区文化资源所具有的基本价值之一，与时间因素有关，是大遗址区文化资源因其历经岁月磨砺、见证了历史发展所具有的价值。对于大遗址区文化资源而言，由于其是在人类历史发展中某个特定的时间段被创造出来而又留存至今，中间历经了漫长的一段历史岁月，对于当代人而言，大遗址区文化资源见证了特定年代的历史发展、文化变迁、朝代更替，历史人物的活动、历史事件的发生，因而具备历史信息真实性的价值。正如《威尼斯宪章》（1964）中开篇所提到的，各种历史古迹"饱含着过去岁月的信息"，成为过去历史发展的见证。对于部分年代久远的大遗址而言，这种作为历史见证物的价值是其价值构成中最为主要的组成部分。历史价值通常也被称为"旧价值"、年代价值、纪念性价值等，早在 20 世纪初，奥地利著名艺术史学家 Riegl（1903）对纪念物（monument）的价值类型进行了系统分析，其指出纪念物的价值概括起来可以分为两种类型：纪念价值和现世价值。其中，纪念价值是由年代价值、历史价值构成，体现纪念物本身随着年代推移而被赋予的价值，或者纪念物本身作为某一特定历史年代或某些特定历史人物、历史活动的见证而对于当代人来讲所具有的特殊意义。

大遗址区文化资源的历史价值及其价值特征主要可以概括为五个方面（表 4-3）。一是不同类型的大遗址（如宫室、城市、墓葬、聚落等）建造于某个特定的历史时期，也可能是出于某种历史原因而形成的，因此大遗址本身的存在能够反映这一历史时期的实际情况。二是大遗址区文化资源一方面可以反映这一历史时期的物质层面的历史情况，包括社会生产水平、政治环境、科学技术的发展水平、日常生产生活等；另一方面可以反映这一时期的精神层面的历史情况，包括人们的社会心理、风俗习惯、思想观念、价值取向等方面。这部分对于真实历史发展情况的见证及反映，是构成大遗址区历史价值的最基础的部分。三是大遗址区的建造、修缮、重建等活动可能是出于某一方面的原因或者与某一次历史事件、某一重要的历史人物有关，因此大遗址的存在可以征订、丰富对这些历史事件或历史人物的研究，能够为当代人提供直观的历史活动场所。以汉长安城遗址为例，汉长安城之所以选址在长安而非洛阳，可以综合西汉初年的历史、政治、社会、经济发展状况来进行分析，而汉长安城的形制、规划布局等也可以真实地反映出西汉初年人们的"皇权至上""崇方"等思想观念。四是大遗址区文化资源具有独特性、稀缺性、不可复制性的特点，从被列入国家《大遗址保护"十三五"专项规划》名录的 150 处大遗址来看，在进行遴选时充分考虑了大遗址在某一方面价值的典型性和代表性，或是由于存续的历史年代久远。例如，辽宁牛河梁遗址是新石器时代红山文化的典型反映，河南仰韶村遗址是新石器时代仰韶文化的典型反映等。五是大遗址区文化资源作为真实历史见证而具有的真实性价值。

表 4-3　大遗址区文化资源的历史价值特征

价值类型	价值特征
历史价值	① 能够反映与大遗址相关的历史时期的实际情况 ② 在大遗址存续期间可能发生过重要事件或有重要人物曾经在其中活动，并能真实地显示出这些事件和人物活动的历史环境 ③ 大遗址区的各种物质及非物质文化资源，能够作为特定历史时期自然状况、经济发展、社会生活等各方面历史真实状况的见证 ④ 大遗址区文化资源是在特定历史时期、特定历史环境下形成的，因而具有稀缺性、不可替代性的特点，尤其是与较为久远的历史年代相连的文化资源，其因岁月的变迁、时光的流逝也增加了其历史价值的重要性 ⑤ 大遗址区文化资源可以凭借其历史的真实性而具有真实性价值

4.2.2　艺术价值

艺术价值体现了大遗址区文化资源所凝结的特定历史时期人们的艺术观念、审美情趣以及艺术精神等方面的文化内容。对于当代人而言，可以通过不同的方式去体会、感觉、领悟大遗址区文化资源所包含的艺术特质及艺术精神，因此艺术价值主要反映从艺术欣赏的角度来讲大遗址区文化资源在多大程度上能满足当代人的艺术偏好和艺术需求。

大遗址区文化资源的艺术价值及其价值特征具体包括（表 4-4）：一是大遗址区各种物质及非物质文化资源本身蕴含着丰富的艺术特质及艺术精神，如古代建筑所体现的特定历史年代人们的艺术观念及审美追求等；二是大遗址区文化资源与周边的自然、人文环境共同构成富有历史艺术气息的文化景观或公共文化场所，成为能够为当代人所感受、品位、体验艺术风格和艺术价值的场所；三是大遗址区在长期历史发展中所遗留下来的各种可移动或不可移动的具有艺术审美价值的艺术品，类型广泛涉及雕塑、碑刻、绘画、装饰、建造、陈设、手工艺等，这些艺术品作为反映特定历史年代艺术特征的实物资料，因其能够体现特定历史年代人们独特的艺术构思观念、艺术创作手法以及独特的艺术表现方式而具有艺术价值。

表 4-4　大遗址区文化资源的艺术价值特征

价值类型	价值特征
艺术价值	① 大遗址区具有物质实体的各种建筑物、空间造型等，蕴含着丰富的古代建筑艺术及审美观念 ② 历经沧桑的大遗址及其周边的自然地理环境所共同构成的具有特殊历史文化气息的遗产地，体现出了独特的艺术价值 ③ 现存的与大遗址区文化资源有关的各种艺术雕塑、雕刻品、绘画艺术作品、装饰品等，也体现出了特定历史年代人们独特的艺术构思观念、艺术创作手法以及独特的艺术表现方式

4.2.3　科学价值

科学价值反映出大遗址区文化资源所拥有的作为特定历史时期科学技术发展水平的见证，或者其本身就是某一历史年代的科学技术成果（例如，新疆坎儿井作为古代水利工程的杰出成果被列入《大遗址保护"十三五"专项规划》名录）；或是拥有能够体现特定历史时期科学技术发展水平的实物资料等所具有的价值。对于大遗址中的都城遗址、陵墓遗址、工程遗址等类型，在选址布局、规划设计、建造施工等方面，均渗透着古代人们的建筑科技思想，体现着古代人们的建筑科学技术，尤其是部分都城遗址及国家主持的大型工程，这些均能够集中体现当时的历史年代科学技术发展的最高水平，是研究不同历史时期科学技术发展的重要依据。

大遗址区文化资源的科学价值及其价值特征具体包括三个方面（表 4-5）。一是大遗址在其存续期间见证了特定历史年代的科技发展水平，以及当时历史年代的人们对于科学技术的掌握和使用情况。二是大遗址区的各种建筑物在选址、规划布局、建筑设计、材料选取、施工技术等方面能够反映特定历史年代的科学技术发展水平。以长城为例，长城作为大型线路型文化遗产，被列入了《大遗址保护"十三五"专项规划》名录。长城由分布在北京、天津、内蒙古、宁夏、青海等 15 个省（自治区、直辖市）的一系列城堡、烽燧、关城等所构成，长城作为古代军事防御体系的集中代表，其在选址、规划布局、建材、建造工艺等方面也蕴含着我国古代大量珍贵的科学技术信息，反映了其在建造的历史时代的科学技术发展水平。三是大遗址区的各种可移动及不可移动的物质文化遗存，能够作为特定历史年代科学技术发展水平的实物资料。

表 4-5　大遗址区文化资源的科学价值特征

价值类型	价值特征
科学价值	① 大遗址在其存续期间见证了特定历史年代的科学技术发展水平和科学技术知识的使用状况 ② 大遗址区的各种建筑物（包括宫殿、城墙、关隘等形式）在选址、规划布局、建筑设计、材料选取、施工技术等方面，体现出了特定历史年代的建筑科学技术 ③ 大遗址区的各种可移动及不可移动的物质文化遗存,能够作为特定历史年代科学技术发展水平的实物资料

4.2.4　文化价值

与历史价值、艺术价值、科学价值三大价值相比，文化价值是在近年来随着文化全球化趋势的蔓延，国际社会呼吁文化多样性的繁荣而逐渐被重视起来的。对于大遗址区文化资源而言，大遗址本身作为文化多样性的见证，作为具有特定文化意义的场所，其存在能够反增进社会成员对于与大遗址相关的特定文化或特殊意义的共同理解，促进人们的文化交流与沟通，促进文化传承与延续，还可以为当代人提供文化发展的动力等，从而具有文化意义和文化价值。

大遗址区文化资源所具有的文化价值及其价值特征主要包括以下五个方面（表 4-6）。一是大遗址区文化资源能够展现出特定历史时期人类的文化、价值观念的交流，能够反映在特定区域内人们的文化价值观念、宗教信仰、社会风俗、城市文化等方面的文化内容而具有文化价值。二是能够成为独特的文化传统或者文明的历史见证。这些文化传统或文明包括存续至今的，也包括已经湮灭在历史长河中的古代文明。例如，陕西统万城大遗址，位于陕北榆林市靖边县，作为匈奴所建的大夏国都城，统万城在其存续的五百多年时间里，见证了匈奴的文化发展和历史变迁，反映了北方以匈奴为代表的游牧民族文化与中原农耕文化的交融，因而具有独特的见证价值。三是大遗址区文化资源与特定历史时期人们的价值观念、审美追求有关，能够体现一种独特的人文精神，为当代人提供精神力量。四是大遗址区文化资源能够与人们的情感、精神相连，因为大遗址区文化资源所具有的精神或象征意义能够在某些满足当今社会人们的情感需求，能够成为当代人寻找文化认同、文化归属感，获得文化自信的基础。五是大遗址区文化资源通过延续传统文化基因，建立起当代人与过去之间的历史文化联系，通过文化交流与文化联系促进社会成员之间建立凝聚力量，为当代人的文化发展提供精神动力和智力支持。

表 4-6　大遗址区文化资源的文化价值特征

价值类型	价值特征
文化价值	① 能够展现出大遗址存续的历史时期人们特定的文化传统、社会风俗、价值观念等文化内容 ② 能够成为一种独特的文化传统或为文明提供历史见证 ③ 能够展现部分文化艺术作品创作的文化环境 ④ 与人们的精神、价值观念、信仰、情感等文化因素相连 ⑤ 能够促进文化的延续，能够为当代人提供文化发展的动力

4.2.5　功能价值

与其他几种价值形式不同，功能价值侧重于表示大遗址区文化资源能够为当代人所利用、能够通过发挥一定的功能来满足当代人需要所体现的价值，是指遗产能够被利用、能够发挥一定的功能来满足当代人的需要而具备的价值。大遗址区文化资源的功能价值，主要反映大遗址区文化资源通过发挥其特定功能满足当代人的需要而具备的价值，广泛涉及当代经济、社会、政治、教育、环境等方面。长期以来，在我国大遗址保护实践中，一直侧重于对大遗址物质本体历史价值、艺术价值、科学价值等方面价值的维护，而对于其功能价值的发挥却一直未给予足够的重视，这也是造成大遗址保护与经济社会发展不协调的根源所在。从当前经济社会发展的实践来看，如果忽视对大遗址区文化资源功能价值的利用，在周边快速推进的城镇化建设浪潮下，大遗址区文化资源既难以实现有效的可持续保护，也难以在当前社会经济发展中发挥应有的积极促进作用。

1. 大遗址区文化资源的功能价值特征

一是大遗址区文化资源对于当代人而言具有独特的社会价值。社会价值主要是指大遗址区文化资源在知识的记录和传播、文化精神的传承、社会凝聚力的产生等对于当下社会所具有的社会意义以及所产生的社会效益。2014 年 3 月国家主席习近平在联合国教科文组织总部发表演讲时明确指出，要通过活化文物、遗址、文学等不同类型的文化遗产，在传承文化的同时促进其内在价值发挥，最终目的是为人类提供正确的精神指引和强大的精神动力。

二是大遗址区文化资源在现实中还可以产生功能强大的经济价值。从经济学的角度来看，大遗址区文化资源兼具稀缺性与有价值性的特点，同时还具有不可复制、不可替代的特性。Mazzanti（2002）提出文化遗产本身是多维度、多属性的公共经济物品，要重视对其经济价值的利用；Hutt（2007）将文化遗产视为文化资本，用以体现其所蕴含的价值及可能产生的效益。联合国教科文组织出版的《世界文化报告》（2002）专门分析了经济价值对于文化遗产的重要性，提出经济价值是关系文化遗产保护的根本性问题，若不考虑经济价值，则遗产文化价值的保存和传承的目标将很难实现。同时，该报告进一步指出，如果过于重视经济价值，而忽略了文化价值、艺术价值以及其他隐含的价值，易于招致较为急功近利的文化遗产利用方式，这同样不利于文化遗产的持续保护。因此，对于大遗址区文化资源，应重视对其经济价值的激发与利用。

三是大遗址区文化资源在当前社会中还存在教育价值、环境价值等多方面的价值。部分大遗址由于具有强烈的象征意义而被视为民族精神或区域文化的代表，如以色列的马萨达遗址，被视为犹太人永不屈服精神的象征而激励着人们，从而具有突出的教育价值。而对于一些体量巨大、占地面积广阔的文化遗产地而言，通过环境整饬还可以形成兼具绿地、休闲、观光功能的公共文化场所，从而在美化环境、满足公众休闲等方面在当代社会发挥一定的价值。表 4-7 概括了大遗址区文化资源的功能价值特征。

表 4-7　大遗址区文化资源的功能价值特征

价值类型	价值特征
功能价值	① 影响当代社会人们的思维方式，增进社会成员间的相互理解，形成社会凝聚力，提升社会稳定性 ② 通过进行旅游开发、形成一定的旅游产品或服务等而具备创造直接的经济效益的可能性；由于大遗址区文化资源的存在、可供人们选择开发、可供后代使用等而具备的选择价值、存在价值和遗赠价值等形式的非使用价值 ③ 能够影响当代社会人们的思维方式，增进社会成员间的相互理解，形成社会凝聚力，提升社会稳定性。大遗址及其周边地区共同构成富有历史文化气息、教育意义的独特区域

2. 大遗址区文化资源的经济价值构成

有关文化遗产资源经济价值的构成方面的理论研究，Mazzanti（2002）指出，文化遗产是多维、多重价值、多属性的经济物品，并从内在价值与外在价值两个方面对于文化遗产的价值构成进行了分析；Ruijgrok（2006）分析了文化遗产的存在对于周边住宅的价值所产生的三种经济影响：住宅舒适性价值、游憩价值、遗产价值；Marta de la Torre（2002）指出，文化遗产的价值分为使用价值和非使用价值两部分，而非使用价值主要包括存在价值、遗赠价值和选择价值三种类型。Jason 等（2005）进一步指出，文化遗产的非使用价值在其总价值中占据相当大的比例。进行文化遗产价值评估时如果不考虑其非使用价值部分，评估结果轻则是不完善的，重则是误导的（张茵等，2005）。资源经济学认为，自然资源的总经济价值由两部分构成：一是使用价值（use value），二是非使用价值（non-use value）。大遗址区文化资源总经济价值构成如图 4-2 所示。

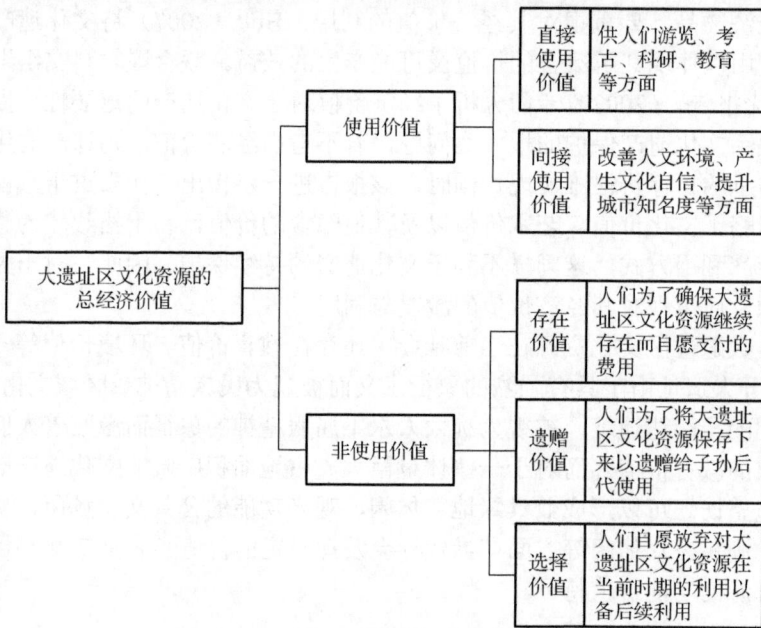

图 4-2　大遗址区文化资源总经济价值构成示意图

依据 Marta de la Torre（2002）的划分，本书同样将文化遗产资源的总经济价值分为使用价值和非使用价值两部分。其中，使用价值反映文化遗产资源能够满足人们某种需要的属性，如可供人们进行游览、教育、科研、改善人文环境、提升城市知名度等方面的活动。使用价值的大小可以通过人们为了从这种资源中获得某种效用而所需支付的费用来进行衡量。使用价值又可进一步分为两部分：直接使用价值和间接使用价值。其中直接使用价值（direct use value）主要是指人们直接使用文化遗产资源而形成的价值，这部分价值一般可以直接从现行市场上获知；间接使用价值（indirect use value）反映文化遗产资源为人们提供的某种功效，但难以进行直接的商品化，可以通过间接市场进行反馈，如利用文化遗产资源的存在对周边商品住房价格的影响进行间接测算等。

非使用价值与使用价值相对，是文化遗产资源固有的内在价值，与人们是否使用它无关。非使用价值一般被认为分为三个部分：①存在价值（existence value），体现人们为了确保某一文化遗产资源继续存在而自愿支付的费用；②遗赠价值（bequest value），体现人们为了将某一文化遗产保存下来以遗赠给子孙后代使用，使后代能够获取一定利益而现在愿意支付的一定数量的费用；③选择价值（option value），是指从目前来看文化遗产资源缺乏进行直接或间接利用的可能，但是人们为保证文化遗产资源在将来某个时期能够继续存在而愿意支付的费用。

4.3　大遗址区文化资源的价值评估体系

在对于大遗址区文化资源进行价值构成研究的基础上，本书进一步围绕大遗址区文化资源的历史价值、艺术价值、科学价值、文化价值、功能价值五个维度，建立评估体系，选取评价指标，确立评估方法并展开实证研究，以期提升研究的实际应用价值。

4.3.1　体系构建原则

进行大遗址区文化资源价值评估体系的构建，要坚持以下四项原则。

一是系统性原则，由于大遗址区文化资源价值维度本身具有多样性的特点，所构建的评估体系要系统考虑不同价值维度之间的关联，架构系统全面的指标体系。

二是科学性原则，无论是价值维度的选取，还是评价指标的选取，均应本着科学严谨的态度来进行选取。

三是可操作性原则，评价具体指标的选取要尽可能地采用现有的客观资料，评价指标尽量依据可调查、可量化、可对比的原则来进行选取，尽量减少模糊性强、主观性强的指标所占的比例。

四是简明性原则，要选取具有典型代表性的指标，避免指标之间的重叠。

4.3.2　体系框架结构

1. 几种代表性的评估体系比较

本部分首先总结国内外与大遗址区文化资源价值评估相关的评估体系，其中具有代表性的有如下三个指标体系。

一是文化遗产经济学的代表性人物 Thorsby 于 2000 年提出文化遗产资源的价

值是一种综合性的价值，反映文化遗产资源"被某个团体所共有或共享的态度、信仰、道德、风俗、价值以及实践"等方面所具有的特定意义，并进一步从审美、精神、社会、历史、象征性、真实性价值六个方面构建了文化遗产资源价值评估体系。这一评估体系首次运用"二分法"将文化遗产资源的价值分为经济价值和非经济价值两部分，分别展开评估（图4-3）。

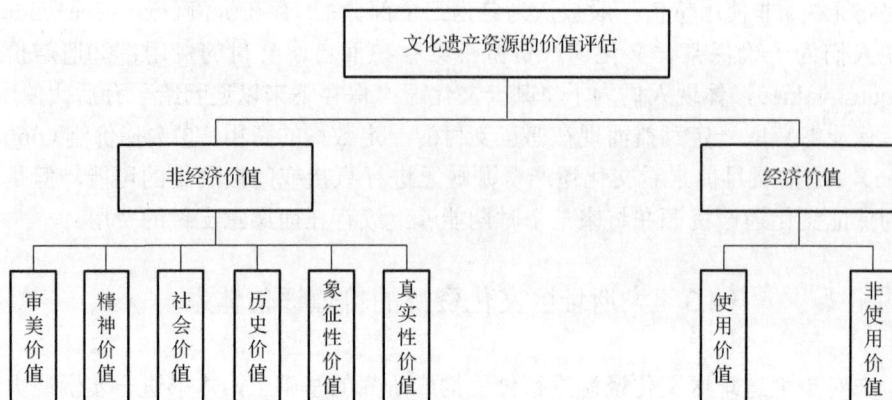

图4-3　Thorsby 提出的文化遗产价值评估体系

二是我国西北大学文化遗产学院 2012 年专门针对文化遗址形成了一套操作性较强的价值评估标准，从整体上将文化遗址的价值分为历史价值、科学价值、艺术价值、社会价值四大类，并针对文化遗址规模的不同，赋予了额外的价值考量。而在每一种价值类型之下又进行细分，并依据专家意见法赋予不同的权重（图 4-4）。但这一评价体系中，未纳入文化价值这一部分，但从近年来国际文化遗产保护理论的新趋势来看，随着文化多样性趋势的发展，包括大遗址在内的文化遗产资源所具有的文化价值得到了普遍的认同，通过保护文化遗产、促进其文化价值的发挥，进而维护世界文化多样性的格局，已经成为大势所趋。因此，摒弃了文化价值的价值构成体系尚需进一步完善。

三是北京工业大学文化遗产保护研究中心戴俭等（2012）提出的大遗址价值评估体系（图4-5），该体系将我国传统的文物保护制度下形成的历史价值、艺术价值、科学价值归纳为文物价值，将社会价值、文化价值、经济价值归纳为社会文化价值，同时根据大遗址存在状况、濒危性程度的差异提出了存在状况价值和濒危性。但这一体系最大的问题是，所列出的文物价值、存在状况价值、社会文化价值、濒危性并不在同一个价值层面上，濒危性考察大遗址所承受的来自于自然、环境、旅游及社会发展方面的压力的大小，不仅受大遗址本身的存在状况的影响，更多地受到来自于大遗址所处地区经济社会状况的影响，同时受时间变化的影响较大，将其作为价值评估的依据，缺乏客观性。除此之外，就存在状况价值而言，我国大遗址普遍以土质遗址为主，毁损严重，甚至部分大遗址地面之上物质实体已经荡然无存，依据大遗址的存在状况来进行价值评估，可能会出现低估大遗址价值的情况。

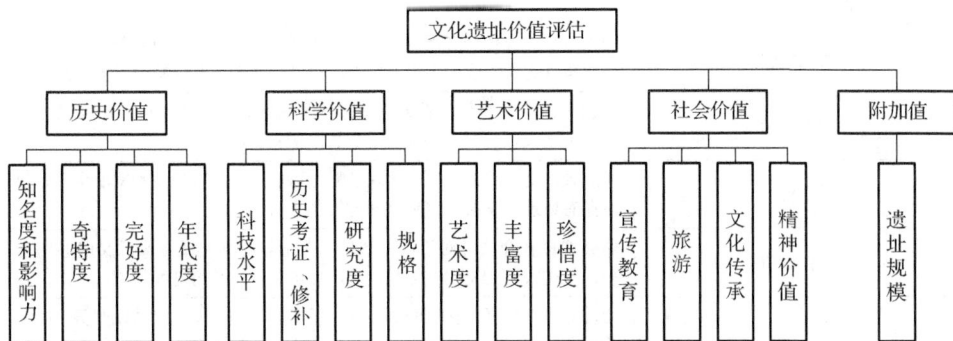

图 4-4　西北大学文化遗址价值构成体系

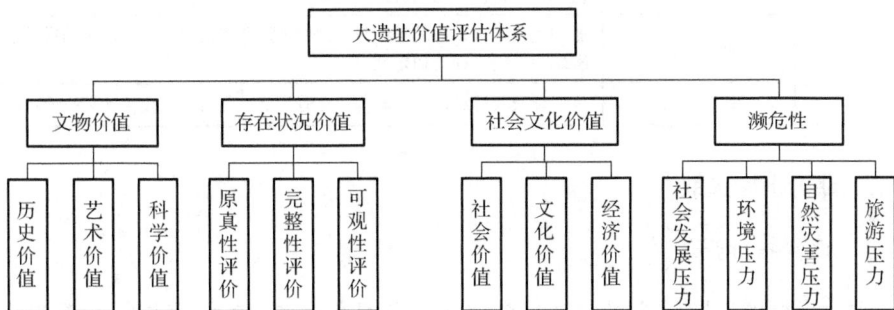

图 4-5　戴俭等提出的大遗址价值评估体系

相比较而言，以上列举的三个代表性价值评估体系中 Thorsby（2000）所提出的价值评估体系值得借鉴的地方是"二分法"，即将文化遗产资源价值分为经济价值和非经济价值两部分。由于经济价值较容易获得公开市场数据，适合采取定量评估的方法；而非经济价值由于其内隐性可以采取相关定性评估方法。西北大学所提出的价值评估体系的优越性在于其可操作性强，既对价值类型进行了细分，又利用专家意见法对不同价值类型赋予权重，但未纳入文化价值，与近年来国际文化遗产保护理论的新趋势不相吻合。戴俭等（2012）所提出的大遗址价值评估体系，在考虑大遗址既有价值的基础上，还将大遗址的濒危性纳入考量，也是值得借鉴的。

2.　评估维度的确立

对于大遗址区文化资源价值评估的维度，主要依据 4.2 节对大遗址区文化资源价值构成的研究，从历史价值、艺术价值、科学价值、文化价值、功能价值五个方面来进行评估。各个维度的具体含义如表 4-8 所示。

表 4-8　大遗址区文化资源的价值评估维度

价值评估维度		释义
历史价值		与大遗址区文化资源所代表的历史年代有关,或者与特定的历史人物、历史事件有关,或者由于其包含历史真实性而具有独特的历史纪念价值
艺术价值		从艺术或审美的角度看大遗址区各类物质或非物质文化遗产在艺术构思、艺术设计、艺术表现手法等方面所具有的价值
科学价值		大遗址区文化资源见证、体现了特定历史时期的科学技术发展水平,或者拥有体现科学技术发展水平的实物资料
文化价值		能够增进社会成员对于与大遗址相关的特定文化或特殊意义的共同理解,促进人们的文化交流与沟通,促进文化传承与延续
功能价值	经济价值	通过对大遗址区文化资源进行利用所形成的相关文化产品或服务,能够通过公开市场交易体现出一定的市场价值(如遗产旅游门票收入等);不能在公开市场交易,难以准确地用市场价格反映,主要体现为选择价值、存在价值和遗赠价值三种类型
	社会价值	影响当代社会人们的思维方式,增进社会成员间的相互理解,形成社会凝聚力,提升社会稳定性
	环境价值	大遗址及其周边地区共同构成富有历史文化气息、教育意义的独特区域

4.3.3　评价指标选取

1. 评价指标筛选

评估指标的选取综合采取文献查阅法、专家意见法等方法来进行。首先,在广泛进行文献查阅的基础上,综合与大遗址区文化资源价值评估相关的指标体系,归纳提取初始指标。然后,采取专家意见法,进行大遗址区文化资源价值评估体系的指标筛选及模型修正。

首先,依据如下原则进行初始指标设计:如果能搜集到现有评价指标体系中对应的题项,即进行引用及改进,如果通过文献搜索确定相关学者对于类似问题的表述,则选取适当的方式进行指标设计;对于未经证实的新指标,则结合与整体评价指标体系的关系,进行指标设计,形成初始指标池。

其次,邀请来自政府文物保护机构、文化产业管理部门、高校文化遗产保护及文化产业管理等领域的二十位专家学者,发放专家赋值表,赋值按照 Likert 5 点量表法,分为"重要""比较重要""一般""不太重要""不重要"五个等级,分别给予 9、7、5、3、1 五个对应等级的分值,对初始指标提出评价意见。

最后,根据专家意见进行指标筛选。将各位专家对于各个具体指标的赋值通过计算获得专家意见的集中度和协调度系数,计算公式如下所示:

$$M_j = \frac{1}{n}\sum_{i=1}^{n} A_{ij} \tag{4-1}$$

$$S_j = \sqrt{\frac{1}{n}\sum_{i=1}^{n}(A_{ij} - M_j)^2} \tag{4-2}$$

$$CV_j = \frac{S_j}{M_j} \tag{4-3}$$

式中，M_j 表示 j 指标专家赋值的算术平均值；A_{ij} 表示 i 专家对 j 指标的赋值；S_j 表示 j 指标的标准差；CV_j 表示 j 指标的变异系数。

其中，式（4-1）计算 j 指标的算术平均值，是根据各位专家对 j 指标赋值的分数计算而得，反映专家意见的集中度；式（4-2）计算 j 指标的标准差；式（4-3）计算变异系数，反映专家意见协调程度的高低。依据这一方法，对专家赋值所获得的数据进行统计分析，进而计算各初始指标的意见集中度以及意见协调度，进而将意见集中度较高（$M_j > 7.0$）、变异系数较小（$CV < 0.2$）的指标进行提取，并依据专家意见，对于部分指标的表述方式等予以调整，提高可操作性。本着系统性、科学性、可操作性、简明性的原则，经过以上方法筛选出的评价指标如表 4-9 所示。

表 4-9　专家意见筛选后的评价指标

指标层	M_j	S_j	CV_j	指标层	M_j	S_j	CV_j
C_1	7.8	0.979	0.125	C_{15}	7.1	0.995	0.140
C_2	7.5	0.867	0.116	C_{16}	7.1	1.337	0.188
C_3	7.1	1.338	0.188	C_{17}	7.0	1.265	0.181
C_4	7.9	0.995	0.126	C_{18}	7.1	1.253	0.176
C_5	7.2	1.077	0.149	C_{19}	7.0	1.095	0.156
C_6	7.4	1.440	0.162	C_{20}	7.1	1.179	0.166
C_7	7.0	1.200	0.156	C_{21}	7.9	0.995	0.126
C_8	7.2	1.077	0.149	C_{22}	7.8	0.980	0.126
C_9	7.0	1.200	0.156	C_{23}	7.0	1.095	0.156
C_{10}	7.4	1.440	0.162	C_{24}	7.1	1.179	0.166
C_{11}	7.6	0.889	0.117	C_{25}	7.1	0.995	0.140
C_{12}	7.7	1.144	0.148	C_{26}	7.2	1.039	0.144
C_{13}	7.5	0.974	0.129	C_{27}	7.0	1.265	0.181
C_{14}	7.8	0.979	0.126	C_{28}	7.3	1.145	0.157

2. 指标体系层次

经过筛选之后的指标体系由四个层次构成，其中目标层（A）为大遗址区文化资源的价值，准则层（B）为历史价值、艺术价值、科学价值、文化价值、功能价值，评价层（C）为各维度下的具体评价指标，其中历史价值包括历史久远度、完整度、影响度、真实度四个评价维度；艺术价值包括艺术特色度、欣赏度、稀缺度三个评价维度；科学价值包括科技水平代表性、科技信息丰富度、证实度三个评价维度；文化价值包括文化内容展现度、文化延续度、文化象征度、文化发展力四个评价维度；功能价值包括经济价值、社会价值、宣传教育、环境改善四个评价维度。四个评价维度之下由经过筛选的包括遗址所处历史年代的久远程度、遗址代表性、保存的完整性、可供欣赏程度等在内共计 28 个评价指标构成，整个指标体系框架结构如图 4-6 所示。

以上评价指标体系的特色和优势在于：第一，该评价体系是建立在对大遗址区文化资源价值构成研究基础上，结合对国内外既有文化遗址、大遗址价值评估体系的借鉴，形成的较为完善、较为客观的价值评估体系；第二，评价指标体系具有较强的系统性，对于大遗址区文化资源的价值衡量更为全面；第三，较好地考虑到了大遗址区文化资源价值内隐性的特点，采用专家赋值打分法，具有较强的可操作性。

3. 指标具体阐释

按照历史价值、艺术价值、科学价值、文化价值、功能价值五个维度，根据选取的 28 个具体指标，进行指标的具体阐释及操作化处理。受大遗址区文化资源价值内隐性、模糊性等特点的影响，所选取的指标也具有一定的模糊性。为促进价值评估的客观性，依照 Likert 5 点量表法进行等级划分及赋值，按照指标所反映的问题的意见强烈程度的差异，分为五个等级，分别给予 9、7、5、3、1 的分值，用来反映被调查者对于大遗址区文化资源价值评估各个题项所持态度或意见的差异化程度。

1）历史价值

历史价值维度所包括的指标主要用于反映大遗址区文化资源所见证的历史久远程度、遗址区文化资源的知名度和影响力、文化资源保存的完整程度，以及因见证历史所具有的真实性价值等方面。具体的评价指标及指标阐释如表 4-10 所示。

表 4-10　大遗址区文化资源的历史价值指标阐释

维度	指标	指标具体阐释
历史久远度	遗址所处历史年代久远程度（C_1）	大遗址及遗址区文化资源所处历史年代距今的久远程度
影响度	被认定保护级别（C_2）	大遗址是否被认定为不同级别的遗产或文物保护单位，如是否被认定为世界遗产、全国重点文物保护单位等
	知名度（C_3）	大遗址区文化资源的知名度高低
完整度	资源保存完整程度（C_4）	大遗址区文化资源保存至今的完整程度
真实度	真实体现历史环境（C_5）	大遗址区文化资源是否能够真实体现当时所处的历史环境
	证定文献记载史实（C_6）	大遗址区文化资源是否能够证定文献记载的关于当时历史年代的部分史实

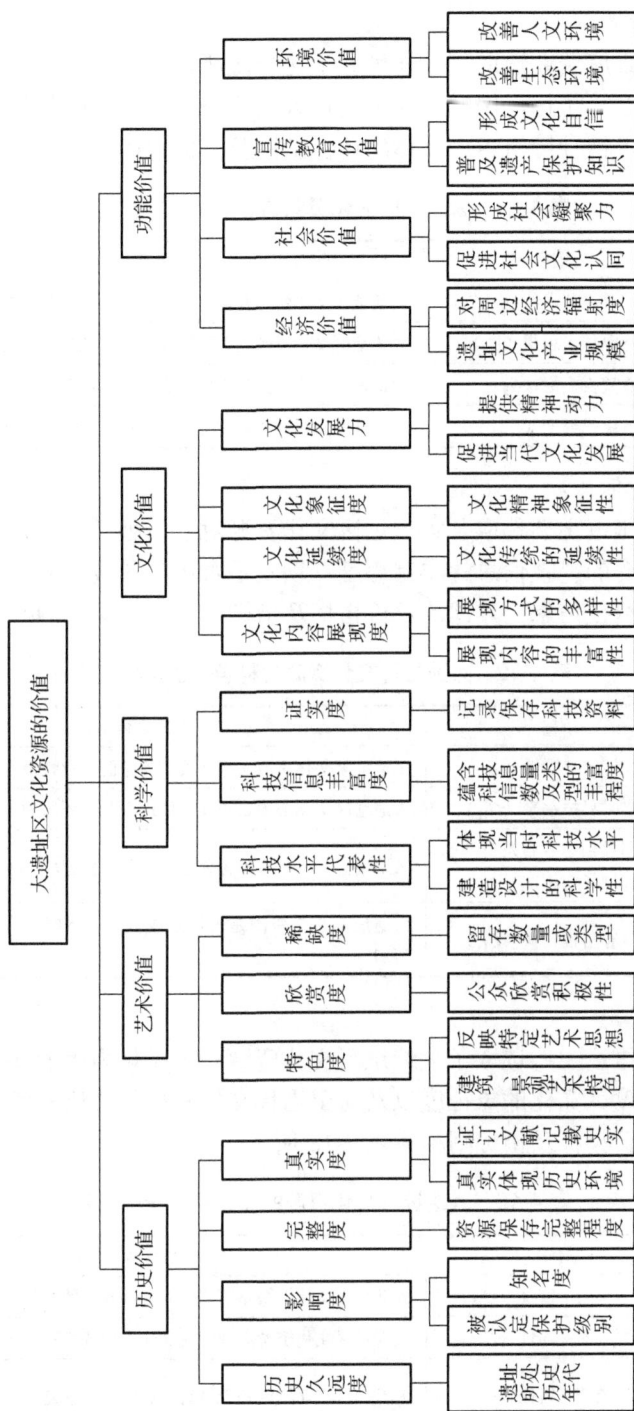

图 4-6　大遗址区文化资源价值评估体系

2）艺术价值

艺术价值维度主要选取了大遗址区文化资源所具有的艺术特色度、艺术欣赏度、艺术稀缺度等指标，用以反映大遗址区文化资源所凝结的传统艺术观念、审美情趣以及艺术精神等内容。具体的评价指标及指标阐释表 4-11 所示。

表 4-11　大遗址区文化资源的艺术价值指标阐释

维度	指标	指标具体阐释
特色度	建筑、景观艺术特色（C_7）	大遗址区文化资源在建筑、景观等方面所具有的艺术特色
	反映特定艺术思想（C_8）	大遗址区文化资源是否能够反映特定的艺术思想
欣赏度	公众欣赏积极性（C_9）	大遗址区文化资源是否能够充分调动起公众进行艺术欣赏积极性
稀缺度	留存数量或类型（C_{10}）	大遗址区文化资源所留存的数量或留存的类型稀少的程度

3）科学价值

科学价值维度主要选取了大遗址区文化资源对于所处历史年代的科技水平的代表性、所蕴含的科技信息的丰富程度，以及是否作为科技资料的保存场所，可以证定或证实科技信息。具体的评价指标及指标阐释如表 4-12 所示。

表 4-12　大遗址区文化资源的科学价值指标阐释

维度	指标	指标具体阐释
科技水平代表性	建造设计的科学性（C_{11}）	大遗址区文化资源在建造设计等方面具有科学性
	体现当时科技水平（C_{12}）	大遗址区文化资源是否能够体现当时所处历史年代的科技水平
科技信息丰富度	蕴含科技信息数量及类型的丰富程度（C_{13}）	大遗址区文化资源蕴含科技信息的丰富程度
证实度	记录保存科技资料（C_{14}）	大遗址区文化资源是否记录或保存着当时所处历史年代的科技资料

4）文化价值

文化价值维度主要选取了大遗址区文化资源对于文化内容的展现度、对于传统文化的延续度、文化的象征度以及对于当代文化发展的价值和意义等方面的指标。具体的评价指标及指标阐释如表 4-13 所示。

表 4-13　大遗址区文化资源的文化价值指标阐释

维度	指标	指标具体阐释
文化内容展现度	展现内容的丰富性（C_{15}）	大遗址区文化资源是否能够充分展现传统文化内容
	展现方式的多样性（C_{16}）	大遗址区文化资源展现传统文化内容的方式是否多样
文化延续度	文化传统的延续性（C_{17}）	大遗址区文化资源是否具有促进文化传统延续的作用

续表

维度	指标	指标具体阐释
文化象征度	文化精神的象征性（C_{18}）	大遗址区文化资源是否可以作为某种文化精神的象征
文化发展力	促进当代文化发展（C_{19}）	大遗址区文化资源是否能够促进当代文化发展
	提供精神动力（C_{20}）	大遗址区文化资源是否能够为当代社会发展提供精神动力

5）功能价值

功能价值维度主要选取了大遗址区文化资源在当代社会所发挥的功能，主要反映在经济价值、社会价值、宣传教育价值、环境价值四个方面。具体的评价指标及指标阐释如表 4-14 所示。

表 4-14　大遗址区文化资源的功能价值指标阐释

维度	指标	指标具体阐释
经济价值	遗址文化产业规模（C_{21}）	大遗址区文化资源利用所形成的遗址文化产业（包括旅游、休闲、教育等）的市场规模的大小
	对周边经济辐射程度（C_{22}）	对于周边经济的辐射带动作用的大小（如房地产业、商业等）
社会价值	促进社会文化认同（C_{23}）	大遗址区文化资源是否能够促进社会文化认同的形成
	形成社会凝聚力（C_{24}）	大遗址区文化资源是否能够有助于促进社会凝聚力的形成
宣传教育价值	普及遗产保护知识（C_{25}）	通过遗址保护教育是否有助于普及遗产保护知识
	形成文化自信（C_{26}）	在保护大遗址区文化资源过程中是否有助于公众形成文化自信
环境价值	改善生态环境（C_{27}）	通过大遗址区环境改造提升是否有助于改善周边生态环境
	改善人文环境（C_{28}）	是否有助于改善人文环境，形成公共文化空间

4.3.4　指标权重确立

指标权重的确立采取专家意见法，邀请不同专家使用九级标度法对各项指标的重要程度进行两两比较，给出专家意见。标度分为绝对重要/有优势（9）、十分重要/有优势（7）、比较重要/有优势（5）、稍微重要/有优势（3）、同样重要（1），还可以选取处于两个级别之间的 8、6、4、2 等重要程度的级别，因此可以比较详细地反映出专家对于不同指标重要程度的意见。然后综合不同专家意见，求取专家意见的算术平均值。再借助 Yaahp11.2 软件进行权重的计算，判断矩阵计算方法采用幂法。经计算，所有判断矩阵均满足 CR < 0.10 的条件，通过一致性检验。经 Yaahp11.2 软件计算或得出的不同层级指标权重具体如表 4-15 所示。

需要说明的是，对于大遗址区文化资源的价值评估，其中文化资源既包括专家所了解的各种物质文化资源，也包括与大遗址相关的传统风俗等非物质文化资源，还包括与大遗址紧密相连、共同形成文化独特性的周边环境。

表 4-15　　大遗址区文化资源价值评估指标体系及权重

目标层	综合评价层	权重	要素评价层	因子评价层	对应上一层的权重	对应目标层的总权重
大遗址区文化资源价值评估	历史价值	0.4123	历史久远度	遗址所处历史年代久远程度	0.1545	0.0637
			影响度	被认定保护级别	0.2801	0.1155
				知名度	0.0561	0.0231
			完整度	资源保存完整程度	0.0812	0.0335
			真实度	真实体现历史环境	0.3211	0.1324
				征订文献记载史实	0.1070	0.0441
	艺术价值	0.0814	特色度	建筑景观艺术特色	0.1229	0.0100
				反映特定艺术思想	0.0405	0.0033
			欣赏度	公众欣赏积极性	0.2973	0.0242
			稀缺度	留存数量或类型	0.5393	0.0439
	科学价值	0.0713	科技水平代表性	建造设计的科学性	0.3184	0.0227
				体现当时科技水平	0.3184	0.0227
			科技信息丰富度	蕴含科技信息数量及类型的丰富程度	0.1052	0.0075
			证实度	记录保存科技资料	0.2580	0.0184
	文化价值	0.2206	文化内容展现度	展现内容的丰富性	0.3359	0.0741
				展现方式的多样性	0.1120	0.0247
			文化延续度	文化传统的延续性	0.1006	0.0222
			文化象征度	文化精神象征性	0.1487	0.0328
			文化发展力	促进当代文化发展	0.2271	0.0501
				提供精神动力	0.0757	0.0167
	功能价值	0.2144	经济价值	遗址文化产业规模	0.4198	0.0900
				对周边经济辐射度	0.1399	0.0300
			社会价值	促进社会文化认同	0.1343	0.0288
				形成社会凝聚力	0.1343	0.0288
			宣传教育价值	普及遗产保护知识	0.0215	0.0046
				形成文化自信	0.0434	0.0093
			环境价值	改善生态环境	0.0177	0.0038
				改善人文环境	0.0891	0.0191

4.3.5　评分标准划分

　　为提升可操作性，在确定权重的基础上，进一步就各个具体的评价指标进行评分标准的划分。评分标准同样基于 Likert 5 点量表，按照 1～5 的分值来进行确定, 对应每一个评价指标, 分为五个等级, 按照程度由高到低赋予 5~1 分不等的分值, 形成赋值表 (表 4-16)。

表 4-16 大遗址区文化资源价值评估赋值表

因子评价层	对应上一层的总权重	评分标准/分				
		5	4	3	2	1
遗址所处历史年代久远程度	0.1545	新旧石器时代	夏商周	秦汉隋唐	宋元明清	近代
被认定保护级别	0.2801	世界级	国家级	省级	市县级	未评级
知名度	0.0561	世界知名	全国知名	全省知名	区域知名	不知名
资源保存完整程度	0.0812	非常完整	比较完整	一般	不太完整	不完整
真实体现历史环境	0.3211	非常符合	比较符合	一般	不太符合	不符合
证定文献记载史实	0.1070	非常符合	比较符合	一般	不太符合	不符合
建筑、景观艺术特色	0.1229	非常显著	比较显著	一般	不太显著	不显著
反映特定艺术思想	0.0405	非常显著	比较显著	一般	不太显著	不显著
公众欣赏积极性	0.2973	非常积极	比较积极	一般	不太积极	不积极
留存数量或类型	0.5393	非常稀缺	比较稀缺	一般	不太稀缺	不稀缺
建造设计的科学性	0.3184	非常显著	比较显著	一般	不太显著	不显著
体现当时科技水平	0.3184	非常显著	比较显著	一般	不太显著	不显著
蕴含科技信息数量及类型的丰富程度	0.1052	非常丰富	比较丰富	一般	不太丰富	不丰富
记录保存科技资料	0.2580	非常符合	比较符合	一般	不太符合	不符合
展现内容的丰富性	0.3359	非常丰富	比较丰富	一般	不太丰富	不丰富
展现方式的多样性	0.1120	非常多样	比较多样	一般	不太多样	不多样
文化传统的延续性	0.1006	非常符合	比较符合	一般	不太符合	不符合
文化精神象征性	0.1487	非常符合	比较符合	一般	不太符合	不符合
促进当代文化发展	0.2271	非常符合	比较符合	一般	不太符合	不符合
提供精神动力	0.0757	非常符合	比较符合	一般	不太符合	不符合
遗址文化产业规模	0.4198	规模非常大	比较大	一般	不太大	未形成规模
对周边经济辐射度	0.1399	非常强	比较强	一般	不太强	没有辐射
促进社会文化认同	0.1343	非常显著	比较显著	一般	不太显著	不显著
形成社会凝聚力	0.1343	非常显著	比较显著	一般	不太显著	不显著
普及遗产保护知识	0.0215	非常显著	比较显著	一般	不太显著	不显著
形成文化自信	0.0434	非常显著	比较显著	一般	不太显著	不显著
改善生态环境	0.0177	非常显著	比较显著	一般	不太显著	不显著
改善人文环境	0.0891	非常显著	比较显著	一般	不太显著	不显著

4.4　实证研究：汉长安城遗址区文化资源的存量梳理及价值评估

4.4.1　实证研究对象的典型性和代表性

为提升本书的应用价值，本节基于 4.1 节对大遗址区文化资源价值构成与价值评估的理论研究，选取典型案例展开实证研究。实证研究的对象选取坐落于陕西省西安市西北郊的汉长安城遗址，之所以选取该处作为实证研究的对象，主要出于以下三个方面的考虑。

第一，汉长安城遗址被认为是我国现存规模宏大、遗迹丰富、保存较为完整的古代都城遗址，其历史文化意义深厚，是我国历史上最具典型性和代表性的重大历史文化遗产。在国家文物局发布的《大遗址区保护"十三五"专项规划》中，将汉长安城遗址展示利用的整体提升视为具有带动和示范效应的代表性工程。因此，选取汉长安城遗址作为研究对象，具有典型性和代表性。

第二，汉长安城遗址其建筑类型为土木结构，遗址区的文化资源具有易损性、价值内隐性的特点，其同样也是东方大遗址的典型代表。

第三，汉长安城遗址地处城市近郊，长期以来一直面临着遗址保护与城市发展之间的矛盾，因此选取汉长安城遗址区作为案例，开展价值评估及活化问题的研究，进而探求遗址保护利用与城市发展之间的协同，具有积极的现实意义。

因此，本节在广泛查阅资料、开展实地调研的基础上，首先对汉长安城遗址区的文化资源进行存量梳理与谱系构建，继而综合运用定性评估与定量评估的方法，系统进行汉长安城遗址区文化资源的价值评估。

4.4.2　汉长安城遗址区文化资源的存量梳理

1. 汉长安城遗址概况

汉长安城遗址地处陕西省西安市市区西北郊，位于亚洲东部关中盆地中部，地理坐标为108°49′08″～108°54′51″E，34°15′52″～34°21′36″N。汉长安城遗址区共分为三个部分，分别是汉长安城城址、建章宫遗址区、礼制建筑遗址区，其保护规划范围的总面积高达 75.02 平方公里。汉长安城遗址是我国统一时期西汉的都城遗址（公元前 3 世纪～公元 1 世纪），作为西汉的都城使用了 204 年，并被新莽、东汉、西晋（末）、前赵、前秦、后秦、西魏、北周、隋（初）沿用作为建都之地，隋建大兴城后逐渐废弃。

尽管历经两千余年的岁月侵蚀，汉长安城遗址区依然格局明确，保存相对完整、遗存丰富，留存的各种物质类文化资源包括一系列宫殿、墙垣、道路、沟渠、民居聚落、手工业遗址等，遗迹与汉长安城所处时代相关的文学、艺术、民俗、宗教等非物质类文化遗存，这些遗存相互关联，共同为人们展示了公元前 3 世纪至公元 1 世纪东方文明的发展程度及社会经济特征，见证了其存续期间所发生的重大历史事件及相关历史人物，同时因其作为丝绸之路东方起点的特殊地位，见证了东西方长距离的多元文化交流、共同繁荣的历史阶段，是我国历史上具有不可替代地位的重大文化遗产。

2. 汉长安城遗址区文化资源的存量梳理

作者及其团队十余次进入汉长安城遗址区，通过对该遗址区文化资源进行文献查阅、实地调查与走访、资料分析，基本掌握了其文化资源的状况。因此本小节结合汉长安城遗址区文化资源的性状（包括现存状况、存在形态、特征、价值等），对汉长安城遗址区文化资源进行存量梳理及分类统计，从而为后续展开文化资源的价值评估奠定基础。

在分类体系上，从现有文献来看，比较常见的分类方法是按照资源的存在形态大致分为有形和无形两大类，同时还可依据资源本身所包含的文化内容等作进一步细分。本小节依据欧阳友权（2006）提出的文化资源分类体系，对汉长安城遗址区文化资源进行存量梳理及分类统计，共确认 3 个主类、14 个亚类，共 30 种基本类型，具体分类情况如表 4-17 所示。

表 4-17　汉长安城遗址区文化资源的存量梳理

主类	亚类	基本类型	代表性例证
自然文化资源	地文环境	地形	关中盆地、龙首原
		布局	八水绕长安、斗城
	水域风光	渠道	明渠、皂河、王渠、揭水陂水
		水体	沧池、太液池、昆明池
		观光游憩湖区	汉城湖
	文化景观	遗址区及周边环境	遗址区及周边环境共同构成富有历史特色的文化景观
社会物质文化资源	宫殿及官署建筑遗址遗迹	宫殿	未央宫、长乐宫、桂宫、北宫、明光宫、建章宫
		城门	宣平门、清明门、霸城门、覆盎门、安门、西安门、章城门、直城门、雍门、横门、厨城门、洛城门
		城墙	外围城墙、城角、宫墙、角楼
		城内外道路	城内八街九陌、环涂、宫内道路
		城壕	东城墙外城壕、西城墙外城壕、南城墙外城壕、北城墙外城壕
		官署建筑基址	中央官署建筑基址、少府建筑基址、天禄阁基址、石渠阁基址、椒房殿基址
	社会活动遗址遗迹	东西市	东市遗址、西市遗址
		宅邸闾里	东阙甲第、北阙甲第、闾里区

主类	亚类	基本类型	代表性例证
社会物质文化资源	社会活动遗址遗迹	武库	武库建筑基址
		礼制建筑遗址	明堂辟雍、高祖庙、宗庙遗址、拜水台
		社稷遗址	影山楼、社稷建筑基址
	物化物象	地方物产	柿、李、梨、栗、枣、杏、核桃、葡萄、五谷
		传统手工技艺与工艺品	制陶、砖窑、冶铸、造币
社会精神文化资源	人事记录	历史人物	刘邦、刘彻、萧何、韩信、吕后、娄敬、张骞、王莽、司马迁、董仲舒、霍去病
		历史事件	定都长安，吕后专政，文景之治，汉武盛世，北击匈奴，王莽改制，绿林赤眉起义，八王之乱，五胡十六国，罢黜百家，独尊儒术，凿空丝绸之路
	艺术	文学艺术作品	《史记》《汉书》《西都赋》《西京赋》《西征赋》《西京杂技》《三秦记》《长安志》《三辅黄图》《水经注》《关中记》《关中胜迹图志》
		艺术活动	六博、雅乐、假面、黄门画工
	人文活动	地方风俗与民间礼仪	汉式迎宾礼、婚礼礼仪、开笔礼、成人礼、民间庙会
		民间节庆	除夕、元旦、人日、月晦、寒食、上巳、七夕、重阳、冬至
		民间演艺	杂技、角氐、幻术、游戏等
		宗教活动	占卜、观气、求仙
		饮食习俗	汤饼、豆羹、蒸豚、鹿脯、大羹、酒脯、胎肩
		特色服饰	曲裾、直裾、深衣、绕衿裙
	现代节庆	文化节	汉城湖汉文化艺术节、未央区旅游节

4.4.3　汉长安城遗址区文化资源的价值特征

1. 汉长安城遗址区文化资源的历史价值特征

汉长安城在其长期存续与使用期间，见证了公元前 3 世纪至公元 1 世纪的历史实际，见证了具有特定历史影响的事件及人物，反映了西汉时期我国社会的政治、经济、科技、军事、文化等状况，具有历史真实性价值。汉长安城遗址区文化资源的历史价值特征具体如表 4-18 所示。

表 4-18　汉长安城遗址区文化资源的历史价值特征

类型	具体特征
历史价值	① 定都长安的决策真实地反映了西汉初年政治、经济、军事、自然地理等各方面的历史实际条件 ② 在汉长安城内发生过重要事件或有重要人物曾经在其中活动，并能真实的显示出这些事件和人物活动的历史环境 ③ 真实体现了西汉时期的物质生产、社会生活、思想观念、社会风俗等 ④ 可以证实、订正、补充与西汉时期相关的文献记载的史实 ⑤ 在现有的历史遗存中，其年代和类型独特珍稀，在我国古代都城遗址中具有代表性

1）历史价值特征①——定都长安的决策真实的反映了西汉初年政治、经济、军事、自然地理等各方面的历史实际条件

汉长安城是作为西汉的都城而兴建的，当时也有谋士提议定都东周都城洛阳，之所以弃洛阳而就长安，这一决策本身真实反映出了西汉初年政治、军事、经济、社会、自然地理等环境因素的历史特征和历史实际。

第一，在政治方面，西汉之初面临的政治环境与周朝存在较大差异，西周建立伊始由于提出"敬天保民"的仁政思想，广泛赢得人心，选取洛阳为都城主要是由于洛阳居于周朝版图的中心位置，各地纳税距离均等。而西汉政权是在武力推翻秦政权之后，又与项羽历经四年多艰苦的楚汉战争之后方艰难取得，且不能排除再爆发战争的可能，政治环境与周初存在巨大差异。第二，在经济方面，关中作为秦故地，经历多年的开发，土壤肥沃，被认为是甚美膏腴之地，在关中平原上建立都城具备更好的经济基础；第三，在军事方面，关中地形险要，被山带河，四塞以为固，易守难攻。而洛阳地方狭小，一旦作战缺乏有利的地形；第四，在自然地理条件方面具有优势。班固在《后汉书》中曾提到，"关中左崤函、右陇蜀，南有巴蜀之饶，北有胡苑之利……此乃天府之国"。刘邦在综合权衡下，采纳了谋士娄敬的建议，迁都关中，营建汉长安城，将其作为国都。

通过以上分析可以看出，对于为何选定在汉长安城营建都城，其实是当时的统治者综合西汉初年政治、经济、军事、自然地理等各方面的历史条件所做出的慎重决定，因此汉长安城的选址真实反映了这种历史实际而具有特定的历史价值。

2）历史价值特征②——在汉长安城内发生过重要事件或有重要人物曾经在其中活动，并能真实的显示出这些事件和人物活动的历史环境

在长达八百余年的使用时间内，汉长安城见证了中华民族逐渐形成、强盛，及至曲折发展的重要历史阶段。西汉是我国历史发展的重要时期，汉武帝时期，西汉成为当时世界上文明发展程度最高的地区之一。从西晋开始，由于内乱导致国力逐渐衰退，以匈奴、鲜卑、羯、羌、氐等为代表的游牧民族在中华大地上先后建立了数十个政权，中华民族从此进入长达 300 余年的动荡时代。及至隋朝时期，中华民族才又逐渐从分裂回归统一，并为之后唐朝的崛起及再度繁荣奠定了基础。在这段反映中华民族逐渐形成、强盛、衰落、动荡以及复兴的特殊历史时期，汉长安城成为中华民族发展史上这一重要阶段的特殊见证，并能真实显示出在政治、军事、文化、外交等领域中重要历史事件或历史人物活动的历史环境。

（1）政治军事领域：汉长安城在作为国都的 353 年历史时期内，先后被包括西汉、新莽、东汉、西晋（末）、前赵、前秦、后秦、西魏、北周、隋（初）在内的 10 个政权作为都城所在地，见证了数次的政权更迭、政治变动，各历史人物依次登上历史舞台，在汉长安城内演出了一幕幕历史大剧。表 4-19 汉长安城作为都城期间所见证的重要政治军事领域事件及人物。

表 4-19　汉长安城作为都城期间所见证的重要的政治军事领域事件及人物

历史事件		历史人物	历史环境
政治军事领域	定都长安	刘邦、娄敬、张良	经数年战争，刘邦统一后面临严峻的政治经济环境，在听取谋士娄敬、张良的综合比较后，定都长安
	吕后专政	吕雉	刘邦逝世后，惠帝儒弱，吕后独揽大权，分封诸吕，后在与刘氏皇族集团的冲突中被消灭
	文景之治	文帝刘恒、景帝刘启	汉初国力衰弱，人民生活困苦，文帝开广施德政，休养生息，出台一系列惠民措施，发展生产，安定民生
	汉武盛世	武帝刘彻	西汉国力蒸蒸日上，汉武帝积极谋求向外扩张，开拓汉朝最大版图。在政治、文化、军事、经济等方面均有所建树
	北击匈奴	汉武帝、卫青、霍去病	汉武帝时期，在卫青、霍去病等将领的指挥下，汉军击溃匈奴帝国，巩固了对边疆的统治
	王莽改制	王莽	西汉末年政治腐败，王莽建立新朝，试图恢复周礼制度，在土地、币制、商业等领域采取系列改革措施，但未缓解社会矛盾，政权后被农民起义推翻
	绿林、赤眉起义	王匡、王凤、樊崇	王莽篡权期间，由于社会矛盾激化，加之天灾，爆发农民起义，后攻入汉长安城
	八王之乱	贾南风、司马越等	西晋中后期司马姓各王之间为争权而发生的内讧，引发了西晋灭亡
	董卓之乱	汉献帝、董卓	三国时期，董卓挟持汉献帝至长安，并焚烧东都洛阳，武力控制朝政
	迫降前赵	晋愍帝司马邺	西晋末代皇帝司马邺在长安即位，后投降前赵
	五胡十六国	符洪、宇文泰等	西晋灭亡后，北方游牧民族内迁，建立了若干政权，其中具有较大影响力的前赵、前秦、后秦、西魏等均仍以汉长安城为都
	建立隋朝	隋文帝杨坚	沿用汉长安城，后建大兴城。隋朝对外击败突厥，成功统一了长期分裂的中国；对内发展文化经济，稳定社会

注：仅包括汉长安城作为都城的历史时期的重要事件及人物，未涉及东汉（定都洛阳）等历史时期。

（2）文化领域：汉长安城长期作为社会文化中心，也见证了我国传统文化经历了逐渐统一、变异、更新的发展历程。西汉初年，为了休养生息、安定民生，统治者普遍选用道家"无为而治"的统治思想，因此对于儒家思想产生了一定程度的排斥。在文景之治时期，儒道冲突演变得越来越严重，结局是儒家思想暂时被压制。及至汉武帝统治时期，为了巩固中央集团的专制统治，采纳了董仲舒所提出的"罢黜百家，独尊儒术"的建议，正式确立了儒学在封建统治思想中的主流地位。到魏晋南北朝时期，由于时局动荡，民生不稳，儒学的正统地位开始受到质疑和挑战，追求人性自由和思想超越的玄学大兴，而佛教、道教等宗教文化也日渐拥有广泛的群众基础。玄学、佛教、道教与传统儒学之间相互碰撞，相互融合，从而促进了中国传统思想文化的变异和更新。因此从文化方面来看，汉长安城作为都城期间，既是政权更叠、社会动荡的历史时期，同时也是传统文化不断发生变革、融合、更新的重要时期。表 4-20 概括了汉长安城作为都城期间所见证的重要文化领域事件及人物。

表 4-20　汉长安城作为都城期间所见证的重要的文化领域事件及人物

历史事件		历史人物	历史环境
文化领域	儒道冲突	窦太后、黄生、辕固生	汉初遵从道家"无为而治"的理念，排斥儒家思想，汉景帝时期儒道发生激烈争论，儒学暂时被压制
	罢黜百家，独尊儒术	董仲舒	汉武帝时为巩固中央集权统治，确立儒家思想作为传统思想文化的主流
	魏晋玄学兴起	向秀、阮籍等	在社会大动荡的历史背景下，儒学渐渐丧失了其权威性，而代之以探知哲理、重视思辨的玄学
	佛教、道教等宗教文化的兴起	汉明帝、张道陵、寇谦之等	统治阶级想通过宗教来加强思想控制，民众在生活困苦时也期望借助宗教神力来寻求心理慰藉

（3）外交领域：汉长安城也见证了对外关系与策略上的变化。在汉匈外交策略上的发展变化：在西汉初年，匈奴日益强盛，雄踞北方，对汉朝构成了严重的威胁，汉高祖刘邦在与匈奴冒顿单于的军事对抗中，曾被围困于白登山，解围后通过"和亲"的外交政策，与匈奴暂时相安。从汉高祖至汉景帝统治时期，在汉匈关系上一直奉行"和亲"式的外交政策，为匈奴送去大批财物，缓解匈奴对北方边境的侵扰。汉武帝统治期间，在强大的国力与军事实力的支撑下，连续对匈奴发动了系列战争，解除了来自匈奴的威胁。在击败匈奴后，汉匈之间继续在平等的基础上维持着长期的睦邻友好关系，直至汉末。东汉末年，匈奴、鲜卑等少数民族开始内迁，汉族与少数民族之间的冲突日益激烈。从西晋末年开始，各民族进入了长期的分裂、对抗。入侵的少数民族先后在长江以北建立若干个政权，与长江以南汉族为主的政权隔江对峙。至隋朝时期，对内实现统一，对外与周边国家也建立了良好的外交交流关系。例如，日本曾经派出"遣隋使"至隋朝进行外交交流。表 4-21 概括了汉长安城作为都城期间所见证的外交领域重要事件及人物。

表 4-21　汉长安城作为都城期间所见证的外交领域重要事件及人物

历史事件		历史人物	历史环境
外交领域	和亲	汉高祖、冒顿单于	西汉初年为缓解汉、匈矛盾而采取的政治联姻策略
	北击匈奴	卫青、霍去病	汉武帝时期国力强盛，对匈奴采取以战为主的策略，最终解除了匈奴对西汉的威胁
	"凿空"丝绸之路	张骞	汉武帝时期谋求向外发展，拓展疆域，开通了丝绸之路，后成为古代东西方贸易、文化交流的重要途径

续表

历史事件	历史人物	历史环境
少数民族内迁	刘渊等	北方先后建立了若干个少数民族政权
北朝	北魏孝文帝等	鲜卑族在北方建立政权，包括北魏、东魏、西魏、北齐、北周五朝
隋朝统一	隋文帝	对内实现统一，对外与周边国家日本、高句丽、东突厥等进行外交交流

（外交领域，左侧合并单元格）

3）历史价值特征③——真实体现了西汉时期的物质生产、社会生活、思想观念、社会风俗等方面

汉长安城作为西汉时期的政治经济中心，也是当时西汉最大的城市，商品经济相对发达，因此汉长安城能够集中体现西汉时期的物质生产生活，以及社会风尚、习俗等诸多方面的内容。

（1）物质生产方面：西汉长安城代表性的物质生产活动主要包括制陶、冶铸、铸币等活动。制陶方面，从考古发掘的情况来看，西汉长安城的制陶窑可分为官窑和民窑两类（张佩，2007），其中官窑主要生产随葬汉俑，民窑主要生产日常生活所用陶器。陶类产品较为多样，出土的随葬人俑无论从形制还是规模上均无法与秦代人俑相提并论，反映了汉代统治者休养生息、重视民生的统治思想。冶铸方面，汉代实施"盐铁官营"的制度，因此汉长安城也成为冶铸手工业的集中地，出土的冶铸遗址及大量冶铸废料也印证了这一点。铸币方面，西汉长安城西市遗址出土大量铸币钱范，却未发现铸币的铜渣等，体现了西汉时期政府对于铸币的严格管理，制范与浇铸环节安排在不同的区域分别进行（刘庆柱，2001）。

（2）社会生活方面：汉长安城内聚居了大量的人口，因此伴随着人民社会活动的开展以及物质交换的进行，汉长安城的商品经济也较为发达，拥有全国规模最大的市场，商品种类繁多。汉长安城内的社会管理制度较为规范，居民区（称为里居）和市场区集中在特定的区域，居民区又按人们社会地位的不同进一步划分为不同的区域，实行分区管辖，这些举措都有效保障了汉长安城内社会管理的秩序。

（3）思想观念方面：汉长安城在布局上的"崇方""尚中""面朝后市"等特点，体现出人们对于古代城市建筑规划理念的继承，同时也体现了当时人们对于"皇权至上"思想观念的遵从。在社会观念方面，汉长安城作为全国经济中心，受此影响汉长安城居民相对而言商品经济意识较为发达。在司马迁《史记·货殖列传》中还表达了"农商并举"的思想观念，相较传统"重农抑商"的思想观念而言是一大突破。

（4）社会习俗方面：汉长安城内的居民曾经创造并流传下来大量的非物质文化遗产，包括民俗节庆、民间故事及传说、各种手工技艺、娱乐项目等，如闹花

灯、成人礼、杂技表演等，这些习俗成为汉文化的一部分，沉淀成为独具特色的汉文化基因。

4）历史价值特征④——可以证实、订正、补充与西汉时期有关文献记载史实

汉长安城同时也是西汉的文化中心，与汉长安城有关的历史文献典籍数量非常多，类型涉及史学、地理、文化等多个方面，表 4-22 列举了与汉长安城有关的代表性历史文献资料，内容涉及城市布局、宫殿、重要历史人物及历史事件、文学艺术、民俗风情、历史地理等诸多方面。借助于与汉长安城有关的考古发掘与发现工作，还可以进行相关历史文献资料的证实、订正以及补充等相关工作。

表 4-22 与汉长安城有关的代表性历史文献资料

类型	历史文献资料	涉及汉长安城的相关内容
史学	《史记》	记载从皇帝至汉武帝年间共 3000 多年的历史，涉及西汉部分帝王、重要历史人物和史事、西汉制度等相关历史信息
	《汉书》	记载汉高祖至新莽共 230 余年的历史
文学	《西都赋》	对汉长安城的雄伟壮丽进行了描述
	《西京赋》	描述了当时在汉长安城内比较盛行的一些音乐、艺术、表演娱乐等文化艺术活动，内容具体写实，有助于人们进一步了解当时人们的社会生活
	《西征赋》	西汉部分历史人物及历史事件的描述
	《西京杂记》	历史笔记小说。关于西汉的杂史
地方志	《三秦记》	记载了秦汉时期三秦地区（今关中地区）的地理环境、历史沿革、民俗风情、都城宫室、山脉河川等
	《长安志》	记载了汉长安及其附属区县的城市、宫殿、街道、古迹，以及河渠、风俗、物产等历史信息
	《类编长安志》	记载了元代之前长安的地理及人文发展变迁的过程
历史地理	《三辅黄图》	对于汉长安城及其周边地区的总体建筑布局、主要宫殿、亭台楼阁、礼制建筑及相关配套设施等均进行了详细的描述
	《水经注》	涉及西汉自然地理与人文地理等方面的相关内容
	《关中记》	关于秦汉时期关中地区的历史辑本
	《关中胜迹图志》	涉及汉长乐宫、未央宫、建章宫等古迹的有关历史地理信息

汉长安城未央宫遗址在近年的考古工作中出土了大量的骨签，经考古学家证实为西汉中央官署所保存的行政档案资料，这些出土文物也可以起到证实、补充有关西汉时期国家管理及行政管理制度资料的作用。

5）历史价值特征⑤——在现有的历史遗存中，其年代和类型独特珍稀，在我国古代城市遗址中具有代表性

汉长安城遗址是我国古代都城遗址的典型代表，其在历史价值方面具有突出性、代表性和唯一性的特征，具体体现在以下几个方面。

（1）汉长安城是我国古代第一个建制完整的统一帝国的都城。虽然秦是我国历史上第一个统一帝国，但在秦朝短短 15 年的统治期内，秦都咸阳城和阿房宫等主要宫殿营建并未完成，建制并不完整。西汉建立后，从高祖刘邦时期即开始着手未央宫等主要宫殿的营建工作，后历经惠帝、武帝等数代帝王的不断扩建与完善，汉长安城成为我国古代第一个建制完整、功能齐备的统一帝国的都城。

（2）汉长安城是我国古代延续使用时间最长的都城。汉长安城作为西汉王朝的都城持续使用时间长达 210 年（公元前 202 年～公元 8 年），随后又被包括新莽、东汉、西晋、前赵、前秦、后秦、西魏、北周、隋在内的 9 个政权当作都城所在地，作为都城的历史长达 353 年。直到隋建大兴城，汉长安城长期作为政治权力中心的地位才逐渐被取代。汉长安城前后使用时间近 800 余年，是我国古代延续使用时间最长的都城，因此汉长安城遗址还可以作为朝代更迭、历史变迁的特殊见证。表 4-23 归纳了汉长安城作为都城的使用时间及其变迁。

表 4-23 汉长安城作为都城的使用时间及其变迁

朝代	起始时间	作为都城的持续使用时间
西汉	公元前 202～公元 8 年	210 年
新莽	公元 8～23 年	15 年
东汉	公元 190～195 年	5 年
西晋	公元 313～316 年	3 年
前赵	公元 319～329 年	10 年
前秦	公元 351～383 年	32 年
后秦	公元 386～417 年	31 年
西魏	公元 535～556 年	21 年
北周	公元 557～581 年	24 年
隋	公元 581～583 年	2 年

（3）汉长安城拥有我国古代规模最大的礼制建筑群。汉长安城拥有我国古代规模最大、最为系统的古代礼制建筑群，主要包括明堂辟雍、官社官稷和宗庙等。通过考察这些礼制建筑群，可以全面了解当时那个历史时代人们的礼制思想、礼制制度等文化信息。此外，通过分析对比西汉与之前历史时期礼制建筑与宫殿相对空间布局形态的变化，还可以体察到人们社会观念的变化。在先秦时期，宗庙与宫殿的空间排列呈并列的形式（刘庆柱，2006），而从秦代开始，宗庙则被移出了宫城，秦朝的宗庙坐落于咸阳城外的渭河南岸，西汉的礼制建筑也主要集中于汉长安城的南郊。从这里可以看出，宗庙等礼制建筑由最初与宫殿并列的位置慢慢被移出宫殿中心位置，转而设置在郊外，这种空间位置变化实际上显示出相较于先秦时期，西汉时期人们在观念上赋予宗庙等礼制建筑的重要性有所下降，背

后深层次的原因是社会政治统治思想与统治形态的转变。

（4）汉长安城是当时世界上规模最大的城市，在世界城市建设史上影响重大。汉长安城是公元前 3 世纪至公元 1 世纪世界上规模最大的城市。当时称雄于欧亚大陆有两大帝国——西汉和罗马帝国，汉长安城和古罗马城分别是这两大帝国的政治枢纽和最大的城市，汉长安城的面积是同时期古罗马城面积的 3 倍多，其作为西汉权力中心和文明中心的历史地位不可动摇。同时，汉长安城作为土木结构为特征的东方建筑的杰出代表，在世界城市建设史上具有重要地位，在选址、布局、规划等方面对于后世城市建设也产生了深远的影响。

2. 汉长安城遗址区文化资源的艺术价值特征

汉长安城遗址作为古代都城遗址的杰出代表，能够充分表达出西汉这一特定历史时期人们的建筑设计艺术理念和审美追求，具有独特的艺术价值。汉长安城同时作为皇家宫殿的所在地，在包括未央宫、长乐宫等在内的皇宫建筑、造型装饰等方面具有突出的艺术价值。除此之外，汉长安城遗址作为规模宏大、保存完整的古代都城遗址，其上并未有大型建筑叠加，所呈现出的真实、完整的遗址景观具有独特的景观艺术价值。表 4-24 概括了汉长安城遗址的艺术价值特征。

表 4-24　汉长安城遗址的艺术价值特征

类型	具体内容
艺术价值	① 建筑艺术，包括空间构成、造型、装饰和形式美 ② 景观艺术，属于特殊风貌的遗址景观 ③ 附属于文物古迹的造型艺术品，包括雕刻、壁画、塑像，以及固定的装饰和陈设品等

1) 艺术价值特征①：建筑艺术，包括空间构成、造型、装饰和形式美

汉长安城遗址在建筑设计思想、空间构成、建筑造型、建筑装饰等方面，具有独特的艺术价值，体现了我国古代城市建筑设计的杰出智慧。

（1）从汉长安城建筑设计思想来看，在当时影响汉长安城建筑的思想主要包括儒家思想、阴阳学以及先秦建筑思想等。汉武帝时期确立了儒学的正统地位，儒家思想包容性、开放性的特征，为汉长安城恢宏大气的建筑艺术风格的确立奠定了思想基础；阴阳学所包含的万物相互对立又相互依存的哲学思想，也影响到汉长安城整体建筑布局及功能内在逻辑的协调性。除此之外，受兴建汉长安城当时的社会、政治、经济条件的影响，汉长安城又具有了有别于秦代建筑的艺术特点：质朴、简洁、刚健。

（2）从汉长安城建筑空间构成来看，先秦时期自春秋以来所形成的崇方、居中、对称等空间布局思想也影响到了西汉长安城的建筑空间布局，总体布局整齐划一，依轴线对称。先秦时期在都城设计上就已经存在的"左祖右社""面朝后市"

等建筑布局思想也在汉长安城的营建过程中得到了体现：汉长安城遗址南郊经发掘出土的宗庙、社稷等遗址的方位印证了对于西周"左祖右社"规划思想的继承。此外，汉长安城宫殿区在前，市场及居民区在宫殿区以北，未央宫正殿同样坐北朝南，也充分体现了汉长安城在都城空间布局时对于"面朝后市"布局思想的继承（刘瑞，2011）。

（3）从汉长安城造型及装饰等方面来看，汉长安城作为西汉时期皇家宫殿的所在地，宫殿建筑设计精巧、装修华丽，显示出了高超的建筑造型及装饰艺术。西汉文学家班固的《西都赋》的作品中，对于长安都城的壮丽宏大、宫殿的华丽雄伟进行了描述，所谓"张千门而立万户，顺阴阳以开阖"、宫殿的建筑装饰"金华玉堂，白虎麒麟""殊形诡制，每各异观"，同时对于建筑的装饰构件（包括梁头、柱头的装饰）、屋宇构架以及装饰风格也进行了具体的描述，从而将一个整体上气势雄伟、壮丽的古代都城显现在人们面前。

2）艺术价值特征②：景观艺术，拥有特殊风貌的遗址景观

汉长安城遗址位于西安市市区西北郊，毗邻城市建成区，尽管体量巨大，但值得庆幸的是，遗址保存较为完整，格局明确，尤其是在1961年汉长安城遗址确立为全国重点文物保护单位之后，在遗址区内采取禁止开发的策略，其上并未有大型建筑叠加。20世纪90年代，西安市规划建设二环路北段时，为了保护遗址的完整性，专门调整建筑方案，让二环路绕道遗址。根据陕西省政府批准公布实施的《汉长安城遗址保护总体规划》（2009~2025），对汉长安城遗址的保护仍然本着真实性、完整性的原则，通过采取一系列的遗址保护展示、环境整治、环境绿化、居民搬迁等活动，在有效保护遗址本体的前提下，改善遗址周边的历史环境风貌，分期建设汉长安城国家考古遗址公园，最终使该区域成为融遗址保护、文化展示、生态休闲于一体的综合性遗址保护特区。

3）艺术价值特征③：拥有数量丰富的附属于文物古迹的造型艺术品

汉长安城遗址内经考古发掘出土了大量的建筑构件、陈设品等遗存，这些遗存反映出了西汉时期人们的艺术审美，具有特定的艺术价值。以汉长安城遗址区内出土的瓦当为例，瓦当是我国特有的文化艺术遗产，而汉代是瓦当艺术发展的繁荣时期，与秦代的砖有"秦砖汉瓦"之称。汉长安城遗址内出土了大量刻有各种文字、图案的瓦当，图案构思精巧、设计精美、造型多端，具有高超的艺术价值。

3. 汉长安城遗址区文化资源的科学价值特征

汉长安城是我国古代都城规划建设的杰出典范，其选址科学、规划布局合理、防御系统坚固、功能齐备，充分体现了我国古代都城设计与建设的科学性与艺术性。汉长安城作为西汉皇家宫殿的所在地，建筑材料和工艺能够集中反映那个历史时期的科技水平，同时在汉长安城内还记录和保存着重要的科技资料，具有突

出的科学价值。表 4-25 概括了汉长安城遗址的科学价值特征。

表 4-25　汉长安城遗址的科学价值特征

类型	具体内容
科学价值	① 规划和设计，包括选址布局、建设规划、防御体系以及造型、结构设计等方面 ② 结构、材料和工艺，以及它们所代表的当时科学技术水平，或科学技术发展过程中的重要环节 ③ 在其中记录和保存着重要的科学技术资料

1) 科学价值特征①：在规划和设计方面具有科学价值

（1）选址科学：汉长安城的选址，从自然地理、军事、经济、人口、社会发展等各个方面来分析，都显示出较强的科学性。第一，从自然地理方面来看，汉长安城的选址充分体现了古人"因天材，就地利"的规划思想。《管子·乘马》里面阐述到，都城的选址最好背倚大山，面临大河，海拔适宜，兼顾取水便捷及防涝两重考虑。汉长安城选址在渭河冲积平原的龙首原上，位于秦岭之下，渭河之滨，傍山临河，从城市安全与防御的角度来看较为合理。龙首原位于渭河平原第一、二阶地，海拔平均约为 500m，高低适宜。地势总体来看东南高西北低，从东南取水可以贯穿全城，向北可以排入渭河，能够有效满足城市供水与排涝的需求。第二，从军事方面来看，汉长安城所处的关中地区具有非常有利的地理位置，易守难攻，这在当时以冷兵器作战为主的军事时期，能够有效地增强军事防御能力。关中地区处于东南西北四大关塞（函谷关、大散关、武关、萧关）之中，"四塞以为固"，形成"一夫当关，万夫莫开"之势。第三，从经济方面来看，关中地区在当时属于暖温带气候，雨量充沛、土地肥沃、经济发达，有所谓"天府之国"的美誉。这在当时以农耕经济为主的社会形态下，是非常有利的经济条件。同时，由于秦朝多年的苦心经营和经济开发，使得关中地区成为当时全国经济较为发达的地区，定都关中具备坚实的经济基础。第四，从人口与社会发展方面来看，关中地区人口稠密，在西汉时期人口数约占全国人口数的 1/3（刘庆柱等，2003）。农耕经济属于劳动密集型的经济形态，充足的人口为后续的经济与社会发展提供了有效的人力保障。从社会发展角度来看，汉长安城所处的龙首原地区地势开阔，龙首原南北长近 10km，东西宽近 17km，为后续的社会发展与都城扩张留下了广阔的空间。

（2）规划布局合理：汉长安城的规划布局在继承前人规划思想的同时，进行了一定的创新发展，总体规划布局科学合理。首先，汉长安城在规划上充分吸取与继承了前人的规划智慧。据《周礼·考工记》记载："匠人营国，方九里，旁三门。国中九经九纬，经涂九轨。左祖右社，面朝后市，市朝一夫。"汉长安城总体格局近方形，四面每面设三个城门，共十二座城门。城内八街九陌，城内大道将宫殿与居民区区隔成类似棋盘格的规整的块状格局，总体布局整齐划一。汉长安城遗址南郊经发掘出土的宗庙、社稷等遗址的方位印证了对于西周"左祖右社"规划思想的继承。此外，汉长安城宫殿区在前，市场及居民区在宫殿区以北，未央宫正殿同样坐北朝南，体现了汉长安城在规划时遵循"面朝后市"的思想（刘瑞，2011）。然后，汉长安城在规划时不囿于旧制，在规划与布局方面也进行了一定的创新发展。以都城总体布局来看，布局呈现出的是"城郭合一"的布局，这一规划布局思想尽管在春秋战国时代也有所体现，当时各诸侯国的都城通常也分为城和郭两部分，但两部分在功能上存在明显差别的部分，城乃国君居住之地，郭则汇集了普通百姓的住所，城一般设置在郭内。但汉长安城的布局，宫城在前，宫城以北设置闾里、邸第以及东市、西市，城和郭均在长安城内，有机结合，在职能上又有一定的区隔。从这种布局结构来看，汉长安城的都城布局既继承了先人的城郭布局思想，又不囿于旧制，而是进行了一定的创新发展，通过"城郭合一"的布局使得汉长安城的功能更加齐备。

（3）功能机构齐备。汉长安城内各类功能机构齐备，承担了国家在政治、军事、经济、文化等方面的统治需求。第一，在政治方面，汉长安城内设有中央官署、少府及所辖其他官署，建筑规模庞大，承担了国家在政治统治、行政管理方面的需求；第二，汉长安城内设有武库，有七座库址，内存若干皇家兵器，承担了国家在军事统治方面的需求；第三，汉长安城内设有东西九市，周围还分布着众多手工业、制造业区，有效地保障了汉长安城内人口的社会生活需求与经济交往的需求；第四，汉长安城内设太学，作为全国最高教育机构，培育了大量人才。同时还设有天禄阁、石渠阁、麒麟阁作为收藏图书和开展学术研究的专门场所，承担了国家在教育、文化统治方面的需要。第五，汉长安城南郊规模庞大的礼制建筑群，承担了国家在祭祀、礼仪教化等方面的需求。可以看出，汉长安城规划完整合理，各项功能齐备，既满足了当时统治政权的需求，也对后世都城的规划建设产生了重要影响，在我国古代都城规划建设史上占据了重要的历史地位。

（4）防御系统坚固。汉长安城作为西汉的都城，且是在内忧外患的社会局面下建构的，因此特别注重城市防御系统的建立。第一，修筑城墙、城壕。汉长安城修建了周长约 25700m 的城墙，城墙高度超过 11m，城墙底部基宽 12～16m，横截面为梯形，上窄下宽。城墙建造技术全部采用夯土版筑技术，夯层厚度为 7～10cm（刘庆柱，2003）。城墙坚固耐用，即便到了两千多年之后的今日，仍遗存有相当数量的夯土城墙。城墙外筑有深达 3m、宽 40～45m 的城壕，可以起到有效抵御外敌进攻的作用。除此之外，在未央宫等各主要的宫殿区周围还建筑了宫墙，进一步提升了安全防御功能。第二，汉长安城 12 座城门每处均设守军，同时还设专门的城门校尉职务以统领都城守卫。第三，汉长安城实行严格的门禁制度，主要包括禁省门禁、皇宫门禁和城门门禁三类，禁卫森严，有效保障了皇族及重要官员的人身安全；第四，汉长安城内还秘密设立了太仓，以保障都城的粮食储备，同时开凿了漕渠，保障都城的物资供给。同时在城墙内侧还开辟了专供守卫巡逻的"徼道"，这些措施均有效提升了城市的防御能力。

2）科学价值特征②：仕结构、材料和工艺等方面具有科学价值，在当时具有较高的科学技术水平

（1）通达的道路交通系统。汉长安城在城市道路规划方面具有较高的科学性。据《三辅黄图》记载："长安八街九陌"，即长安城有八条纵向的大街，九条横向的大街，纵横交错，四面通达。从目前对汉长安城的考古发掘情况来看，"八街九陌"这一说法符合实际情况，已勘探出汉长安城八座城门的具体方位，每座城门均与一条大道相连，通往城内，将长安城分成不同的功能区域。都城近郊设有横桥大道、杜门大道、子午道、褒斜道等连贯东西南北的重要干道，从而保障了长安城向外的沟通联络。在长安城内各区域，出于安全防御或生活便利等目的，设置不同规格、不同用途的网状道路系统。除陆路交通系统外，长安城还借助渭河的通航能力，开辟水路交通系统，同时开凿漕渠，联通黄河，共同保障汉长安城的物资供给。汉长安城因地制宜所设计的道路交通系统具有较强的科学性，也为后世城市道路交通系统的设计提供了科学的参考。

（2）完备的城市给排水系统。汉长安城的供水与排水系统设计合理，规模宏大，沟渠所采取的建造技术先进，体现出了当时人们在城市给排水基础设施建设方面较为先进的技术水平。第一，汉长安城的供水在沿用西周、秦既有的供水设施基础上，又开发了沄水等新的供水水源地，并开发沧池、揭水陂等人工水库来调节水量，控制水流，科学地保障了长安城内的供水。第二，汉长安城内的排水设施采取明渠和暗渠相结合的形式，外加地漏、排水管道等设施，规模宏大，渠道相互交织，形成了较为完备的网络状排水系统；第三，暗渠的建造采取长条砖砌的技术，砖的形状上宽下窄，紧密契合，自然形成拱形的结构。在对汉长安城进行的考古发掘中，也发掘出了部分汉代排水沟渠，历经 2000 多年形状仍然完好，显示出当时汉长安城给排水系统建造方面高超的技术。

3）科学价值特征④：在其中记录和保存着重要的科学技术资料

（1）汉长安城内拥有专门记录和保存科技资料的机构。西汉时期专门在汉长安城内设置了天禄阁、石渠阁等图书收藏与学术研究机构，并设专人进行管理。西汉时期刘向、刘歆父子受皇命整理图书，并进行分类统计，一些反映西汉时期科学技术发展的书籍在西汉时期得到了较好的保存，涉及天文、数学、医药、农学等诸多科技领域。在天文方面，保存整理有《甘石星经》《灵宪》《浑天仪图注》等书籍资料；在数学方面，保存整理有《许商算术》《杜忠算术》等书籍资料；在医学方面，保存整理有《难经》《伤寒杂病论》等书籍资料；在农林养殖方面，保存整理有《氾胜之书》《陶朱公养鱼法》《相六畜经》等，《尔雅》中还对上千余种动植物进行了记载和分类等。此外，在气象、物理、水利、机械等科技领域，也

有保存有丰富的科技资料（屈宝坤，1998）。

（2）汉长安城遗址区拥有能够反映古代建筑科技的系列遗址。汉长安城遗址内经考古发掘出土的一系列遗址，能够展现出西汉时代人们在建筑设计、建筑材料、建筑工艺、建筑风格及艺术等方面的建筑科技水平。以汉长安城遗址区经考古发掘所展现的中央官署遗址为例，通过参观这一遗址的基址复原图，可以大致了解到西汉时期人们在官式建筑规模布局、建筑工艺等方面的科技发展水平。

4. 汉长安城遗址区文化资源的文化价值特征

汉长安城存续期间开辟了丝绸之路，借由丝绸之路当时的人们与中亚、西亚直至欧洲的进行了长距离价值观念的相互交流，这种文化交流体现在建筑或者科技、纪念性艺术、城市规划或者景观设计的发展等方面。汉长安城遗址同时为延续至今的华夏文明、为古代农耕文明与游牧文明的冲突、为人类文明中心的兴衰提供了独特的见证。汉长安城遗址同时能够反映西汉这一特定历史时期人们的价值观念与审美追求，能为当代人提供特殊的精神力量。表 4-26 概括了汉长安城遗址的文化价值特征。

表 4-26　汉长安城遗址的文化价值特征

类型	具体内容
文化价值	① 能够展示出人类文化价值观念的交流 ② 能够成为一种活的或者已经消逝的文化传统或文明的独特的证据 ③ 与某一特定时期人们的价值观念、信仰、情感或精神等相关

1）文化价值特征①：能够展示出人类文化价值观念的交流

汉武帝时期，张骞从汉长安城出发，首次"凿空"西域，开辟古代丝绸之路，目前汉长安城未央宫作为古代丝绸之路起点已经被列入世界遗产名录。古代丝绸之路从长安开始向西经过天山地区、中亚，直达欧洲，沿线依次经过若干城市、中心城镇、商贸聚落，总长约 8700 公里。丝绸之路既是商品交流与贸易之路，又是沟通东亚与中亚、欧洲之间人类文明交流之路，丝绸之路沿线不同地理区域间不断开展着宗教信仰、城市文化、建筑设计、艺术、科学技术、习俗、价值观念等方面的文化沟通与交流。因此，汉长安城作为古代丝绸之路的起点城市，因其见证了古代中国与中亚、西亚直至欧洲之间的长距离商贸文化交流而具有了特殊的文化价值。

2）文化价值特征②：能够成为一种活的或者已经消逝的文化传统或文明的独特的证据

（1）为延续至今的华夏文明提供独特的见证。古典时期（公元前 1000 年~公元 500 年）世界上主要文明区域包括古罗马文明、古希腊文明、古中国文明、古印度文明、玛雅文明。古中国文明是世界上最古老的文明形态之一，更为重要的是，有别于古希腊文明、玛雅文明等其他文明在特定的历史时期有所中断，古中国文明一直延绵至今，从未中断。汉长安城是公元前 2 世纪至公元 6 世纪古代中国文明持续繁荣发展的重要见证，是整个中华文明发展史上的重要阶段，在延续及传承中华文明这一方面发挥了积极的推动作用。

（2）为古代中国农耕文明的发展繁荣提供了独特的见证。农耕文明是在长期的农耕生产活动中逐渐形成的适应农耕经济发展的独特的社会文化形态，与海洋文明、游牧文明等形态相比，农耕文明在思想、社会管理及制度、精神等方面显示出独特的文化特质。在汉长安城沿用期间，以汉族为主体的劳动人民所创造的农耕文明在当时的世界上处于领先地位，也形成了独特的思想文化体系。首先，在思想方面，西汉武帝时期确立了"罢黜百家，独尊儒术"的思想文化政策，儒学逐渐占据了传统文化的主流地位，儒家文化所宣扬的仁义礼智信等伦理道德观念逐渐为人们所广为接受和遵从，也影响到农耕文明的思想形态。其次，在社会管理及社会制度方面，逐渐形成了以封建君主专制制度为核心的政治体制，并延续长达两千余年。最后，在精神方面，在长期的农耕劳作中逐渐形成了顺应天命、天人合一、自强不息、因地制宜等精神文化，并逐渐成为农耕文明的基本精神理念，深入人心，影响后世。

（3）见证了以帝国为中心的人类文明中心的兴衰。汉长安城先后被西汉、新莽、东汉、西晋、前赵、前秦、后秦、西魏、北周、隋在内的 10 个政权作为都城所在地，在隋建大兴城后逐渐遭到废弃。在长达 800 余年的沿用时间内，汉长安城见证了若干次政权更迭、文明的兴衰，见证了公元前 2 世纪至公元 6 世纪期间文明发展的主要脉络。

（4）为古代农耕文化与草原文化的冲突与融合提供特殊的见证。从西晋末年，一直到隋朝统一，前后历经了 300 余年的分割战乱，汉长安城先后做过前赵、前秦、后秦、西魏、北周五个少数民族政权的都城，直到隋建大兴城后才逐渐被废弃。在这段历史时期内，汉长安城为农耕文化与草原文化之间的冲突与融合提供了独特的见证。少数民族代表的是以北方游牧文化为主导的草原文化体系，其特点是尚动，变化性强，外向型特征明显；而中原农耕区所创造的农耕文化体系，其特点是安定、内敛、自给自足。两种截然不同的文化类型经碰撞之后产生了严重的冲突，甚至一度引发社会文明程度的停滞、倒退。但是，相较于优越的农耕文化而言，草原文化处在较低的发展水平上，部分游牧民族甚至没有自己的文字。因此，处于优势地位的农耕文化如流水般向处于劣势的草原文化弥漫，从而出现了草原文化为农耕文化所同化、征服的局面。与此同时，农耕文化也显示出强大的包容性，对于草原文化中充满活力、外向、好动的精神也进行了吸收，从而促进了农耕文化本身的更新。草原文化和农耕文化开始从最初的对峙、冲突逐渐走向融合。鲜卑北魏政权建立之后，为了便于学习先进的汉族农耕文化，推行了一系列的汉化政策，包括习汉文、改汉姓、守汉俗、行汉制等，这一系列的改革措施加速了不同文化之间的融合，同时也促使长安地区的社会文化经历变异更新后显示出了更为强劲的生命力。表 4-27 归纳了以汉长安城为都城的少数民族政权更迭情况。

表 4-27　　以汉长安城为都城的少数民族政权

政权名称	存续时间	统治民族
前赵	公元 319～329 年	匈奴
前秦	公元 351～383 年	氐
后秦	公元 386～417 年	羌
西魏	公元 535～556 年	鲜卑
北周	公元 557～581 年	鲜卑

3）文化价值特征③：能够反映西汉时期人们的价值观念与审美追求，能够体现一种独特的人文精神，为当代人提供精神动力

（1）能够反映西汉时期人们的价值观念与审美追求。汉长安城遗址区的各种文化资源能够综合反映出西汉时期人们的价值观念与审美追求。第一，汉长安城遗址在都城选址、宫殿布局、城墙修建等方面，鲜明地体现出西汉时期人们崇尚天人合一、道法自然的思想文化观念。汉长安城都城布局方式上类似北斗七星，故而又被称为“斗城”，充分反映出当时人们崇尚天人合一的思想；汉长安城宫城的建设顺应地形地势，在军事防御方面也主要依托自然天险，有利于缓解都城建设所引发的人类活动与自然的矛盾。第二，汉长安城建设初期在建筑形式上保持了古朴、自然的本色，以汉长安城遗址区所出土的柱础石为例，与唐代雕琢精美的柱础石相比，汉代柱础石只是简单打磨，保留了自然古朴的本色。第三，汉长安城遗址的建筑风格体现出了西汉时期人们的包容、古朴、崇尚自然的审美追求。第四，汉长安城的城市规划还体现出了西汉时期人们“崇方”“尚中”等思想文化观念。所谓不偏不倚，以中为贵，“尚中”是古代传统哲学中的一种思想文化，这在汉长安城的规划营建中有较为充分的体现。

（2）能够体现一种独特的文化精神。汉长安城存续期间，同时也是中华民族的主体文化——汉文化形成与发展的关键时期。汉代上承秦代，下启隋唐，在继承先秦时期中原文化的基础上，吸收、融合了包括少数民族游牧文化在内的多元文化，是中华民族多元文化相互冲突、相互融合的关键时期。在此基础上所形成的汉文化，鲜明地体现出了开放、包容、博大的文化特征。相对于宋代以后中国传统文化保守、内敛的文化特质，汉代文化富有锐意进取、刚健尚武的独特文化精神。

5. 汉长安城遗址区文化资源的功能价值特征

功能价值反映汉长安城遗址区文化资源能够为当代人所利用、能够通过发挥一定的功能满足当代人的需要而具备的价值,对应 Rigel (1982) 所提出的价值体系中的"新价值"部分。结合汉长安城遗址区文化资源的存在状况及可资开发利用的程度,表 4-28 概括了汉长安城遗址区文化资源功能价值的几种主要价值特征。

表 4-28　汉长安城遗址区文化资源的功能价值特征

价值类型	价值特征
功能价值	① 通过对汉长安城遗址区文化资源进行旅游开发,形成一定的旅游产品或服务等而具备创造直接的经济效益的可能性 ② 汉长安城遗址区因文化资源的存在、可供人们选择开发、可供后代使用等而具备的非使用价值 ③ 在影响当代社会人们的思维方式,增进社会成员间的相互理解,形成社会凝聚力,提升社会稳定性等方面具有的价值 ④汉长安城遗址区及其周边地区共同构成富有历史文化气息、教育意义的独特区域,在改善区域环境方面所具有的当代价值

在表 4-28 列出的几种功能价值特征中,前两条与汉长安城遗址区文化资源所蕴含的经济价值及经济潜力有关;第三条与汉长安城遗址区文化资源在当代社会所具有的社会价值、社会意义有关;第四条与汉长安城遗址区文化资源所具有的环境价值及环境意义有关。因此,本小节主要从经济价值、社会价值、环境价值三个方面展开评估,帮助人们客观认识汉长安城遗址区文化资源所具有的功能价值。当然,除这三个方面外,在教育、政治、对外交流等领域,汉长安城遗址区文化资源在不同程度上发挥着一定的影响与作用,这也是不容忽视的。

4.4.4　汉长安城遗址区文化资源的价值评估

为提升本书的应用价值,本小节结合汉长安城遗址的案例,展开具体的价值评估。价值评估的内容包括两个部分,一是运用所建立的大遗址区文化资源价值评估体系,运用专家意见法展开对汉长安城遗址区文化资源的价值评估;二是对于汉长安城遗址区文化资源的经济价值,基于文化遗产经济学的分析方法,采取意愿价值法来进行定量分析。

1. 汉长安城遗址区文化资源价值的综合评价

本小节首先基于 4.3 节所提出的大遗址区文化资源价值评估体系,结合对汉长安城遗址区文化资源的存量梳理及价值特征的分析,进行综合价值评价。具体评价步骤如下。

1) 组织专家评分

邀请文化遗产保护及文化产业管理等相关专业的专家 12 位,向专家发放汉长安城遗址区文化资源价值评价赋分表，搜集专家意见，具体专家评分如表 4-29 所示。

表 4-29　汉长安城遗址区文化资源价值专家评价分值

评价因子	评价指标	评价分值/分											
		X_1	X_2	X_3	X_4	X_5	X_6	X_7	X_8	X_9	X_{10}	X_{11}	X_{12}
历史价值	遗址所处历史年代久远程度	3	3	3	3	3	3	3	3	3	3	3	3
	被认定保护级别	5	4	5	5	4	4	4	4	4	4	5	4
	知名度	5	4	3	4	3	3	4	4	4	3	4	3
	资源保存完整程度	4	3	3	3	3	2	2	3	3	4	3	2
	真实体现历史环境	3	4	4	4	3	3	3	4	3	3	4	3
	征订文献记载史实	3	3	3	2	2	2	3	2	3	3	4	2
艺术价值	建筑景观艺术特色	2	2	2	3	1	1	2	2	3	2	3	1
	反映特定艺术思想	2	3	2	3	1	2	2	2	2	2	3	2
	公众欣赏积极性	2	2	2	3	2	2	1	1	2	3	3	2
	留存数量或类型	4	3	3	3	3	2	3	2	2	3	4	3
科学价值	建造设计的科学性	3	2	2	3	3	2	3	4	3	3	4	2
	体现当时科技水平	4	3	3	4	2	2	3	4	2	2	3	1
	蕴含科技信息数量及类型的丰富程度	3	2	3	3	2	1	2	3	1	2	3	2
	记录保存科技资料	4	4	3	3	4	1	3	2	2	4	3	
文化价值	展现内容的丰富性	3	4	3	4	3	3	2	2	3	1	4	2
	展现方式的多样性	4	3	2	3	3	2	2	2	2	2	3	1
	文化传统的延续性	3	2	2	2	1	1	3	1	2	1	3	2
	文化精神象征性	2	1	1	1	2	1	3	1	1	1	2	1
	促进当代文化发展	3	2	3	2	3	1	4	2	1	2	3	2
	提供精神动力	3	2	1	2	2	1	3	3	2	3	3	1
功能价值	遗址文化产业规模	4	2	3	2	2	2	2	2	2	2	4	3
	对周边经济辐射度	3	2	1	3	1	2	1	2	3	2	2	2
	促进社会文化认同	3	2	3	2	2	3	1	3	2	3	2	2
	形成社会凝聚力	2	2	2	1	1	3	2	3	1	2	2	1
	普及遗产保护知识	4	3	3	2	2	2	1	1	1	1	4	2
	形成文化自信	2	1	1	2	1	1	3	1	3	1	3	1
	改善生态环境	3	2	2	2	2		4	3	3	2	4	2
	改善人文环境	3	2	2	3	4	2	3	2	3	2	4	3

根据专家评价分值表，可以获得如下评价样本矩阵：

$$D = \begin{bmatrix}
3 & 3 & 3 & 3 & 3 & 3 & 3 & 3 & 3 & 3 & 3 & 3 \\
5 & 4 & 5 & 5 & 4 & 4 & 4 & 4 & 4 & 4 & 5 & 4 \\
5 & 4 & 3 & 4 & 3 & 3 & 4 & 4 & 4 & 3 & 4 & 3 \\
4 & 3 & 3 & 3 & 3 & 2 & 2 & 3 & 3 & 4 & 3 & 2 \\
3 & 4 & 4 & 4 & 3 & 3 & 3 & 4 & 3 & 3 & 4 & 2 \\
3 & 3 & 3 & 2 & 2 & 2 & 3 & 2 & 3 & 3 & 4 & 2 \\
2 & 2 & 2 & 3 & 1 & 1 & 2 & 2 & 3 & 2 & 3 & 1 \\
2 & 3 & 2 & 3 & 1 & 2 & 2 & 3 & 2 & 3 & 3 & 2 \\
2 & 2 & 2 & 3 & 1 & 1 & 2 & 2 & 3 & 2 & 3 & 1 \\
4 & 3 & 3 & 3 & 4 & 3 & 2 & 2 & 3 & 4 & 3 & 3 \\
3 & 2 & 2 & 3 & 3 & 2 & 3 & 4 & 3 & 3 & 4 & 2 \\
4 & 3 & 3 & 4 & 2 & 2 & 3 & 4 & 2 & 3 & 3 & 1 \\
3 & 2 & 3 & 3 & 2 & 1 & 2 & 3 & 1 & 2 & 3 & 2 \\
4 & 4 & 3 & 3 & 2 & 4 & 1 & 3 & 2 & 2 & 4 & 3 \\
3 & 4 & 3 & 4 & 3 & 3 & 2 & 2 & 3 & 1 & 4 & 2 \\
4 & 3 & 3 & 3 & 2 & 3 & 2 & 2 & 2 & 3 & 3 & 1 \\
3 & 2 & 2 & 2 & 1 & 1 & 3 & 1 & 2 & 1 & 3 & 1 \\
2 & 1 & 1 & 1 & 2 & 1 & 3 & 1 & 1 & 1 & 2 & 1 \\
3 & 2 & 2 & 3 & 2 & 1 & 4 & 2 & 1 & 2 & 3 & 2 \\
3 & 2 & 1 & 2 & 2 & 1 & 3 & 3 & 2 & 3 & 3 & 1 \\
4 & 3 & 3 & 2 & 3 & 2 & 3 & 2 & 2 & 2 & 4 & 3 \\
3 & 2 & 1 & 3 & 1 & 1 & 2 & 3 & 2 & 2 & 3 & 2 \\
3 & 2 & 3 & 2 & 2 & 3 & 1 & 3 & 2 & 3 & 3 & 2 \\
2 & 2 & 2 & 1 & 1 & 3 & 2 & 3 & 1 & 2 & 2 & 1 \\
4 & 3 & 3 & 2 & 2 & 1 & 2 & 2 & 1 & 2 & 3 & 1 \\
2 & 1 & 1 & 2 & 2 & 1 & 3 & 1 & 1 & 1 & 3 & 1 \\
3 & 2 & 2 & 2 & 3 & 2 & 4 & 3 & 3 & 2 & 4 & 2 \\
3 & 2 & 2 & 3 & 4 & 2 & 3 & 2 & 3 & 2 & 4 & 3 \\
\end{bmatrix} \qquad (4\text{-}4)$$

2）确定评价灰类

根据确立的评价指标的评分标准，本书设立 4 个评价灰类，灰类序号为 e，用 e_1、e_2、e_3、e_4 来表示，分别代表"优""良""中""差"四个不同等级。灰数与相应白化权系数的关系如图 4-7 所示。

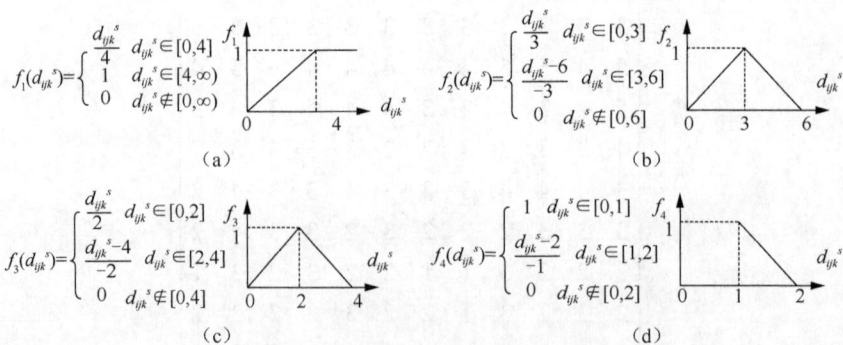

$$f_1(d_{ijk}^s)=\begin{cases} \dfrac{d_{ijk}^s}{4} & d_{ijk}^s\in[0,4] \\ 1 & d_{ijk}^s\in[4,\infty) \\ 0 & d_{ijk}^s\notin[0,\infty) \end{cases}$$

(a)

$$f_2(d_{ijk}^s)=\begin{cases} \dfrac{d_{ijk}^s}{3} & d_{ijk}^s\in[0,3] \\ \dfrac{d_{ijk}^s-6}{-3} & d_{ijk}^s\in[3,6] \\ 0 & d_{ijk}^s\notin[0,6] \end{cases}$$

(b)

$$f_3(d_{ijk}^s)=\begin{cases} \dfrac{d_{ijk}^s}{2} & d_{ijk}^s\in[0,2] \\ \dfrac{d_{ijk}^s-4}{-2} & d_{ijk}^s\in[2,4] \\ 0 & d_{ijk}^s\notin[0,4] \end{cases}$$

(c)

$$f_4(d_{ijk}^s)=\begin{cases} 1 & d_{ijk}^s\in[0,1] \\ \dfrac{d_{ijk}^s-2}{-1} & d_{ijk}^s\in[1,2] \\ 0 & d_{ijk}^s\notin[0,2] \end{cases}$$

(d)

图 4-7　灰数与白化权系数的关系

3）构建灰色评价权矩阵

$e=1$

$$x_{111}=\sum_{k=1}^{12}f_1(d_{11k})$$
$$=f_1(3)+f_1(3)+f_1(3)+f_1(3)+f_1(3)+f_1(3)+f_1(3)+f_1(3)+f_1(3)+f_1(3)+f_1(3)+f_1(3)$$
$$=9$$

$$x_{112}=\sum_{k=1}^{12}f_2(d_{11k})$$
$$=f_2(3)+f_2(3)+f_2(3)+f_2(3)+f_2(3)+f_2(3)+f_2(3)+f_2(3)+f_2(3)+f_2(3)+f_2(3)+f_2(3)$$
$$=12$$

$$x_{113}=\sum_{k=1}^{12}f_3(d_{11k})$$
$$=f_3(3)+f_3(3)+f_3(3)+f_3(3)+f_3(3)+f_3(3)+f_3(3)+f_3(3)+f_3(3)+f_3(3)+f_3(3)+f_3(3)$$
$$=6$$

$$x_{114}=\sum_{k=1}^{12}f_4(d_{11k})$$
$$=f_4(3)+f_4(3)+f_4(3)+f_4(3)+f_4(3)+f_4(3)+f_4(3)+f_4(3)+f_4(3)+f_4(3)+f_4(3)+f_4(3)$$
$$=0$$

$$x_{11}=\sum_{e=1}^{4}x_{11e}=27$$

$$r_{111}=\frac{x_{111}}{x_{11}}=0.333,\ r_{112}=0.445, r_{113}=0.222, r_{114}=0$$

灰色评价权向量　$r_{11}=(r_{111},r_{112},r_{113},r_{114})=(0.333,0.445,0.222,0)$

采用同样方式可求得 $r_{12}\sim r_{16}$、$r_{21}\sim r_{24}$、$r_{31}\sim r_{34}$、$r_{41}\sim r_{44}$、$r_{51}\sim r_{58}$，由此可以得到如下灰色评价权矩阵：

$$R_1 = \begin{bmatrix} 0.333 & 0.445 & 0.222 & 0 \\ 0.643 & 0.357 & 0 & 0 \\ 0.476 & 0.413 & 0.111 & 0 \\ 0.342 & 0.404 & 0.254 & 0 \\ 0.411 & 0.421 & 0.168 & 0 \\ 0.28 & 0.4 & 0.32 & 0 \end{bmatrix}; \quad R_2 = \begin{bmatrix} 0.231 & 0.308 & 0.346 & 0.115 \\ 0.257 & 0.343 & 0.362 & 0.038 \\ 0.216 & 0.314 & 0.352 & 0.118 \\ 0.388 & 0.408 & 0.204 & 0 \end{bmatrix};$$

$$R_3 = \begin{bmatrix} 0.382 & 0.364 & 0.254 & 0 \\ 0.333 & 0.364 & 0.263 & 0.04 \\ 0.257 & 0.343 & 0.324 & 0.076 \\ 0.368 & 0.379 & 0.211 & 0.042 \end{bmatrix}; \quad R_4 = \begin{bmatrix} 0.342 & 0.376 & 0.242 & 0.04 \\ 0.29 & 0.361 & 0.31 & 0.039 \\ 0.213 & 0.284 & 0.31 & 0.193 \\ 0.167 & 0.223 & 0.295 & 0.315 \\ 0.273 & 0.337 & 0.312 & 0.078 \\ 0.248 & 0.331 & 0.306 & 0.115 \end{bmatrix};$$

$$R_5 = \begin{bmatrix} 0.325 & 0.38 & 0.295 & 0 \\ 0.24 & 0.319 & 0.326 & 0.115 \\ 0.274 & 0.366 & 0.322 & 0.038 \\ 0.213 & 0.284 & 0.348 & 0.155 \\ 0.255 & 0.314 & 0.314 & 0.117 \\ 0.186 & 0.247 & 0.293 & 0.274 \\ 0.316 & 0.368 & 0.316 & 0 \\ 0.325 & 0.38 & 0.295 & 0 \end{bmatrix}。$$

4）计算综合评价值

根据 4.3.4 小节通过层次分析法求得的大遗址区文化资源价值评价各级评价指标的权重，根据对应目标层的权重通过比值法确定对应上一层的权重，由此得到评价权向量，具体如下：综合评价层 $V_i(i=1,2,3,4,5)$ 的权重向量：

$A = (a_1, a_2, a_3, a_4, a_5) = (0.4123, 0.0814, 0.0713, 0.2206, 0.2144)$

因子评价层 $V_{ij}(j=1,2,3)$ 的权重向量用 A_1，A_2，A_3，A_4，A_5 表示：

$A_1 = (a_{11}, a_{12}, a_{13}, a_{14}, a_{15}, a_{16}) = (0.1545, 0.2801, 0.0561, 0.0812, 0.3211, 0.107)$；

$A_2 = (a_{21}, a_{22}, a_{23}, a_{24}) = (0.1229, 0.0405, 0.2973, 0.5393)$；

$A_3 = (a_{31}, a_{32}, a_{33}, a_{34}) = (0.3184, 0.3184, 0.1052, 0.258)$；

$A_4 = (a_{41}, a_{42}, a_{43}, a_{44}, a_{45}, a_{46}) = (0.3359, 0.112, 0.1006, 0.1487, 0.2271, 0.0757)$；

$A_5 = (a_{51}, a_{52}, a_{53}, a_{54}, a_{55}, a_{56}, a_{57}, a_{58})$

$= (0.4198, 0.1399, 0.1343, 0.1343, 0.0215, 0.0434, 0.0177, 0.0891)$。

根据以上权重向量，对准则层指标 R_1，R_1，R_1，R_1，R_1，R_1 进行综合评价，计算评价结果 B。

其中，　$B_1 = A_1 \times R_1 = (0.4480, 0.4027, 0.1493, 0)$；

　　　　　$B_2 = A_2 \times R_2 = (0.3123, 0.3651, 0.2719, 0.0508)$；

　　　　　$B_3 = A_3 \times R_3 = (0.3496, 0.3657, 0.2531, 0.0316)$；

　　　　　$B_4 = A_4 \times R_4 = (0.2744, 0.3301, 0.2851, 0.1105)$；

　　　　　$B_5 = A_5 \times R_5 = (0.2835, 0.3493, 0.3108, 0.0564)$。

综合评价层：

$$A \times B = (0.4123, 0.0814, 0.0713, 0.2206, 0.2144) \begin{bmatrix} 0.4480 & 0.4027 & 0.1493 & 0 \\ 0.3123 & 0.3651 & 0.2719 & 0.0508 \\ 0.3496 & 0.3657 & 0.2531 & 0.0316 \\ 0.2744 & 0.3301 & 0.2851 & 0.1105 \\ 0.2835 & 0.3493 & 0.3108 & 0.0564 \end{bmatrix}$$

$$= (0.3564, 0.3695, 0.2313, 0.0429)$$

综合评价值 $W = V \times C = (0.3564, 0.3695, 0.2313, 0.0429) \times (4, 3, 2, 1)^{\mathrm{T}} = 3.0396$，
接近"良好"等级。

5）综合评价结果分析

针对汉长安城遗址区文化资源价值模糊、信息不完备等难题，研究综合运用层次-灰色评价法，在专家赋值的基础上，对汉长安城遗址区文化资源的价值进行综合性判断。研究通过计算得出具体的综合评价分值为 3.0396，接近"良好"等级，为客观了解汉长安城遗址区文化资源的综合价值提供了依据，也为后续制订相关策略，挖掘、提升汉长安城遗址区文化资源的价值奠定了基础。

2. 汉长安城遗址区文化资源经济价值的评估

考虑到在当前社会背景下，进行汉长安城遗址区文化资源的保护和利用越来越受到周边经济发展环境的影响，与其他价值类型相比，经济价值在汉长安城遗址区文化资源价值体系中的地位日益提升，甚至成为影响文化资源传承与保护的显著因素。同样，在实践层面，如果忽视了影响巨大、功能强劲的经济价值，也会直接影响到对于汉长安城遗址区文化资源的可持续保护。因此，本小节结合文化遗产经济学、环境经济学等相关理论，选取适当方法展开对汉长安城遗址区文化资源经济价值的评估。

1）文化遗产资源的经济价值构成及评估方法

文化遗产资源在价值构成方面具有特殊性，其价值可分为使用价值和非使用价值两部分（Marta de la Torre，2002），而非使用价值尽管具有内隐性的特征，却是总价值的重要组成部分（张茵等，2005）。其中使用价值（use value）反映文化遗产资源能够满足人们某种需要的属性，如可供人们进行游览、教育、科学研究、改善人文环境等方面的活动。非使用价值（non-use value）主要是指是文化遗产资

源的内隐价值，不管人们是否使用，它都存在于文化遗产资源内部。非使用价值一般被认为分为三个部分：①存在价值（existence value），体现人们为了确保某一文化遗产资源继续存在而自愿支付的费用，②遗赠价值（bequest value），体现人们为了将某一文化遗产保存下来以遗赠给子孙后代使用，使后代能够获取一定利益而现在愿意支付的一定数量的费用；③选择价值（option value），是指从目前来看文化遗产资源缺乏进行直接或间接利用的可能，但是人们为保证文化遗产资源在将来某个时期能够继续存在而愿意支付的费用。

根据分析，可用图 4-8 来表示文化遗产资源的总经济价值构成。

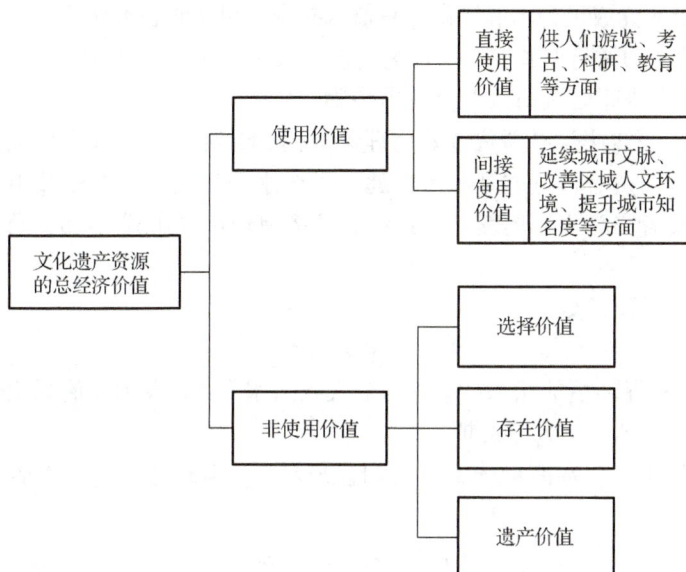

图 4-8　文化遗产资源的总经济价值构成图

梳理有关文化遗产资源经济价值评估的理论文献可以发现，目前文化遗产资源经济价值评估方法主要涉及三类，对市场信息的依赖程度各有不同。

第一类是直接市场评估法，主要依据价格等公开市场信息来反映文化资源所包含的价值量高低，如文化遗产景区的门票价格高低可以来反映遗产本身价值量的大小；第二类是间接市场评估法，在市场信息不完备的情况下，通过搜寻与文化遗产资源相关的其他商品的市场信息，间接对文化遗产资源的价值进行衡量；第三类是虚拟市场评估法，基于效用最大化原理模拟市场，借助于问卷调查来获得人们对于某种文化遗产的经济价值的意见，并进行统计分析来获得文化遗产资源的总经济价值，包括使用价值和非使用价值在内。

通过对比三类评估方法可知，直接市场评估法需要直接的市场信息为基础，主要适用于对文化遗产直接使用价值的评估；间接市场评估法需以与文化遗产资源相关的其他商品的市场信息为基础来进行间接反映，因此在缺乏类似市场信息的情境中，这两种评估方法的应用范围大大受限。而意愿价值评估法比较直观快速，可与市场价格直接挂钩，并能对文化遗产总经济价值（包括非使用价值部分）进行全面估算。对文化遗产价值构成的分析可知，文化遗产资源的非使用价值评估不可忽略，因此针对本书要全面了解汉长安城遗址区文化资源的总经济价值，意愿价值评估法相较于前两类评估方法更为适合。国外的应用起步较早，研究对象也较为广泛，涉及考古遗址、古代建筑、古代聚落等多种类型。我国近年来也逐渐起步，陆续出现了将意愿价值评估法应用于古代建筑、历史街区等案例的典型研究。以上研究成果为本书提供了有益的指导，以下将在介绍意愿价值评估法应用原理的基础上，进行汉长安城遗址区文化资源总经济价值的评估。

2）意愿价值评估法的原理及应用步骤

意愿价值评估法是以消费者效用理论与福利经济学作为理论基础的，其基本原理是在了解消费者偏好的基础上，通过支出水平的变动引发的效用变动，来相应地抵消消费者福利水平的变动。具体的经济原理可以用式（4-5）函数形式进行表示。

消费者的效用函数：

$$U = f(e, y, o) + \varepsilon \tag{4-5}$$

式中，e 表示外界环境的状态；y 表示个人收入水平；o 表示其他影响个人效用水平的社会经济因素；ε 为随机项。

假设环境因素存在两种状态：e_0 和 e_1，对应两种环境状态消费者的效用水平分别为

$$\begin{aligned} U_0 &= f(e_0, y, o) + \varepsilon_0 \\ U_1 &= f(e_1, y, o) + \varepsilon_1 \end{aligned} \tag{4-6}$$

依据 Hicks 补偿需求理论，设若由于环境状态的改变由 $e_0 \to e_1$，将提升受访者的效用水平由 $U_0 \to U_1$，且 $U_1 > U_0$。为了维持效用水平不变，受访者需要根据自己的意愿支付一定的数额 a，因此可以通过直接询问的方式，了解受访者意愿接受的程度。如果受访者接受 a，则意味着

$$U_1(e_1, y - a, o) + \varepsilon_1 \geqslant U_0(e_0, y, o) + \varepsilon_0 \tag{4-7}$$

对应的 a 为等值变量，也称为支付意愿（willingness to pay，WTP）。进一步，如果受访者接受 a，则效用差 $\Delta U \geqslant 0$，那么受访者意愿接受数额 a 的概率可以表示为

$$p(接受) = p\{U_1(e_1, y - a, o) + \varepsilon_1 \geqslant U_0(e_0, y, o) + \varepsilon_0\} \tag{4-8}$$

利用 Hicks 等价剩余 $E = E(e_1, e_0, y, \varepsilon)$，则

$$p(接受) = p\{E(e_1, e_0, y, \varepsilon) = WTP \geqslant a\} \tag{4-9}$$

$$p(拒绝) = 1 - p\{E(e_1, e_0, y, \varepsilon) = WTP \geqslant a\} \tag{4-10}$$

在随机项 ε 服从韦伯分布和随机变量的差服从 Logistic 分布的情况下,可以利用线性函数形式来表示受访者接受等值变量 a 的概率,即

$$p(接受)=\left[1+\exp(-\beta_0+\beta_1 u)\right]^{-1} \tag{4-11}$$

也可用 Logit 函数形式来表示:

$$\ln\left[\frac{p(接受)}{1-p(拒绝)}\right]=\beta_0-\beta_1 a \tag{4-12}$$

其中, β_0 表示常数项; β_1 表示待定系数项。

反之,设若由于环境因素的改变而致使消费者效用水平下降,则为了维持效用水平的恒定,需要补偿一定的货币量 a ,此时 a 为补偿变量,也称为 WTA。对应的变动情况可以用图 4-9 表示。

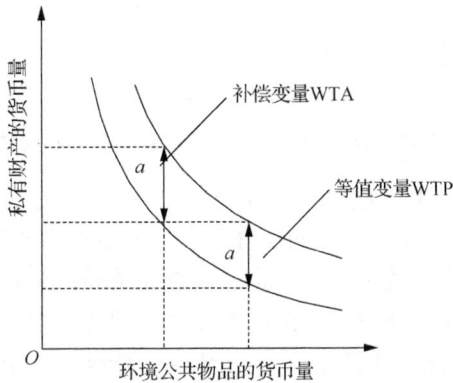

图 4-9 　消费者的补偿需求变动情况

3)实证研究:汉长安城遗址区文化资源的总经济价值评估——基于意愿价值评估法

(1)问卷设计:问卷设计基于美国国家海洋与大气管理局(National Oceanic and Atmospheric Administration,NOAA)于 1993 年提出了 CVM 问卷设计与研究的 15 条相关原则,包括设计时采用面访而非邮寄或电话调查、采用 WTP 而非 WTA、应向受访者提供详细信息、应询问受访者的社会经济信息变量等。在综合考虑汉长安城遗址区社会经济特征的基础上,进行了具体的问卷设计。在分析比较现有诱导技术的前提下,发现受访者对于支付卡式更容易理解,且操作简便易行,因此采取支付卡式进行问卷核心问题的设计,有关受访者意愿价值调查的部分题项主要涉及图 4-10 中的部分。

您如何看待汉长安城遗址所具有的文化、教育、科学、经济、社会等方面的价值?

a. 价值非常重要

b. 有一定价值,但远低于长城、兵马俑等保存相对完整的遗址

c. 不觉得有什么价值，里面好多村子和小企业

d. 不了解，说不清

汉长安城遗址公园的建设需要数百亿元。假设要筹集遗址保护建设费，您愿意缴纳吗？

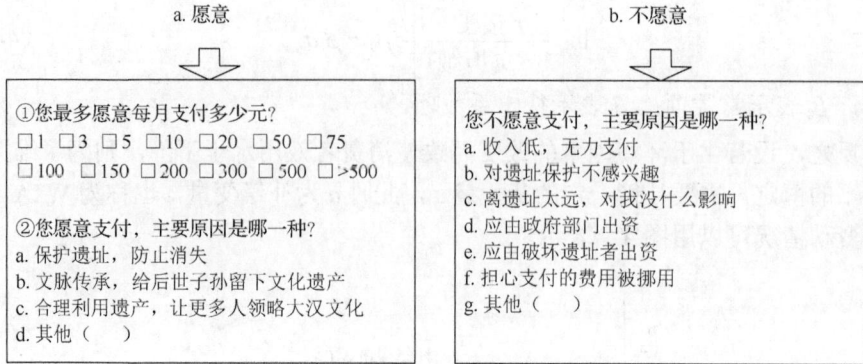

图 4-10　调查问卷中涉及支付意愿的核心问题

（2）调查实施：实证研究集中在 2015 年 10~11 月进行，主要由受过培训的文化产业管理、公共事业管理专业的研究生及部分本科生共计 28 人参加了调研过程。调查主要采取发放纸质问卷的方式，调查人员同时持有部分汉长安城遗址区相关图文资料，以方便向受访者介绍调查背景及调查目的。同时为了提升问卷回应率，调查还采取了附赠小额生活用品（牙膏、牙刷、纸巾、中性笔）等方式。调查共计发放问卷 1000 份，回收有效问卷 849 份，有效回收率为 84.9%。受访者的人口统计特征如表 4-30 所示。

表 4-30　问卷调查受访者人口统计特征

变量	变量设置	数量/份	比例/%
性别	男	448	52.8
	女	401	47.2
年龄	18~28 岁	262	30.9
	29~40 岁	322	37.9
	41~59 岁	186	21.9
	60 岁及以上	79	9.3
受教育程度	初中及以下	237	27.9
	高中	235	27.7
	大专及以上	377	44.4
月平均收入水平	1200 元以下	207	24.4
	1200~3000 元	268	31.6
	3000~5000 元	281	33.1
	5000 元以上	93	10.9

（3）实证分析：虚拟市场法的诱导技术采用支付卡式，在参考国内外相关研究工作的基础上，将投标值设置为 0、1、3、5、10、20、50、75、100、150、200、300、500、大于 500（单位：元/（人·月））14 档，支付意愿的统计分布情况如表 4-31 所示。

表 4-31　支付意愿统计分布情况

序号	支付意愿/[元/（人·月）]	数量	正支付意愿频率/%	正支付意愿累积频率/%	支付意愿总频率/%	累积频率/%
1	0	273	—	—	32.16	32.16
2	1	21	3.65	3.65	2.47	34.63
3	3	28	4.86	8.51	3.30	37.93
4	5	83	14.41	22.92	9.78	47.71
5	10	170	29.514	52.434	20.02	67.73
6	20	87	15.104	67.538	10.25	77.98
7	50	89	15.45	82.988	10.48	88.46
8	75	8	1.39	84.378	0.94	89.40
9	100	64	11.11	95.488	7.54	96.94
10	150	6	1.04	96.528	0.70	97.64
11	200	15	2.604	99.132	1.77	99.41
12	300	4	0.694	99.826	0.47	99.88
13	500	1	0.174	100.00	0.12	100.00
14	>500	0	0.00	100.00	0.00	100.00
合计	—	849	576			

经统计，在受访者中零支付意愿占总体的比例为 32.16%。根据问卷题项中所设置的对于非意愿支付原因的分析可以了解到，有 45.79% 的非意愿支付者认为遗址保护应该由政府部门出资，而非公众担负，这一数值反映出在传统的文物保护体制下，普通公众被排斥在保护体制之外，公众的文物保护意识普遍较为淡薄；有 17.95% 的非意愿支付者认为自己收入低，无力支付额外的遗址保护费用；有 13.55% 的非意愿支付者认为自己离遗址太远，难以从保护遗址中获益；还有小部分非意愿支付者的原因存在于对遗址保护不感兴趣、担心支付费用被挪用等方面。经统计，受访者中正支付意愿占总体的比例为 67.84%，具体的支付数额及在不同支付数额上的支付频率分布图如图 4-11 所示。

根据正支付意愿的频率分布，通过 $E(\mathrm{WTP}) = \sum_{i=1}^{n} A_i P_i$ 公式可以计算出正支付意愿的平均值。其中，A_i 为投标值；P_i 为选择这一投标值的概率；n 为投标数。经计算，$E(\mathrm{WTP})_{正} = 36.47$[元/（人·月）]，即人均每月的 WTP 值为 36.47 元，合计 437.64 元/（人·年）。

进一步利用公式 $E = E(\mathrm{WTP}) \times N \times p$ 进行汉长安城遗址区文化资源总经济价值的估算。其中 N 取 2015 年度全国城镇人口数（77116 万人），p 为意愿支付占总体的比率，为 67.84%，由此计算得出汉长安城遗址区文化资源的总经济价值为 2289.54 亿元/年。

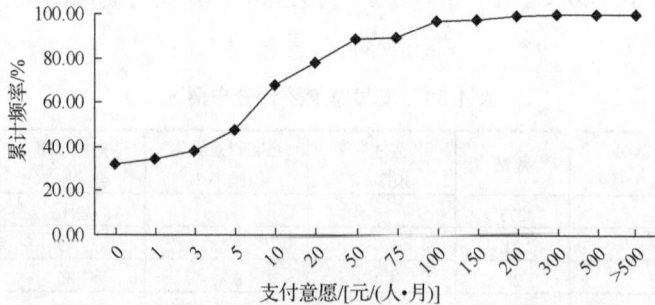

图 4-11　支付意愿累计频率分布曲线

4）汉长安城遗址区直接使用价值的评价

汉长安城遗址区由于价值突出，意义重大，早在 2012 年 8 月，西安市委、市政府通过了《西安汉长安城国家大遗址保护特区实施方案》的文件，决定设立汉长安城国家大遗址保护特区。根据规划，将分三个阶段推进对汉长安城遗址区的整体保护，推进遗址保护、拆迁安置、环境绿化等工作的协调有序进行。依据汉长安城国家大遗址保护特区的建设目标，特区的建设立足于公益性的目标，以大遗址保护为前提，促进汉长安城遗址保护与环境改善、区域社会发展相协调，将汉长安城国家大遗址保护特区转变成为传承历史文化、改善区域环境、促进区域发展、延续城市文脉的重要基地。

汉长安城遗址区文化资源的直接使用价值首先体现在可供人们参观游览这一方面。2014 年，汉长安城国家遗址公园被列入陕西省 30 个重大文化项目，于 2014 年年底开工建设。汉长安城遗址区占地面积广阔，建设投资巨大，仅先期投资就高达 75 亿元（余明，2012）。而建设之后出于公益性的目标，直接经济效益却非常有限。以未央宫考古遗址公园为例，未央宫考古遗址公园作为丝绸之路的起点，于 2013 年 10 月初步建成之后即正式对外开放，不收取任何门票费用，游客可以自由参观游览，因此直接门票收益为零。而为了维持遗址区历史环境的真实性，未央宫遗址公园内并未设置任何营利性的项目，仅是作为人们体验、考古、科研、教育等方面的目的。

毗邻汉长安城遗址区的原团结水库一带，近年来随着西安市市政建设的加快，进行了大面积的保护性开发，形成了以汉文化和水文化为主题的 AAAA 级景区，并于 2011 年开始对外开放。从经济收益角度来看，汉城湖景区实行免门票制度，景区内部分景点及项目实行收费，具体如表 4-32 所示。

表 4-32　汉城湖景区内部分收费项目一览表

收费项目名称	收费标准	提供服务形式
景区门票	0	免费开放
大风阁	50 元/人次	参观经牛文化陶瓷博物馆、3D 电影、丝绸之路博物馆、汉文化艺术馆、木做世界遗产展示馆、汉文化服饰展览馆、汉代军事战役展馆、观景台
电瓶车	单程 20 元/人 往返 40 元/人	从封禅天下广场出发，至安门广场，单程 30 分钟左右 从封禅天下广场出发，至安门广场，原路返回，往返路程约 50 分钟
游船	半程 30 元/人 半程 30 元/人 单程 60 元/人	从水车广场乘船，至扬帆广场，半程 30 分钟 从扬帆广场至安门广场，半程 30 分钟 从和平桥水车广场处乘船，至安门广场返回，单程 1 小时左右
扬帆广场游乐园	20 元/人	不限时
旅游纪念品销售	单件单价	手工艺品、小雕塑等

　　从表 4-32 可以看出，汉城湖景区内收费项目很少，且缺乏特色。从景区游客接待量来看，汉城湖景区地处西安市西北郊，距离西安市主城区较远，且汉城湖景区内项目的可观赏性、可游览性程度不高，因此景区内客流量并不突出。图 4-12 是 2017 年国庆中秋假日期间西安市公园（景区）旅游接待人数统计，可以看出，汉城湖景区接待量处于中等偏低的水平，远远低于北院门风景街、茯茶小镇、大唐西市等景区，这也限制了汉城湖景区的盈利空间。

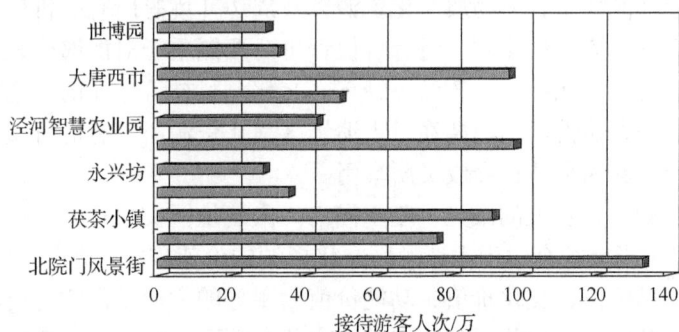

图 4-12　2017 年国庆中秋假日期间西安市公园（景区）游客接待量

3. 汉长安城遗址区文化资源价值评估小结

　　通过对汉长安城遗址区文化资源价值评估可以得到如下结论。

　　首先，汉长安城遗址区文化资源意义重大，价值突出。针对汉长安城遗址区文化资源价值模糊、信息不完备等难题，研究综合运用层次-灰色评价法，在专家赋值的基础上，对于汉长安城遗址区文化资源的价值进行综合性判断。研究通过计算得出具体的综合评价分值为 3.0396，接近 "良好" 等级。

其次，利用意愿价值评估法进行汉长安城遗址区文化资源总经济价值的定量评估，发现汉长安城遗址区拥有巨大的经济价值和经济潜力，通过意愿价值评估法所确定的经济价值数额高达 2289.54 亿元/年。

再次，汉长安城遗址区文化资源的总经济价值由使用价值和非使用价值构成，由于汉长安城遗址以及毗邻的汉城湖景区均出于公益性的目的，免收门票，且资源可观赏性程度低，游客人数偏少，直接使用价值较为有限。

最后，汉长安城遗址区的总体价值突出，经济潜力巨大，但直接经济价值有限，这进一步证明该遗址区文化资源价值具有典型的内隐性特点，尚存在很大的价值提升空间。因此，应改变价值利用方式，促进对汉长城遗址区文化资源的合理利用，促进内隐价值的外显和当代价值的发挥。

4.5　本章小结

本章主要开展大遗址区文化资源的价值构成及价值评估的研究，并将其作为后续制订大遗址区文化资源活化策略研究的基础和依据。

本书结合国际文化遗产保护的原则，确定了大遗址区文化资源价值认定的四项原则：一是真实性原则，指出要在符合真实性的前提下，才能对于大遗址区文化资源所包含的价值做进一步辨识和评估；二是完整性原则，进行价值认定时需要对包括大遗址区物质、非物质文化资源以及周边环境等所有的价值构成要素进行完整评价；三是突出性原则，进行价值评价时要侧重于对能够代表性的反映大遗址及其所处历史年代社会、政治、经济、文化、科技等方面的信息的文化资源进行评价；四是普遍性原则，要注意大遗址区文化资源所具有的价值是否具有普遍意义、是否能够为全体社会成员所享用。

继而本着动态、发展的眼光，基于国内外大遗址区文化资源价值识别历程的研究，结合我国当前社会对于大遗址区文化资源的价值需求，提出了以历史价值、艺术价值、科学价值、文化价值、功能价值为主导的大遗址区文化资源复合型价值构成体系。其中历史价值反映大遗址区文化资源因历经岁月、见证了历史发展所具有的价值；艺术价值反映大遗址区文化资源所凝结的特定历史时期人们的艺术观念、审美情趣以及艺术精神等方面的文化内容；科学价值反映大遗址区文化资源所拥有的作为特定历史时期科学技术发展水平的见证，或者其本身就是某一历史年代的科学技术成果；文化价值反映大遗址区文化资源能够展现出特定历史时期人类的文化、价值观念的交流，能够成为独特的文化传统或者文明的独特见证等而具有的价值；功能价值反映大遗址区文化资源能够为当代人所利用、能够通过发挥一定的功能来满足当代人需要所体现的价值。

本章进而本着系统性、科学性、可操作性、简明性的原则，展开大遗址区文化资源价值评估体系的构建，确立了包括四个层次、28 个评价指标的指标体系，利用层次分析法确立了评价指标的权重，并进行不同指标具体评分标准的划分。

最后以汉长安城遗址区为例，展开价值评估的实证研究。汉长安城遗址历史文化意义深厚，且地处城市近郊，遗址区文化资源具有易损性、价值内隐性等特点，选择此处开展价值评估具有典型性和代表性。研究首先展开汉长安城遗址区文化资源的存量梳理，在此基础上结合不同的资源类型，具体分析阐释了汉长安城遗址区文化资源在历史、艺术、科学、文化、功能五个方面价值的特征，继而展开汉长安城遗址区文化资源价值评估的实证研究。研究发现，①汉长安城遗址区文化资源意义重大，价值突出，运用层次-灰色评价法对于汉长安城遗址区文化资源的价值进行综合性判断，计算得出综合评价分值为 3.0396，接近"良好"等级。②汉长安城遗址区拥有巨大的经济价值和经济潜力，通过意愿价值评估法确定的总经济价值数额高达 2289.54 亿元/年。③汉长安城遗址区文化资源使用价值非常有限，间接经济价值显著。由于汉长安城遗址以及毗邻的汉城湖景区均出于公益性的目的，免收门票，且资源可观赏性程度低，游客人数偏少，因此直接使用价值较为有限。④汉长安城遗址区的总体价值突出，经济潜力巨大，但直接经济价值有限，这进一步证明该遗址区文化资源价值具有典型的内隐性特点，尚存在很大的价值提升空间。因此，应改变价值利用方式，促进对汉长城遗址区文化资源的合理利用，促进内隐价值的外显和当代价值的发挥。

第 5 章　大遗址区文化资源活化的机理与模式研究

开展大遗址区文化资源活化机理与模式的研究,有助于明确大遗址区文化资源"如何进行活化"这一理论问题。大遗址区文化资源的活化,是涉及经济、社会、环境、政策等多个方面的综合性问题。因此,本章视大遗址区文化资源活化是一个复杂的系统问题,并创新性地引入熵理论,在分析熵理论适用性的基础上,开展基于熵理论的大遗址区文化资源活化机理的研究。同时,研究在综合考虑大遗址区文化资源本身的特点及保存状况等方面因素的基础上,提出了六种差异化的活化模式,从而为后续大遗址区文化资源活化策略的制订提供理论指导。

5.1　大遗址区文化资源活化的机理研究

考虑到大遗址区文化资源活化过程是受多种因素共同作用、复杂的动态系统,本节创新性地引入熵理论,在分析熵理论的适用性的基础上,用熵增、熵减、总熵的变化来反映大遗址区文化资源在活化过程中的状态变化,并进一步分析大遗址区文化资源活化的条件、机理、内在规律等深层次理论问题。

5.1.1　熵理论及其在社会经济系统中的应用

"熵"原本是一个物理学上的概念,是用来反映物体状态变化一个物理量,熵理论最初形成时,也只是局限于热力学领域。后来随着理论的发展,熵理论的应用逐渐从自然物理系统拓展至社会经济系统。依照熵理论应用范围的变化,大致可以划分为三个阶段。①封闭系统的熵理论(19 世纪 50 年代~20 世纪 30 年代),1856 年德国物理学家 Clausius 在其著作《热之唯动说》中提出了热力学第二定律,即熵增原理,揭示了在封闭系统内部的熵随着时间的推移会出现不可逆的增加,最终达到熵值最大的无序平衡态。②开放系统的熵理论(20 世纪 30~80 年代),1969 年比利时物理学家 Prigogine 提出耗散结构理论,将封闭系统的热力学第二定律拓展至开放系统中,指出在远离平衡态的开放系统内,系统熵变将分为两部分,一部分为系统内部不可逆的熵增,另一部分为通过于外界进行物质与能量的交换所获得的熵减,两种力量此消彼长,共同决定着系统状态的演化。③社会系统的熵理论(20 世纪 90 年代至今),20 世纪 90 年代,在社会领域出现了管理熵、管理耗散结构理论的提法,标志着熵理论的应用从传统的自然系统逐步拓展到了社会管理系统。在分析社会经济系统与自然系统所具有的内在统一性的前提下,极大拓展了熵理论的应用空间。

在社会经济领域,熵理论近年来得到了日益广泛的应用和发展。任佩瑜(2001)提出"管理熵"的概念,用来反映企业组织管理系统的状态变化;吴岳军(2010)将熵理论应用于德育系统,分析道德生成过程中的熵变及其控制;徐君(2010)提出"转型熵"来分析资源型城市的转型与产业演替机制;Harte(2014)提出"最大信息熵"原理并分析了其具体应用;Rong 等(2014)运用熵理论分析震后救援过程中的关系协调问题;McGlinn 等(2015)运用生态熵来分析宏观生态现象等。可以看出,熵理论近些年已经广泛地被学者们引入到管理、生态、经济、社会等领域,用于分析和解决复杂的社会系统问题。

5.1.2　熵理论对活化机理研究的适用性

本书关注的大遗址区文化资源活化问题,在活化过程中涉及大遗址区文化资源状态的改变,资源从静态、不具活性的状态转变为动态、具有活力的状态,且在状态改变的过程中受到来自外界环境各种因素的影响,因此作为一个复杂、开放的社会经济系统,熵理论在进行大遗址区文化资源活化问题的分析上具有较好的适用性。

进一步分析,大遗址区文化资源活化具备普利高津(Prigogine)耗散结构理论所提出的开放性、远离平衡态、系统内部非线性相互作用等必要条件,因此可以运用熵理论来进行系统分析。

1. 开放性

大遗址区文化资源的活化并非是在封闭的空间内孤立地进行的,而是受到外部自然、社会、经济、技术等各种因素的影响,在活化过程中不断与外部环境之间发生着物质、能量、信息的交换,其本质上属于一个开放的社会经济系统。从系统内部来看,在进行大遗址区文化资源活化时,文化资源的价值被发掘、被提升,资源在更大的范围内寻求有效配置,在开放的环境中重新获得新的生命力,因此大遗址区文化资源活化系统具有典型的开放性特征。

2. 远离平衡态

远离平衡态是指存在非线性作用的、脱离了稳定状态的区域,大遗址区文化资源在活化过程中,就是要脱离原本静态、僵化的现状,激发资源活力,让外界环境因素带来足够的负熵流,从而实现状态的改变,因此具备远离平衡态的条件。

3. 存在非线性相关作用

大遗址区文化资源的活化涉及多个主体、多种要素,各要素之间功能耦合、存在多重反馈作用、循环互动,系统内部存在典型的非线性相关作用。

因此，从系统论的观点来看，大遗址区文化资源的活化，是在一个开放的环境之中，与外界不断进行物质、能量、信息交换的前提下进行的，而各种因素之间存在着复杂的非线性关系，系统始终处于动态过程之中。作为远离平衡态的不稳定系统，熵理论对于大遗址区文化资源活化过程的分析是适用的。

5.1.3 基于熵理论的大遗址区文化资源活化机理

依据耗散结构理论，开放系统的熵变可以分为两部分：一部分来自于系统内部，是系统内部自发产生的熵变；另一部分来自于系统外部，是系统在开放环境通过与外界进行物质、能量等的交换而产生的熵变，可以表示为

$$\frac{\mathrm{d}S}{\mathrm{d}t} = \frac{\mathrm{d}_i S}{\mathrm{d}t} + \frac{\mathrm{d}_e S}{\mathrm{d}t} \tag{5-1}$$

式中，$\frac{\mathrm{d}S}{\mathrm{d}t}$ 表示开放系统的总熵变；$\frac{\mathrm{d}_i S}{\mathrm{d}t}$ 表示系统内部自发产生的熵变；$\frac{\mathrm{d}_e S}{\mathrm{d}t}$ 表示系统受外界影响所产生的熵变。这两种不同的熵变相互影响、相互对立，在大遗址区文化资源的活化过程中同时发挥作用。

1. "限制型"保护时期大遗址区文化资源系统的熵变

在对大遗址区文化资源实行"限制型"保护时，由于这种保护措施力图通过排除外界因素的影响，将大遗址区文化资源维持在一个相对稳定的状态，相当于人为制造了一个封闭的系统，在这种情况下，系统内部自发产生的熵变 $\frac{\mathrm{d}_i S}{\mathrm{d}t}$ 起着决定性的影响作用。

根据热力学第二定律，封闭系统内部的能量只能不可逆地沿着衰减的方向转化，在这个过程中系统内部的熵值随着时间的推移逐步增加，即"熵增原理"。因此，当大遗址区文化资源处于一个相对封闭的系统之中时，由于大遗址区文化资源本身具有不可再生性的特点，且受现实中普遍存在的保存不利、管理机制落后等不良因素的影响，大遗址区文化资源原有的资源优势及文化特色、价值特征将逐渐消失，在封闭的系统内，大遗址区文化资源的衰变将不可逆地呈现出逐渐衰败的态势，直至完全消失。

系统内部熵变的存在对于大遗址区文化资源而言有着不容忽视的消极影响。首先，系统内部熵源于系统内部存在的一种相对稳定的结构，在缺乏外力有效推动的情况下，系统内部各种力量的相互作用，逐渐达到一种结构相对稳定、缓慢衰减的平衡态势，这种平衡结构存在一种维持现有稳定结构的惯性，抑制了进行大遗址区文化资源活化的动力；其次，系统内部熵变的存在削弱了大遗址区文化资源进行状态改变的动力，阻碍了大遗址区文化资源的活化进程；最后，系统内部维持现有稳定状态的惯性，也阻碍了系统与外界之间可能发生物质与能量交换，

在不可逆的熵增的过程中，同时使得大遗址区文化资源失去了活性，失去了应有的发挥价值和功能的机会。

也可以采取数学方法对于这一过程进行分析，首先建立系统内部熵变的数学模型：

$$\frac{\mathrm{d}_i S}{\mathrm{d}t} = \sum_{i=1}^{N} \int c_i \mathrm{d}t = \sum \int (c_1 + c_2 + \cdots + c_i) \mathrm{d}t \qquad (5\text{-}2)$$

其中，c_i 表示系统内部某种在封闭的过程中自发的作用所产生的熵因素，单个熵因素所产生的熵量通过积分的形式获得，加总之后可获得总熵量。根据热力学第二定律，熵变为正值，可以用式（5-3）来表示系统内部的熵变所产生的熵增效应。

$$\frac{\mathrm{d}_i S}{\mathrm{d}t} = \sum_{i=1}^{N} \int c_i \mathrm{d}t \geqslant 0 \qquad (5\text{-}3)$$

伴随着这一熵增过程，大遗址区文化资源的活力逐渐衰减，本书采用指数衰减函数来反映由于不可逆的熵增所引致的活力衰减过程，即

$$V = \mathrm{e}^{-\alpha t} \varepsilon(t), \quad \alpha > 0 \qquad (5\text{-}4)$$

其中，V 表示大遗址区文化资源的活力强弱；t 表示时间。该函数表达式反映出大遗址区文化资源的活力随着时间的推移以指数方式逐渐衰减。

还可以采用图表形式进行直观反映，在系统内部熵变的影响下，大遗址区文化资源系统内部呈熵增的趋势（图 5-1），同时在不可逆的熵增过程中，大遗址区文化资源活力逐渐衰减（图 5-2）。

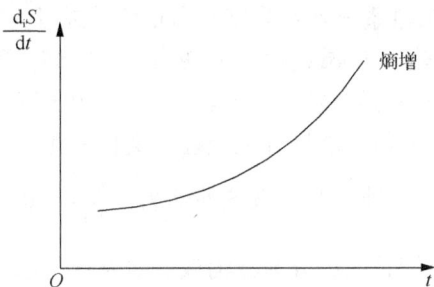

图 5-1 大遗址区文化资源系统内部熵增趋势图

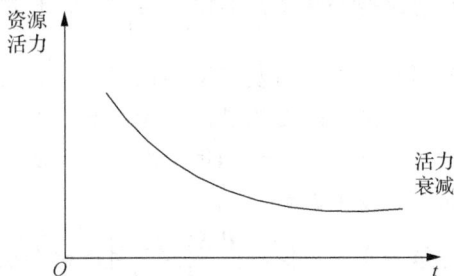

图 5-2 大遗址区文化资源活力衰减示意图

因此，通过分析系统内部的熵变，结合熵增原理，很容易从理论上解释传统的"限制型"保护模式所面临的问题：当通过采取"限制型"保护的措施试图将大遗址区文化资源维持在一个相对稳定的状态，这相当于人为制造了一个封闭的系统，而在这个系统内部，由于熵增原理的存在，大遗址区文化资源将不可避免地朝着衰减的方向演化，直至完全失去活力。

2. 开放环境中大遗址区文化资源系统的熵变

对于开放系统的熵变，需要综合考虑系统内部熵变与外部熵变的综合作用。根据式（5-3），系统内部的熵变 $\dfrac{d_iS}{dt}$ 为非负值，而系统外部的熵变 $\dfrac{d_eS}{dt}$ 既可以是正值，也可以为负值或零值，两部分熵变的作用叠加，所产生的开放系统的总熵变 $\dfrac{dS}{dt}$ 可以分为以下三种情况。

（1）$\dfrac{dS}{dt}>0$，此时总熵变为正值，又可分为两种情况：

$$\frac{d_eS}{dt}\geqslant 0 \tag{5-5}$$

$$\frac{d_eS}{dt}<0，但\left|\frac{d_eS}{dt}\right|<\frac{d_iS}{dt} \tag{5-6}$$

其中，式（5-5）反映来自系统外部的熵变为正值，或者为零值，在这种情况下，来自系统外部的熵变非但不能减缓由于系统内部自发熵变所引起的文化资源活力衰减，甚至还有可能加剧这种衰减的趋势。例如，由于存在活化观念的错误或者活化方式选择的不当，非但不能提升大遗址区文化资源的价值，反而会破坏资源的真实性。式（5-6）的一种情况为系统外部熵变 $\dfrac{d_eS}{dt}<0$，但 $\left|\dfrac{d_eS}{dt}\right|<\left|\dfrac{d_iS}{dt}\right|$，也就是说，从外部输入的负熵只能部分地抵消或减缓系统内部自发产生的正熵，系统总体上仍然沿着逐渐衰减的趋势演化。

（2）$\dfrac{dS}{dt}=0$，此时总熵变为零值，即 $\left|\dfrac{d_eS}{dt}\right|=\left|\dfrac{d_iS}{dt}\right|$，且符号相反，意为从系统外部输入的负熵恰巧抵消系统内部自发产生的正熵，此时大遗址区文化资源活化系统处于相对均衡的状态。需要注意的是，均衡并非常态，而是在某些特定时点上所偶然出现的一种状态，并不具有长期稳定性，一旦情况发生变化，系统则会朝着总熵为正或为负的方向发生偏离。

（3）$\dfrac{dS}{dt}<0$，此时总熵变为负值，$\left|\dfrac{d_eS}{dt}\right|>\left|\dfrac{d_iS}{dt}\right|$，意为从系统外部输入的负熵的绝对值大于系统内部自发产生的正熵的绝对值，因此相互抵消之后的总熵值为

负值，大遗址区文化资源系统作为一个耗散结构，突破传统的系统内部约束，在外部有利因素的影响下，朝着新的稳定有序结构演化。在这一过程中，大遗址区文化资源的状态从相对静止、凝固的状态转变为富有活力、不断运动的状态，资源活力增强，价值及功能得以有效发挥，大遗址区文化资源的活化得以实现。

5.2   大遗址区文化资源活化的模式研究

活化在其目的上有相通之处，均是要促进大遗址区文化资源价值和功能的充分发挥，但在具体实践中，活化模式会有所差异，模式的选择应考虑大遗址区文化资源本身的特点及保存状况等方面的情况进行选取。研究在分析总结国际学术界现有关于文化遗址活化模式的基础上，按照大遗址区文化资源的保存状况和价值状况两个维度的差异，提出六类差异化的大遗址区文化资源活化模式（图 5-3）。

图 5-3   大遗址区文化资源的活化模式

5.2.1   承袭式活化

承袭式活化强调从大遗址区文化资源本身的状况出发，将大遗址区文化资源所承载的历史文化信息真实地表达与传承下来。承袭式活化对于一些具有重要纪念性价值或意义的历史遗存尤为适用。早期的文化遗产保护理论家们已经开始注意到要保持历史古迹所携带信息的真实性。例如，英国文化遗产保护理论家 John Ruskin 在其著作 *Seven Lamps* 中强调，必须绝对保持历史古迹的真实性，只有真正的古迹才能被作为历史性纪念物来加以尊重，才能被视为国家的象征。而通过任何后期的修复、现代形式的添加，均会有损历史古迹的真实性。John Ruskin 同时指出，历史古迹随着时光的流逝而拥有特殊的纪念价值，经过岁月的洗礼所遗留的种种历史痕迹，反而更能凸显其价值。Scott（1850）也强调，对于一些作为古代文明见证的历史遗存，不管其被损害的程度如何，均应采取原状保存的方式加以对待，将其历史信息真实、完整的承袭下来，而不应用现代化的方式进行修缮或补充，因为"一个平凡的事实，要远胜于一处装饰性的推测"。奥地利文化遗产保护理论家 Alois Riegl 进一步发展了承袭式活化的思想，在其著作《古迹的现代崇拜：其特征与起源》（*Der Moderne Denkmaklultus: Sein Wesen, Seine Entstehung*）（1903）中，主张要尊重历史性纪念物的岁月价值、历史价值和有意义的纪念价值（gewollter erinnerungswerte），采取"最小干预"的原则来对其加以保护。承袭式活化在实践中也有着广泛的应用，尤其是对于一些具有特殊纪念价值的文化遗产，其具体的方式包括保护遗址相关的所有历史层面信息，对不同历史阶段所遗留的信息进行研究、阐释；对物质遗存采取最小干预的方式进行保护、加固，隐藏现代技术手段修复的痕迹，不改变遗址区原有的历史风貌等。以土耳其以弗所古城的活化为例，该古城是基督教早期的重要城市，后在公元 6 世纪左右被泥沙掩埋于地下。近代的考古发掘让以弗所古城重建天日，在对以弗所古城的保护与展示过程中，侧重于如何将遗址所包含的真实的历史信息表达、传递出来，营造独特的历史风貌，典型做法包括：①对于塞尔苏斯图书馆正立面，基于考古研究成果，将坍塌的建筑构建进行重新拼接，营造出具有历史真实感的废墟景象；②对于部分残缺的雕像进行修复，修复过程中尽量模仿原始材料，隐藏修复痕迹；③未进行重建，依托各种残缺的建筑构建等物质依存营造出沧桑的历史风貌。图 5-4 为以弗所古城承袭式活化的方式（薄海昆，2011）。

图 5-4　以弗所古城的承袭式活化

5.2.2　修复式活化

　　修复作为一种恢复建筑类遗产的历史性原状、让历史建筑遗产得以活下去的重要方式，在世界文化遗产保护领域有着悠久的历史，尤其对于欧洲地区以石质材料为主、保存相对完好的文化遗产而言，修复是一种重要的遗产活化方式。早在古罗马时期，已经存在对于破损的历史建筑遗产进行重建，或者通过改造来延长历史建筑遗产使用年限的活动，在《科鲁斯卡学院词典》（1612）以及《托斯卡纳的绘画艺术词典》（1681）中，对于修复的界定均是对于遭受破坏的历史古迹进行重建。进入 19 世纪，修复理论迎来了新的发展。Viollet-le-Duc（1866）对于修复理论进行了一定的发展，指出修复并非仅是简单的加固、修补、重建，而是要恢复历史建筑遗产完整、良好的状态，以便让其能够继续"活下去"。Viollet-le-Duc（1866）认为，修复这一术语和这一事物本身都是现代的，修复工程师要在正确判断历史建筑遗产的价值的基础上，采取最适宜的风格对其进行修复，并将之作为体现国家文化特色的重要方式。但在具体的修复实践中，Viollet-le-Duc（1866）在追求完整良好的状态过程中过多地加入了修复工程师本人的主观意图，也招致了诸多批评，英国遗产保护理论家 Ruskin 坚决反对一味追求形态完整的修复，认为这种修复实质上是对历史古迹真实性的破坏，而修复本身就是"彻头彻尾的作伪"，因此坚决地站在了风格式修复的对立面，认为修复是对历史建筑遗产原貌的破坏。意大利对于修复理论又做了进一步的发展，提出了"语言文献式"修复、历史性修复等方式。Boito（1883）提出了语言文献式修复的标准，认为历史古迹本身所包含的历史信息应被视为文献来加以尊重，若修复造成了对于历史古迹原状的破坏，应进行区别和标注。Boito（1883）同时指出，文化遗产可以分为不同的类型，因此应采取不同的修复方式：对于古物级的文化遗产，应重点保护其考古学价值，进行考古学式的修复（Restauro archeologico）；对于中世纪的建筑文化遗产，应通过修复来恢复其特有风格，进行画意风格式修复（Restauro pittorico）；对于现代建筑，则可以采取建筑学式的修复（Restauro architettonico）以恢复其建筑学上的美感。第二次世界大战后，修复理论得到了进一步发展，以布兰迪为代表的现代修复理论家对于历史性建筑、历史纪念物等如何通过艺术、美学、历史特征层面上进行修复进行了深入的理论探讨，强调修复必须服从于历史和艺术的真实性，其思想在《威尼斯宪章》（1964）、《修复宪章》（Carta del Restauro）的制定过程中成为重要的参考依据。

第二次世界大战之后，修复的外延得到了进一步的拓展，从关注单个历史性建筑物的修复过渡到关注整个历史性区域、整个城市。《内罗毕建议》（1976）中强调，对于历史或传统地区，要综合运用修复、修缮、维修、保护等活动，来延续历史地区的文化多样性，确保历史地区与当代生活和谐一致，让历史地区能够延续其生命力。第二次世界大战后华沙古城的重建，即是修复式活化理论的一个典型案例。华沙古城是拥有八百年历史的文明中心，但在纳粹德国发动的侵略战争中，华沙古城超过 85%以上区域沦为废墟。为保护华沙地区历史文化底蕴，恢复华沙历史风格，波兰政府决定依照过去通过测绘所保存的建筑资料，重建华沙。在重建过程中，一方面对于华沙古城内具有历史性纪念意义的建筑物进行修复和重建，另一方面注重恢复城市原有的历史性风格。1945～1966 年，在华沙地区进行了史无前例的大规模修复工程，华沙古城重新活了过来。

5.2.3　还原式活化

　　还原式活化适用于大遗址区文化资源本身价值突出，但毁损严重甚至完全消失、仅存历史文献记载的情况。还原的途径目前主要分为：物质形式的还原和数字技术形式的还原。其中，物质形式的还原主要通过重建、复建等方式来恢复物质文化遗产的历史风貌，其中最具代表性的为日本平城京遗址的复建。平城京是日本奈良时代的国家政治中心，其遗址也是日本首个列入世界文化遗产名录的文化遗产项目。在长期的历史动荡中，平城京原有地面建筑大都毁损，仅能凭借考古发掘来确定部分壕沟、宫殿基址等文化遗存。为了再现王都风采，从 20 世纪60 年代开始，日本就开始探索进行平城京内的皇宫——平城宫地面遗迹的展示与复原实践。除常规的保护棚展示、地面标识等方式外，日本还进行了部分大型建筑物的整体复原。以朱雀门为例，朱雀门是平城宫的正门，在对朱雀门遗迹进行考古发掘后，日本学术界结合考古发掘资料及古建资料，进行了朱雀门建筑材料、工艺、结构、造型等方面的细致研究，同时参考了平安宫门、法隆寺门等的建筑形式，对朱雀门进行了立体再现。复原后的朱雀门已经成为平城宫遗址区的标志性建筑。数字技术形式的还原主要借助于 3D 立体复原等数字技术，在采集大遗址区文化资源相关的数字信息的基础上，通过数字技术来再现历史性建筑物、历史性场景或历史文化特色。例如，金沙遗址博物馆设立了一个 4D 影院并拍摄了名为《梦回金沙》的数字立体电影，运用数字技术再现了三千多年前古蜀金沙地区自然生存环境以及与遗址相关的各种重大历史事件，生动演绎了金沙先民的社会生活场景，并对金沙先民不畏艰险、敢与天抗争的文化精神进行了诠释，让参观者产生犹如穿越时空、梦回金沙的特殊体验。

5.2.4　适应式活化

　　适应式活化强调通过对文化遗产注入一种新的机能，使其能够适应新的社会需求，从而让文化遗产得以延续其生命。从 20 世纪 80 年代起，在文化遗产可持续保护理念的影响下，国内外开始探索通过对于一些文化遗产进行适应性活化，以达到维护其历史文化价值、塑造新的历史性景观、延续民众情感记忆等目的，并提出了适应性再利用（adaptive reuse）的概念。从理念上来看，适应式活化的出现表征着人们对于文化遗产从消极的保护到积极的再利用的转变。从适应式活化的具体操作方式来看，侧重与通过环境重塑、功能置换、文化复兴等方式，抓住历史文化遗产的潜力，促进历史文化遗产整体机能的复苏。

　　我国香港地区近年来在文物保育运动中，充分利用了适应式活化的方式，其对象主要是历史性建筑。这些历史性建筑见证了我国香港地区的历史发展，承载着我国香港地区的文化记忆，但却无法跟上周边城市更新的步伐。香港特区政府 2008 年启动了"活化历史建筑伙伴计划"，目的是为一些具有代表性、历史文化底蕴的建筑物找到新的用途，以重新焕发生机。截至目前，香港地区"活化历史建筑伙伴计划"已经进行到第四期，数座已经丧失原有功能的历史性建筑，通过适应式活化寻找到了新的用途，重新焕发了生机。例如，早期的公屋活化成为青年旅社（美荷楼）、废弃的法院活化成为艺术学校（北九龙裁判法院）、跌打药店活化成中医诊所（雷春生）等。在具体的运作方式上，我国香港特区政府通过与非营利机构合作，采取适应式活化的方式对其进行功能的拓展和再利用，以期达到兼顾经济和社会效益的文物保护新途径。通过进行历史性建筑的适应性活化，在对历史性建筑外表更新与功能置换的同时，也保留了城市的文化记忆，理顺了城市更新与文物保护之间的关系。

5.2.5　再生式活化

同济大学常青院士的研究团队提出了风土空间的保护与再生式活化的理论，研究在城市化浪潮与城乡改造的背景下，在保护的前提下实现风土空间的存续与再生，以延续文化传统与文化基因（常青，2013）。所研究的风土空间，"风"是指地域风俗、习俗以及文化传统等文化环境，"土"是指土地、地域等自然环境。"风土空间"的概念超出了传统建筑物的范畴，强调对建筑物及其周围区域的自然人文环境的共同保护。风土空间保护与再生理论提出要将建筑学与文化人类学、民俗学等学科理论与方法相融合，用科学的方法解决文化的问题（常青，2013）。在准确把握风土空间文化特征与环境特征的基础上，结合建筑设计与环境修复、环境营造等手法，延续历史文脉的同时让风土空间获得新的生命力，有机地融入现代城乡社会生活。常青院士的研究团队在实践中开展了有关风土聚落保护与再生的系列实验，从 1997 年梅溪故居实验开始，已经坚持了 20 余年风土空间的保护及其再生的研究。在对上海青浦区金泽古镇的再生实验中，通过采取恰当的功能策划和设计，将金泽古镇原有的风土聚落物质遗产及民俗文化等有效地激活，本着保持地脉、提升地标、重塑风土的原则，将原本日渐凋敝的金泽古镇变成了富有活力、富有民俗文化特色、风貌完整的江南聚落（常青等，2009a）；在对杭州来氏聚落再生规划案例中，基于对于聚落风土环境特色的调查，通过保持地脉、整饬风土建筑群、重塑新风土建筑群、整合地景系统等方式，在保护的前提下实现了聚落再生与文化复兴（常青等，2009a）；在对西藏日喀则桑珠孜宗宫的再生案例中，通过原址原貌复原实现了宫楼宫台的再生，通过运用藏式材料及传统建筑工艺实现了传统文化的延续；通过活化内部空间、复原城市天际线与周边现代城市空间有机的融合（常青，2013）；在对上海外滩都市历史空间存续与再生的案例研究中，恢复了"外滩源"历史建筑群原貌，恢复了苏州河畔相互关联的景观群，带动了整个外滩地区的文化复兴（常青，2009a）。

5.2.6　创意式活化

创意式活化适用于大遗址区文化资源价值不太突出，同时资源保存状况不佳的情况，通过结合现代创意技术来挖掘大遗址区文化资源的价值，开发出具有特色的文化创意产品，来提升文化遗产的当代价值。以湖北荆州市规划建设的纪南生态文化旅游区为例，该生态文化旅游区依托楚文化资源特色，通过创意开发实现了生态、休闲、文化旅游等产业的融合。依照规划，纪南生态文化旅游区重点策划了包括"纪南追忆、章华盛世、凤凰锦绣、楚史长河、长湖帆影、郢城怀古、楚辞文苑、云梦仙境、文化硅谷"在内的九大文化旅游组团，目标是促进楚文化资源的开发，带动周边文化旅游、休闲创意等产业的发展，形成楚文化展示与体验的经济综合体。具体的创意式活化措施包括：一是建立楚文化主题公园，通过恢复楚代建筑，融合先进的高科技展示手段和文化体验项目，满足参观者近距离感受与体验楚文化的需求；二是建立名为"楚史长河"的全景立体画卷式史书文化公园，依照历史发展进程，将发生在这一历史阶段的重大事件、历史人物等进行创意性的场景复原与再现，对于楚国八百年的历史发展与文明兴衰历程进行了全景式的展现，对楚文化进行了创新性的解读与诠释；三是建立楚文化艺术公园，将楚文学艺术方面具有代表性的诗词歌赋、音乐舞蹈等艺术成就加以展现，为公众提供近距离了解、接触楚文学艺术的平台。

5.3　实证研究：汉长安城遗址区文化资源的活化机理与模式

汉长安城遗址区在 1961 年被确立为全国第一批重点文物保护单位，纳入我国文物保护体系。自此之后，汉长安城遗址得到相对完善的保护，被认为是我国格局明确、遗迹丰富的古代都城遗址的典型代表。近年来，随着我国对于文化遗产保护工作重视程度的提升，汉长安城遗址及其所蕴含的价值逐渐得到了社会各界的普遍关注。与此同时，在传统的遗址保护基础上，围绕如何保护、传承、发扬汉长安城遗址的文化意义及文化精神，也逐渐形成了较为丰富的文化产品及服务体系。对比之前限制型保护时期，汉长安城遗址区文化资源逐步从静态保护向"活态"保护过渡。以下结合汉长安城遗址区文化资源的保护与活化现状，就汉长安城遗址区文化资源的活化机理与活化模式展开具体分析。

5.3.1　汉长安城遗址区文化资源的活化机理

1. "限制型"保护时期汉长安城遗址区文化资源系统的熵变

自中华人民共和国成立以后，汉长安城遗址区文化资源的保护工作一直备受关注。早在 1956 年，中国社科院组建汉长安城考古队，进驻遗址。围绕遗址展开了系列调查、勘探、考古发掘及考古研究工作。1994 年，又将部分已经探明的考古遗址进行了回填保护。对于汉长安城遗址区的管理主要由文物管理部门负责，为加强对于汉长安城遗址区的保护，1994 年西安市专门设立了汉长安城遗址保管所，为科级单位，编制 15 人，专门负责遗址区内文物的保护与管理工作。2008 年，西安市汉长安城遗址保管所上升为处级单位，编制 25 人。对于汉长安城遗址区主要依据《中华人民共和国文物保护法》《陕西省文物保护管理规定》《西安市周丰镐、秦阿房宫、汉长安城、唐大明宫遗址保护管理条例》《西安市行政执法委托规定》等进行保护与管理，主要负责对于汉长安城遗址区内的违法建设、违法盗掘、违法施工等行为进行相应的治理。

在这种限制型保护模式下，汉长安城遗址区的文化资源维持在一个相对稳定的状态，文物管理部门也力图维持汉长安城遗址区内文物的原状，尽量减少居民对文物的破坏。然而现实中由于汉长安城遗址区占地面积广阔，遗址区内自然分布着五十多个行政村，随着人口的发展及社会的变化，对于汉长安城遗址区内文化资源也逐渐产生了需求的变化。且受制于遗址区内执法机构人数有限、经费不足等因素的限制，汉长安城遗址区的文化资源所受到的自然因素及人为破坏因素的破坏作用明显。如果任由这种趋势继续下去，汉长安城遗址区内的文化资源将逐渐衰败，直至完全消失。

从熵理论的角度来看，对于汉长安城遗址区文化资源实施"限制型"保护，相当于人为创造了一个相对稳定、相对封闭的环境，力图排斥外界因素的干扰，维持大遗址区文化资源原状。这类似于一个封闭的系统，在缺乏外力推动的情况下，汉长安城遗址区文化资源处于相对稳定、缓慢衰败的平衡态势，受熵增规律的支配，汉长安城遗址区文化资源将逐渐失去活性，失去发挥其价值及当代功能的潜力。

2. 开放环境中汉长安城遗址区文化资源系统的熵变

随着国际文化遗产保护理念的传入，我国近年来在对待大遗址区文化资源保护与利用的观念问题上也发生了一些变化，在政策层面也陆续出台了鼓励、促进大遗址开放及大遗址区文化资源利用的规定。例如，《大遗址保护"十二五"规划》（2013）中提出要"提升大遗址服务社会的能力"，让大遗址转变为"推动区域经济社会和谐发展的积极力量"；《大遗址保护"十三五"规划》（2016）中进一步明确提出"全面实现大遗址对外开放""促进大遗址所在地经济社会协调发展"等具体要求。可以看出，随着大遗址区"限制型"保护与遗址所在地周边经济社会发展之间矛盾的日益加剧，转变传统的大遗址保护理念、通过加强对包括汉长安城遗址在内的大遗址利用，来实现遗址保护与区域发展的协同，将更符合当前社会的需求。在这种背景下，以往相对封闭的保护环境被逐渐改变，随着对汉长安城遗址区文化资源保护与利用程度的推进，汉长安城遗址区文化资源逐步面临着更为开放的环境。

在开放环境中考虑汉长安城遗址区文化资源的活化问题，需要综合考虑两部分的熵变：一是汉长安城遗址区文化资源系统内部的熵变，二是受外界环境因素的影响所产生的熵变。是否能通过有效的活化来维持汉长安城遗址区文化资源的活力，促进其价值的发挥及价值提升，则要取决于以上两部分熵变的作用力的相对比较。根据 5.2.3 小节的分析可知，系统内部的熵变为非负值，而系统外部的熵变则可以为正值、零值或负值，相应地，由系统内部熵变与系统外部熵变所共同决定的总熵也将分为正值、负值、零值三种情况。

第一种情况：总熵变为正值。这种情况主要对应于对汉长安城遗址区文化资源初步进行利用或活化的时期，已经意识到要改变传统的遗址区内文化资源封闭的状态，但是由于所采取的措施有限，汉长安城遗址区文化资源的对外开放程度及利用程度也较为有限。因此，从外界环境变化所产生的负熵比较小，难以抵消汉长安城遗址区文化资源系统内部的熵变，总熵变仍然为正值。也存在更为不利的情况，如果针对汉长安城遗址区文化资源活化所采取措施不当或者活化措施效果不显著，甚至有可能会加速汉长安城遗址区文化资源的衰败。

第二种情况：总熵变为零值。在这种情况下，随着汉长安城遗址区文化资源的开放及活化程度提升，在系统外部产生负熵，负熵恰巧可以抵消系统内部自发产生的正熵，此时汉长安城遗址区文化资源活化系统处于相对均衡的状态。但值得注意的是，这种均衡状态并不稳定，而是在某些特定时点上所偶然出现的一种状态，并不具有长期稳定性，一旦外界环境发生变化，或者系统内部熵变进一步增加，均会导致对这种偶然达到的均衡状态的偏离。

第三种情况：总熵变为负值。在这种情况下，汉长安城遗址区文化资源的开放及活化程度进一步提升，文化资源活力增强，从系统外部所产生的负熵不仅能够完全抵消系统内部自发产生的负熵，还有剩余，从而使得系统总熵变为负值。汉长安城遗址区文化资源系统将在外界有利条件的影响下，改变传统的静止、无活力的状态，转而朝着富有活力、能够促进汉长安城遗址区文化资源价值发挥的方向演化，从而能够克服系统内部自发的衰减趋势，汉长安城遗址区文化资源的活化得以实现。

相应地，伴随着汉长安城遗址区文化资源活化程度的变化及外界环境的变化，汉长安城遗址区文化资源的活化效率也呈现出一定的波动（图 5-5）。

图 5-5 中的 AB 段表示汉长安城遗址区文化资源的活化效率不断攀升，表明来自系统外部的熵变足以抵消系统内部自发产生的熵变，系统总熵变为负值，汉长安城遗址区文化资源朝着活力不断增加的方向演进。

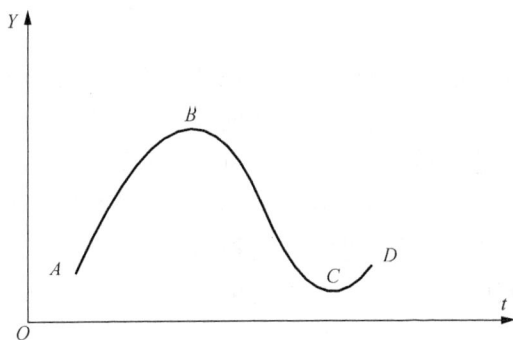

图 5-5　汉长安城遗址区文化资源活化效率波动示意图

Y 表示活化效率；t 表示时间

图 5-5 中的 BC 段表示汉长安城遗址区文化资源的活化效率不断下降,表明来自系统外部的熵变不足以抵消系统内部自发产生的熵变,系统总熵变为正值,汉长安城遗址区文化资源朝着不断衰减、活力不断降低的方向演进。

图 5-5 中的 CD 段表示外界环境又发生了有利的变化,汉长安城遗址区文化资源的活化重新朝着效率攀升的方向演进。

图 5-5 中处于波峰、波谷的 B、C 两点对应系统总熵变为零值,此时来自系统外界环境变化所产生的负熵恰巧抵消系统内部自发产生的熵变,系统处于短暂的平衡状态。但是这种平衡状态并不稳定,随时有可能朝着总熵增加或总熵减少的状态发生偏离。

3. 汉长安城遗址区文化资源活化总熵的调控

借助于总熵的变化了解了汉长安城遗址区文化资源的活化机理,可以采取相应措施来加强对汉长安城遗址区文化资源活化过程中总熵的调控,引导汉长安城遗址区文化资源的有效活化,减缓资源衰减,提升资源活力。

1)政府调控

文化遗产资源活化作为一种新兴的理念,也是涉及所在地经济、社会、环境、文化等多个方面的综合性问题。在当前我国文化遗产保护体制不完善的前提下,对于汉长安城遗址区文化资源的活化,需要政府采取有力的措施进行宏观调控和引导,制定有利于促进汉长安城遗址区文化资源活化的法律、法规,创造良好的外部环境,促进汉长安城遗址区文化资源的合理利用和有效活化,并积极引导汉长安城遗址区文化资源活化与周边区域社会发展的协同。因此,结合汉长安城遗址区文化资源活化的实际,政府的宏观调控能够有效地控制汉长安城遗址区文化资源活化的环境因素波动,减小在活化过程中的系统混乱程度,促进汉长安城遗址区文化资源的成功活化。

2）负熵引入

对于汉长安城遗址区文化资源系统，在进行活化时要想使总熵为负，在给定系统内部熵变为非负值的情况下，需要借助于系统外部的负熵输入，且需要抵消系统内部熵变，才能达到系统总熵为负的目标。因此，对于汉长安城遗址区文化资源的活化，需要借助于开放系统中与外界所进行的物质、能量、信息的交换，来提高活化效率。例如，可以借助于信息技术的引入，在不破坏遗址本体的前提下，有效提升汉长安城遗址区文化资源的可观可感性，增加资源活力。

3）信息反馈

在汉长安城遗址区文化资源的活化过程中，系统内部自发产生的熵变与来自于系统外部的熵变始终处于此消彼长、不断变化的状态，而总熵也始终处于不断调整的过程之中。对于汉长安城遗址区文化资源的总熵调控，需要在及时、准确地了解相关信息的基础上，对于文化资源的活化过程进行准确判断和有效干预，才能引导汉长安城遗址区文化资源活化系统不断地朝着负熵增加的方向演进，提升活化效率。

4）文化复兴

文化复兴渗透到对于汉长安城遗址区文化资源活化过程的始终。在当前复兴传统文化已经上升为国家策略的宏观背景下，进行汉长安城遗址区文化资源活化所采取的措施和手段应紧紧围绕文化复兴的总体目标展开，通过进行有效的活化，来传承文化基因，改善资源状态，增加资源活力，提升资源价值，进而促进汉长安城遗址区内文化资源的可持续保护与利用，助力传统文化复兴。

5.3.2　汉长安城遗址区文化资源的活化模式

从文化遗产活化的视角来看，目前汉长安城遗址区文化资源活化的策略在承袭式活化、修复式活化、还原式活化、适应式活化、再生式活化、创意式活化六大类中均有不同程度的涉及，活化范围相对而言较广。

1. 承袭式活化

承袭式活化在汉长安城遗址区文化资源的活化过程中得到了较为充分的运用，其主要做法是在考古发掘的基础上，结合汉长安城遗址区文化资源本身的保存状况，采取合理的方式，将文化资源所承载的历史文化信息真实的表达与传递出来。汉长安城遗址作为我国统一朝代都城遗址的代表，具有重要的纪念意义及历史价值，采取承袭式活化的方式，有利于维护汉长安城遗址区文化资源历史价值的真实、完整性。表 5-1 概括了汉长安城遗址区文化资源承袭式活化的例证。

表 5-1　汉长安城遗址区文化资源承袭式活化的例证

承袭方式	具体例证
原状展示	未央宫前殿遗址本体体量较大，夯土保存状况良好，遗址本身地势较高，展示性较强，因此采取的是露天原状展示的方式
考古现场露天展示	汉长安城直城门遗址南门道总排水管，是在考古发掘过程中出土的保存完整、抗自然侵蚀能力较强的遗迹，由于保存状况较好，采取的是对于考古现场露天展示的方式，具有较强的真实性
玻璃覆罩展示	汉长安城遗址内经考古发掘出土的部分规模较小、易于损坏的遗迹，采取玻璃覆罩的方式来维护其原状，如柱础石
陈列馆展示	设立专门的汉长安城遗址陈列馆，系统介绍汉朝历史沿革，展示部分经考古发掘出土的汉代物质文化遗存，诸如瓦当、汉代钱币、雕像、玉器等，以及部分能真实反映汉代社会风俗、文化思想等的物证
总体格局展示	借助地势较高点设立眺望点，以展示汉长安城遗址的总体格局及历史环境风貌。眺望点主要包括两处：一是未央宫前殿遗址，地势较高，登高后对于汉长安城遗址的总体格局以及整体的环境风貌均可尽收眼底；二是位于毗邻汉长安城遗址的汉城湖公园内新建的大风阁，阁高达六十多米，正对着汉长安城遗址东南角，该处也可以作为眺望汉长安城遗址总体格局的有利地点

2. 修复式活化

修复式活化其主要目的是要通过加固、维护等方式来恢复大遗址区文化资源的历史性原状，修复式活化可以分为考古学式的修复和风格式的修复两种。考古学式的修复侧重于维护大遗址区文化资源的历史性原状，风格式的修复侧重于将已受损的大遗址区文化资源通过修补、重建等方式来使其恢复到较为完整、良好的状态。从文化遗产保护的视角来看，考古学式的修复其真实性较强，而风格式的修复在恢复的过程中由于历史信息的缺失，有可能在修复的过程中添加了一些臆测的成分，故而真实性相对较低一些。在汉长安城遗址区两种不同类型的修复式活化均有所涉及。表 5-2 概括了汉长安城遗址区文化资源修复式活化的例证。

表 5-2　汉长安城遗址区文化资源修复式活化的例证

修复方式	具体例证
考古学式的修复	对于汉长安城遗址区城墙的西北角至横门段、西南城角、西北城角等处，进行简单的加固、修补，清除杂乱植被，加装围栏等方式进行修复，其主要目的是延续其历史性原状
风格式的修复	对于汉长安城遗址区东南城角，将原先的夯土城墙完整包裹起来，在保护的前提下对其进行了改造提升，使其富有完整性。同时增加了栈道、参观平台、标识等，方便公众近距离观赏

3. 还原式活化

对汉长安城遗址区内部分毁损严重甚至完全消失的物质文化资源,部分地应用了还原式活化的方式,以恢复其历史风貌。针对汉长安城遗址区文化资源,还原式活化的应用主要涉及以下三种情况:一是基址复原,在考古发掘的基础上,在遗址本体之上依照其原有的规模形制来进行还原,这种形式的还原具有较高的真实性;二是推测还原,对于毁损严重、完全消失或者仅存史料记载的部分文化资源,依据文献考古等方式进行推测式还原,这种形式的还原相对而言存在较多争议,尤其是当所依据的史料本身不完善、可靠性较低的情况下,依据推测进行的遗址区文化资源物质形式的还原所具有的真实性程度一般不高;三是在采集大遗址区文化资源相关的数字信息的基础上,借助于数字技术来再现历史性建筑物、历史性场景或历史文化特色。这种方式不会对遗址本体造成破坏,可观赏性较高,但在数字还原的过程中可能会添加一些艺术化的处理手法,其真实性程度进一步降低。对于汉长安城遗址区文化资源而言,以上三种形式的还原式活化均有所涉及。表 5-3 概括了汉长安城遗址区文化资源还原式活化的例证。

表 5-3　汉长安城遗址区文化资源还原式活化的例证

修复方式	具体例证
基址复原	汉长安城遗址区内部分保存相对完好,经考古发掘已探明其规格和形制的宫殿基址、道路遗址等,在覆土保护的前提下,在其上利用碎石、沙砾等依照原貌进行恢复
推测还原	毗邻汉长安城遗址的汉城湖景区内,修建了四联汉阙等建筑,是依据史料推测进行还原的汉代建筑,但其真实性较弱
数字还原	拍摄了《天汉长安》的弧幕电影,展示汉长安城的历史兴衰;利用数字技术进行未央宫等的数字化复原

4. 适应式活化

近些年来,汉长安城遗址区在保护遗址的同时,也注重赋予其新的机能,在当代社会发挥其价值。这样一方面可以起到缓解汉长安城遗址区内区外经济社会发展不平衡的矛盾;另一方面也让汉长安城遗址区的文化资源能够焕发出新的生命活力。汉长安城遗址区近些年在保护遗址的同时,赋予了遗址新的旅游、教育、生态等方面的机能,在一定程度上将汉长安城遗址区变为所在区域经济社会发展的积极力量,有效促进了汉长安城遗址区与所在区域经济社会发展的协同。

5. 再生式活化

汉长安城遗址区在把握遗址区独特的汉文化特征与环境特征的基础上,结合环境营造等方式,采取创意手法将与汉长安城遗址相关的非物质文化遗产及汉代宫廷礼仪、民俗文化等有效激活，让原本日渐凋敝、"被城市发展遗忘的角落"转变成了富有文化气息的历史风貌区。但总体来讲，对于非物质文化遗产的激活仅局限于零星的汉代礼仪、习俗等，活化的方式也主要是场景式的模拟演艺，影响范围较小。表5-4概括了汉长安城遗址区文化资源再生式活化的例证。

表5-4　汉长安城遗址区文化资源再生式活化的例证

再生方式		具体例证
场景模拟部分汉代礼仪	开笔礼	对于传统汉文化中儿童在接收启蒙教育之前举行的开笔仪式进行场景模拟，设计了奉茶、朱砂开智、礼谢亲师等若干活动环节，有利于延续人们尊师重教、热爱知识的文化传统
	成人礼	对于汉民族女孩在步入成人阶段时举行的礼仪进行场景模拟，设计了加笄之礼、宣誓、师长聆讯等活动环节，有利于人们增强对于这一汉代礼仪的了解和体验
	迎宾礼	对于汉代乐舞、汉代迎宾礼仪等进行场景模拟，显示了汉代海纳百川的文化精神
	祭月礼	对于古代人们在中秋时节祭月的习俗进行场景模拟，展现古代人们对于自然的敬畏与尊崇之情
	汉代婚礼	对于汉民族传统的婚礼礼仪习俗进行场景模拟，设计了对拜、合卺、结发等环节，有利于当代人体验传统汉文化中孝亲、人伦礼教等文化内容
特色文化街区	汉民俗集市街	对于汉代部分民俗文化诸如乐舞、戏曲、抖空竹等汉代技艺等进行活化，增强人们对于汉代传统民俗文化的了解

6. 创意式活化

在毗邻汉长安城遗址的东南方向，结合现代创意设计手法，创建了汉文化主题景区——汉城湖景区。景区基于汉长安城遗址区文化资源，结合现代创意技术开发设计了具有汉文化特色的文化创意产品体系，从而有效地提升了汉长安城遗址区文化资源服务社会的价值，进而带动了文化旅游、休闲演艺、创意设计等产业的发展。自2012开园至今，汉城湖景区依托汉长安城遗址，已经成了融遗产保护、文化旅游、休闲创意等于一体的综合性的汉文化展示与活化的文化产业综合体。表5-5概括了汉长安城遗址区文化资源创意式活化的例证。

表5-5　汉长安城遗址区文化资源创意式活化的例证

创意方式		具体例证
仿古建筑雕塑	汉武大帝雕像	雕像是目前国内皇帝像最高的一座，展示了汉武帝一统江山的气概
	封禅双阙	仿汉代建筑形制设立双阙，展示汉代建筑科技及艺术
	天汉雄风浮雕	以"生、长、化、收、藏"立意，周边青龙、朱雀、白虎、玄武四阙，场景壮观
	大风阁	取意于刘邦《大风歌》，建筑形制仿汉制

续表

创意方式		具体例证
休闲旅游	音乐喷泉	设置"汉武英风""绿湖水韵""盛世风景"三个章节,展现大汉雄风
	水车	展现汉代水利设施及水利工程
	湖心岛	岛从湖中突兀而出,具有较高观赏价值
创意设计	汉币广场	广场地面铺贴汉代刀币、裤币等400余枚,展示汉代铸币工艺
	瓦当印象	展示汉代文字瓦当及图案瓦当,展现汉代建筑科技文化
	西都赋	取材自西汉文学家班固所作《西都赋》,以石柱镌刻

5.4　本章小结

本章主要开展大遗址区文化资源活化机理与模式的研究,解决大遗址区文化资源活化如何进行、采取何种模式等理论问题。

首先,创新性地引入了熵理论,在分析熵理论适用性的基础上,开展了大遗址区文化资源活化熵机理的分析。将系统总熵分为内外两部分,通过分析发现在限制型保护时期,大遗址区文化资源属于相对封闭的系统,此时系统内熵发挥主导作用,受熵增原理的支配,大遗址区文化资源将不可遏制的走向活力衰减;而在开放系统中,当系统外部输入的负熵超过系统内部正熵时,大遗址区文化资源则存在突破传统的系统内部约束,朝着新的稳定有序的结构演化的可能,在这一过程中,大遗址区文化资源的状态将从相对静止、凝固的状态转变为富有活力、不断运动的状态,大遗址区文化资源活化得以实现。

然后,结合国内外遗址类文化遗产资源活化的实践,从大遗址区文化资源的保存状况和大遗址区文化资源的价值状况两个维度入手,将大遗址区文化资源活化模式区分为承袭式活化、修复式活化、还原式活化、适应式活化、再生式活化、创意式活化六种类型。

最后,进一步结合汉长安城遗址,分析其文化资源活化的机理与模式。研究分析汉长安城遗址在限制型保护时期以及开放环境下的熵变,并指出其文化资源活化的基础与条件,进而就如何进行总熵的调控,采取措施来引导汉长安城遗址区文化资源的有效活化,减缓资源衰减,提升资源活力提出了相关对策建议。同时研究结合汉长安城遗址区文化资源的活化现状,分析了活化模式的应用,发现在汉长安城遗址区文化资源的活化过程中均得到不同程度的运用,并分别列举实例进行活化模式应用的说明。

第6章 大遗址区文化资源活化的实践及经验

通过分析国内外不同地区、不同文化背景下的遗址类文化资源在活化方面积累的宝贵的经验，能够为后续进行大遗址区文化资源活化策略的制订提供有益的指导及借鉴。国外案例的选取主要集中在欧洲地区和亚洲地区，其中欧洲地区作为文化遗产保护思想的起源地，在遗产保护方面有着悠久的历史，在遗产活化方面有着许多创新性的做法。选取亚洲地区是由于与我国类似的日本、韩国等的大遗址均属东方大遗址的范畴，有着相似的文化背景，在遗产价值的认定、遗产活化策略的选取等方面有着一定的相通之处。所选取的典型案例涉及意大利庞贝古城的再生、法国肖维-蓬达尔克洞穴的复制、德国"一无所有"的卡泽尔古战场遗址的活化、以色列"永不陷落"马萨达精神的活化、日本平城宫复原、韩国庆州历史地区的活化等。国内案例的选取主要涉及殷墟的活化、隋唐洛阳城遗址的活化、金沙遗址的活化、楚纪南故城活化等。之所以选取以上案例，一是因为其在大遗址区文化资源活化的方式及效果方面有着良好的效果，在促进大遗址保护与所属区域经济社会发展的协调方面做出了积极的推动作用；二是这些案例的选取分别与殷墟、隋唐洛阳城遗址、曲阜鲁国故城、金沙遗址、楚纪南故城相关，而以上遗址同属于我国实施大遗址重大保护示范项目之列，且大部分属于《大遗址保护"十三五"专项规划》中所重点强调的大遗址保护示范六大重要片区（西安片区、洛阳片区、郑州片区、曲阜片区、成都片区、荆州片区）。因此，开展代表性大遗址区文化资源活化的典型案例分析，可以对国内其他地区大遗址区文化资源的保护与活化起到积极的示范带动作用。

6.1 国外典型实践及经验

6.1.1 意大利庞贝古城

在保护遗址的实践中，意大利在维护遗址真实性方面的做法值得借鉴。以被列入世界遗产名录的庞贝古城为例，庞贝古城曾是意大利西南部一座历史悠久的城市，位于维苏威火山南侧。在古罗马时代，庞贝古城繁华富庶，创造了灿烂的古代文明。据史料记载，公元 79 年维苏威火山大规模爆发，将庞贝古城彻底掩埋，从此消逝在时间的长河中。直到大约 1500 年之后，在一次偶然的地下挖掘工作中，庞贝古城才重新显现在世人面前。

在对庞贝古城的考古发掘与保护过程中，意大利始终秉承真实性的原则，试图将两千多年前庞贝古城的原貌重新"再生"。其具体做法包括：一是对于发掘出土的罹难者遗体，由考古学家吉塞普·菲奥勒主持采取往空壳中浇铸石膏的做法，真实再现了罹难者在突发灾害前挣扎、抗争的场景；二是对于考古发掘出土的壁画、陶器以及各种器物，采取归置原处的方式，以尊重历史真实性；三是对于发掘出土的民宅、市场、商铺、剧院等，均维持原貌，成为天然的"历史博物馆"。图 6-1 显示了庞贝古城真实记载的历史信息（罗伯特·哈里斯，2009）。

图 6-1　庞贝古城真实记载的历史信息

6.1.2　法国肖维-蓬达尔克洞穴

法国是一个有着悠久文明发展历程的国家，拥有数量众多的文化遗址及历史古迹。法国文化遗产保护的意识与行动起步较早，在如何促进文化遗产活化、彰显遗产价值等方面，法国所采取的一些具体实践有许多值得借鉴的地方。

肖维-蓬达尔克洞穴（Cave of Chauvet-Pont-d'Arc）是位于法国南部阿尔代什省的一处世界遗产，洞穴内壁上保留着上千幅古人所遗留的岩壁画，创作年代经证实可以上溯至石器时代（距今 30000～32000 年）。世界遗产委员会做出的评价中提到，该洞穴是目前已知人类最古老的洞穴艺术作品，是史前艺术的杰出代表。基于保护遗产的需要，法国政府禁止洞穴向公众开放，只允许经过严格审批的少数专家入内。但为了满足公众的文化需求，法国政府耗资 5500 万欧元在肖维-蓬达尔克洞穴附近复制了一处洞穴，称为阿尔克桥洞穴，并于 2015 年正式向公众开放。复制洞穴内的结构完全仿照肖维-蓬达尔克洞穴来建造，洞穴内的千余幅壁画是在对原作进行 3D 扫描的基础上尽量完整再现出来的，复制洞穴内还包括数百件骨骼、石器等反映史前人类生活痕迹的物证，并按照原有洞穴的摆放位置来加以安置。除此之外，复制洞穴内设有考古发现中心等参与性的项目，有效增进了普通民众对于史前时期人类活动的认识。法国政府借助于复制这种遗产活化手法，在有效保护遗产的同时，兼顾了公众文化需求的满足。国家地理网站上刊登了复制洞穴的情形（图 6-2）。

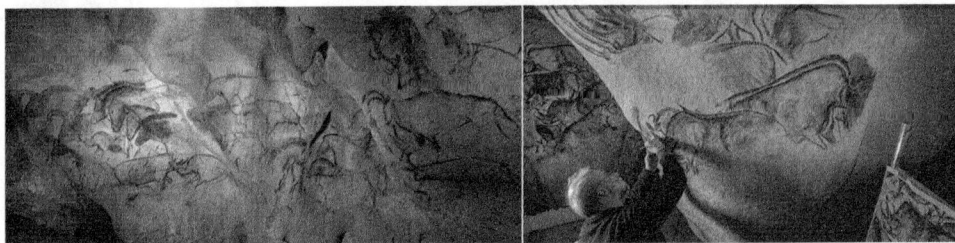

图 6-2　法国肖维-蓬达尔克洞穴的复制

6.1.3　德国卡泽尔古战场遗址

1. 将现代创意技术运用于遗址活化过程中

德国在对遗址活化的过程中，能够成功地在保护的前提下将现代创意设计技术运用于其中，从而提升参观者对遗址的可观、可感性。以德国卡泽尔古战场遗址为例，公元 9 年在该处遗址曾经爆发了一场战争从而使得该区域具有一定的历史意义，但是遗址的物质遗存数量极少，目前经考古发掘出土的仅包括为数不多的投石机、古钱币、堡垒以及人类骨骼等，堪称“一无所有”。德国却成功利用现代创意设计技术，综合运用标识、体验、展示等系统，将这一遗址进行了活化，使参观者能够真实生动地感受到两千多年之前的那一历史瞬间。卡泽尔古战场遗址结合考古研究成果，对于古罗马军团的行军路线、防御工事等进行了重建，从而能够让参观者有着直观的视觉体验。以防御工事为例，设计者采用红色钢柱标识出了堡垒的位置，色彩的设计上大胆选取了深红褐色，从视觉上看类似凝固的鲜血，从而能够唤醒参观者心目中对于这场古代战争血腥拼杀场景的记忆。

2. 注重参观者的体验

为了增进参观者对于卡泽尔遗址公园历史场景的体验感，在遗址公园内专门设置了三个体验亭，为参观者提供了从视觉、听觉、感觉三个方面来综合感受在这一历史地区曾经发生的历史场景的体验和感觉。第一个为视觉体验亭，在体验亭前方设有一个类似人的眼球的设备，人们通过这一设备往外观看时会发现外面的景色上下颠倒，寓意战争会颠覆整个世界；第二个为听觉体验亭，在体验亭上方设有一个声音放大装置，参观者通过这一设备听到外面喧闹的声音，仿若置身于的正在厮杀的古战场上一般；第三个为感觉体验亭，在体验亭内配备电视机等设备，播放与遗址相关的战争场景，从而将历史场景与现代体验有机地结合起来。除体验亭外，卡泽尔遗址公园还复原了部分古罗马时期战争设备（如投石机等），并组织真人进行历史场景的示范演出，也有利于增进参观者对历史场景的体验。

6.1.4　以色列马萨达遗址

以色列有着悠久的文明历史,境内拥有数量众多具有文化特色的古文化遗址,在保护遗址的同时,以色列在如何有效彰显民族文化特色与民族精神方面,也有着许多值得借鉴的地方。

以色列马萨达遗址具有突出的精神文化价值。在大约 1900 年前,马萨达军民面对罗马军团的围攻,宁可全体自尽也决不屈服,所表现出的顽强不屈、为自由而守节的精神成就了马萨达"永不陷落"的美誉。在将马萨达认定为世界文化遗产的评估报告中,突出强调了马萨达遗址作为犹太民族"宁为自由而生,不为奴隶而死"的民族精神象征的伟大意义。为让参观者更好地领略遗址的精神文化价值,以色列采取多种措施对遗址所包含的文化精神等方面的信息进行全面的解读。首先,在马萨达遗址公园内,运用复原模型、影像资料、图像等多种方式来阐明当时的历史情景及背景环境,以及马萨达遗址公园作为犹太人心目中精神堡垒的特殊地位;其次,保留了陡峭的"蛇形道",参观者在徒步登顶的过程中,能够真实地体验当时险峻、恶劣的自然环境,并激发出对于处在艰苦环境中仍不屈不挠的犹太民族的敬意;最后,借助于复原建筑、现代视听技术等,将参观者带回到远古的战争场景,在营造的历史氛围中让参观者细细体会马萨达城堡所代表的犹太民族精神。

6.1.5　日本平城京遗址

包括中国、日本、韩国等在内的东亚地区的古代建筑体系具有较多的共同之处,建筑多以土木结构为主,因此东亚地区的遗址也多以土质遗址为主。自 20世纪 90 年代以来,以中国、日本、韩国、越南等为代表的亚洲地区在文化遗址保护上的特殊性引起了国际社会的重视,1994 年出台的《奈良真实性宣言》中明确提出,由于不同地区文化背景的差异,遗产具有多样性的特征,对于遗产价值的认定及真实性的判定应结合特定的文化背景来进行。日本、韩国等结合东方大遗址的特点创造性地采取了多种措施,在活化遗址区文化资源、促进遗址价值发挥方面为我国提供了重要的借鉴。

文化遗址在日本属于"史迹"的范畴,其类型包括古文化遗址、古代城市遗址、古代政治活动遗址、古代教育宗教及其他社会事业领域遗址等在内。日本从 20 世纪 20 年代开始,不断探索如何在保护的前提下,对文化遗址进行综合性的利用开发,统称为"史迹整备",部分做法也得到了国际社会的普遍认可。为了让公众对于史迹有着更为直观的认识和了解,日本基于《文化财保护法》所提倡的"复旧"的思想,从 20 世纪中期开始,尝试进行部分史迹的再现实践,其中最具代表性的为日本的平城京遗址。平城京是日本奈良时代的国家政治中心,其遗址也是日本被列入世界遗产名录的古奈良遗迹的一个遗产点。在长期的历史动荡中，平城京原有地面建筑大都毁损，仅能凭借考古发掘来确定部分壕沟、宫殿基址等文化遗存。为了再现王都风采，从20世纪60年代开始，日本就开始探索进行平城京内的皇宫——平城宫地面遗迹的展示与复原实践。除常规的保护棚展示、地面标识等方式外，日本还进行了部分大型建筑物的整体复原。以朱雀门为例，朱雀门是平城宫的正门，在对朱雀门遗迹进行考古发掘后，日本学术界结合考古发掘资料及古建资料，进行了朱雀门建筑材料、工艺、结构、造型等方面的细致研究，同时参考了平安宫门、法隆寺门等的建筑形式，对朱雀门进行了立体再现。《文化遗产保护科学与技术——遗址保护与展示世界博览专刊》刊登了复原后的朱雀门（图6-3），目前已经成为平城宫遗址区的标志性建筑。除朱雀门外，平城宫遗址还对第一次大极殿、东院庭院、宫内省三处建筑物也进了完整的立体复原。

图6-3　复原的日本平城宫朱雀门

6.1.6　韩国庆州历史地区

由于韩国与我国有相似的传统文化背景，了解和借鉴韩国在文化遗产保护与活化方面的成功经验也非常有益。以韩国庆州为例，庆州是韩国著名的历史城市，有两千年多年历史，被誉为韩国古代文明的摇篮。庆州地区拥有数量众多的雕刻、佛塔、庙宇、宫殿等历史文化遗产，2000年联合国教科文组织将庆州历史遗迹地区列入世界文化遗产名录。韩国政府在保护与活化庆州历史地区文化遗产方面的有益经验，包括以下几个方面。

1. 注重历史氛围的营造，打造"无围墙的博物馆"

庆州地区内的文化遗产保存相对完好，随处可见各种古刹、佛寺、雕塑等文物。庆州整个地区呈开放式布局，参观者信步游览即可以领略该地区的历史文化和宗教文化，庆州也因此被誉为"无围墙的博物馆"。庆州注重历史氛围的营造，采取多种措施尽力还原自然、真实的历史环境风貌。第一，庆州地区实施科学的管理规划，确定了完整的保护范围，并加强对遗址保护区周边地区的建筑规划，以实现整体风格的和谐统一；第二，庆州结合区域内文化遗产的分布位置，建立了五条历史文化遗产景观带，将遗产保护有机地融入城市景观建设过程之中，一方面提高了历史文化遗产的可观赏性，另一方面将各个孤立的文化遗产有机的串联起来，为参观者提供了更为系统性的领略历史文化的途径；第三，采取"无围墙"的开放式做法，除极个别价值突出的地区象征性的收费外，绝大多数地区是免费参观的，这种非营利性的做法既缓解了博物馆展示有限的弊端，也让更多的参观者能够亲近传统文化、有机会徜徉在历史的氛围中，获得身边"处处是历史"的独特文化体验。

2. 注重非物质文化遗产的活态化传承

庆州历史地区除大量具有物质实体的宫殿、佛塔等文化遗产外，还存在丰富的以民俗、手工艺等形式存在的非物质文化遗产。庆州同时也非常注重对于非物质文化遗产的保护与传承：一是在庆州地区的原住民仍然延续原有的传统生活方式、习俗；二是保持传统的手工艺作坊以及传统街巷，将与之相连的手工技艺以及民俗等以活态化的方式呈现在现代参观者面前；三是庆州地区通过多样化的方式，如文化节、文化博览会、文化交流论坛等多种形式，在传承和延续传统文化的同时，也让以庆州地区为代表的韩国传统文化逐步为更多的人所了解和认识，同时有效提升了当地居民对于传统文化的自豪感和文化自信。

6.2　国内典型实践及经验

6.2.1　殷墟

殷墟是三千多年前我国古代商朝晚期的都城遗址，在近三百年的历史时期内一直是商王朝政治权力的中心，但在商灭亡后都城逐渐衰落并沦为废墟。2006年殷墟被列入世界文化遗产名录，世界遗产委员会认为殷墟的甲骨文是"中国文字体系最早的证据"，且殷墟作为商代晚期的都城遗址，系统地反映了商代的政治、建筑、社会体系、宗教信仰等方面的文化内容。殷墟的建筑以土木为基础材料，因此地面之上的建筑已毁损殆尽。如何将与形若废墟的遗址相关的文化资源进行活化，将殷墟所包含的历史价值、文化价值、科学价值等充分地展现出来，殷墟做出了一些积极的探索。

1. 用直观的方式对甲骨文字进行展示、解读

甲骨文字是殷墟中出土的约15万片甲骨上的文字，被认为是我国古代最早的文字和语言体系的实物遗存。据考证，甲骨文上所记载的文字涉及政治、军事、

文化、科技等多个领域，内容广泛，字形丰富多样。殷墟管理处采取了多样化的方式对甲骨文字进行展示、解读，一是设立甲骨文碑林，以原甲骨片为基础进行放大，雕刻在石碑上，石碑正面为甲骨文，石碑背面为甲骨文的注释（图 6-4）。石碑共计 30 片，从代表性的甲骨文中精选，内容涉及商代政治、社会生活等多个方面。通过注释外加导游讲解，可以加深参观者对于甲骨文文字系统的了解。二是设立甲骨文写意书法长廊（图 6-5）。甲骨文历史久远，汉文字又发生了多次流变，因此直观地看起来甲骨文与人们当今所使用的简体汉字相去甚远，对于普通公众而言如果没有专业的讲解，仅凭其直接的视觉很难了解甲骨文所体现的文字魅力及对于当今语言文字体系的影响。因此，为让公众充分了解甲骨文文字及其对于当今文字语言体系的深远影响，殷墟管理处于 2004 年设立了甲骨文写意书法长廊对甲骨文字进行直观地解读。甲骨文写意书法长廊以甲骨上镌刻的古代文字字形为基础，运用毛笔书写，采取写意的方式来形象地表达出甲骨文文字的含义，并在文字旁边加以详细的注释，来说明甲骨文文字的造字手法、字形的流变以及对于后世汉字的影响等情况。通过这种创意性的表现手法，原本艰涩难懂的甲骨文字在普通参观者眼中成为可观、可读、耐人寻味的艺术品。整条甲骨文书法写意长廊中容纳了 560 余个甲骨文写意书法字，并进一步按照这些文字内容进行分门别类展示，内容涉及人体、自然、社会等多个领域。通过参观这条写意书法长廊，参观者有效地加深了对于我国汉字文字起源、汉字造型技术、汉字演变等历史文化知识的了解，提升了对于殷墟在中华文明中独特地位的认同感。

图 6-4　甲骨文碑林　　　　　　　　图 6-5　殷墟甲骨文写意书法长廊

2. 采取多样化的手法诠释遗址所包含的历史文化信息

作为有着三千多年历史的古代都城遗址，且原有建筑以土木结构为主，在长期的历史发展中其地面建筑早已丧失殆尽，因此相较于石窟、寺庙等具备有形物质实体的文化遗产，殷墟的可视性较差。为充分提升殷墟的可观、可感、可读性，殷墟管理处采取多种方式来对于遗址所包含的历史文化信息进行诠释，让普通参观者能够有效地了解遗址所蕴含的历史、文化、科学等方面的价值。信息诠释的方式主要包括以下两个方面。

（1）运用植物、夯土、意象等手法进行标识。殷墟景区入口处建立了标识性的大门及景观墙，其中大门的形制是源于甲骨文中"门"字的字形而建，隐含殷墟作为甲骨文发现地的突出价值。大门两侧设有两块大型浮雕，浮雕的形状源于殷墟妇好墓中所出土的代表性物质遗存——玉玦的形状。通过设立类似标志性的建筑物，公众可以在观赏这些建筑物的同时了解与殷墟相关的文化元素，并形象地为公众传达出大门中已经消逝或者完全破坏的遗址本体。对于经考古发掘探明的殷商时期建筑基址、祭祀遗迹等，为保护遗迹的真实性，大多经考古发掘后进行了回填保护，但为了提高这类遗迹的可观赏性，又采取在地上通过植物标识、砂石标识、夯土标识等方式，对于埋藏在地下的遗迹形状、规模等加以展示，并辅以标牌解说的方式，从而在保护遗址的同时，有效地提升了遗址的可观赏性，其中殷墟宫殿遗址中的甲一、甲五等遗址遗迹、部分陵墓遗址，均是采取此类手法进行标识。

（2）对于部分遗迹进行复原展示。殷墟对于部分经考古发掘完毕的遗迹采取复原的方式来进行展示，以真实地再现当时考古发掘的场景。采取这种方式的包括妇好墓以及甲骨窖穴（杜久明等，2011）。妇好墓是殷墟中唯一保存完整的王室墓葬，于1976年被发掘。为了真实再现发掘时的场景，殷墟管理处对于妇好墓进行了原貌复原，从而让参观者能够真实地了解殷商时期王室墓穴的规格、形制、随葬及相关的墓葬文化。甲骨文窖穴展厅则在发掘旧址依原状复原了当时所发现的堆积在一起的甲骨的情形，在尊重殷墟物质遗存真实性的同时能够满足参观者了解遗址考古发掘知识的需要，激发参观者对于了解殷墟所代表的商代社会风俗、文化、宗教等文化内容的了解兴趣。

3. 加强整体环境的营造

殷墟自2001年启动申报世界遗产程序以来，由当地政府投入巨资对殷墟遗址整体环境进行整治，营造具有历史感的遗址整体环境。整治措施包括拆除违规占压遗址的建筑物、整修河道、道路维护、植被绿化等，既有利于保护遗址本体，也提升了殷墟总体格局的可观赏性，能够让参观者直观地了解、认识并感受曾经在此矗立长达数百年的商代都城的风貌。殷墟管理处专门在王陵遗址的西南角设立了瞭望台，人为创造了一个视觉高点，参观者只需登上瞭望台，即可将殷墟王陵大部分的墓葬遗址及祭祀遗迹等尽收眼底，对于墓葬遗址的形制、规模、格局等均能进行直观地认识。瞭望台成为进行殷墟遗址总体格局和风貌展示的一个重要方式。

6.2.2　隋唐洛阳城遗址

洛阳是历史悠久的古都，洛阳境内的汉魏洛阳故城、隋唐洛阳城遗址均属于被列入我国《大遗址保护"十三五"专项规划》保护名录的重要大遗址，国家《大遗址保护"十三五"专项规划》还明确提出要加强洛阳、西安等片区的整体保护工作。洛阳在文化遗址保护和遗址区文化资源活化方面，有着丰富的经验，以下以隋唐洛阳城遗址为例进行具体分析。隋唐洛阳城始建于隋代，后沿用至北宋，前后使用时间长达 500 余年。隋唐洛阳城在建筑格局、城市规划与设计、社会生活、文化交流等方面具有重要的价值。隋唐洛阳城遗址定鼎门遗址作为丝绸之路申遗点一并被列入世界遗产名录。

1. 规划先行，促进隋唐洛阳城遗址的整体活化

隋唐洛阳城遗址位于洛阳市区及近郊。近年来，为活化文化遗产，让洛阳"千年帝都"重新实现文化复兴，洛阳市政府牵头开展了隋唐洛阳城遗址活化工作。早在 2009 年，洛阳市政府即完成了《隋唐洛阳城遗址保护总体规划》。2012 年，洛阳市政府将隋唐洛阳城遗址保护性活化建设列为市攻坚战重点项目，将大遗址活化纳入洛阳城市总体规划的设计，在《洛阳市城市总体规划（2011～2020）》中强调要对包括隋唐洛阳城遗址在内的大遗址及历史风貌区实施整体保护、重点保护。洛阳市政府同时委托同济大学等相关规划单位开展了《隋唐洛阳城遗址宫城区及中轴线保护性活化规划》及《隋唐洛阳城"一区一轴"道路交通调整方案》等系列规划方案，对隋唐洛阳城遗址进行整体改造及活化提升。其中"一区"是指隋唐洛阳城的宫城区，其内包括应天门、明堂、城墙城门遗址等重要物质遗存；"一轴"是指隋唐洛阳城的中轴线，定鼎门、天街、天津桥等标志性建筑遗址均处于中轴线上。根据规划，洛阳市政府有序推进了明堂提升、天堂遗址保护展示、九洲池遗址保护展、应天门和宫墙遗址保护展示、太极殿遗址保护展示、明堂前广场建设、天枢及天枢广场建设、天津桥遗址保护展示、天街遗址保护展示、里坊遗址保护展示、南城墙延伸与定鼎门遗址博物馆内部提升、四方馆遗址保护展示、隋唐衙署广场建设、周公文化广场建设等系列工程，目标是 2020 年左右完成。通过以上系列遗址保护与改造提升工程，让隋唐洛阳城遗址的重要物质遗存展示出来，让沉睡的都城遗址"活"过来，让隋唐洛阳城遗址及其相关的历史文化不再是尘封的历史，而是变成在公众眼中可观、可感、可体验的活生生的历史场景。

2. 在保护的前提下进行标志性建筑的重建

在对隋唐洛阳城遗址活化的过程中，一些标志性的建筑物诸如明堂、隋唐定鼎门等均结合考古发掘及文献资料进行了重建，将隋唐洛阳城宏大雄伟的气派充

分展现了出来。明堂坐落于隋唐洛阳城宫城的中轴线上，是宫城的正殿，也是宫城遗址的核心区。2014 年，在原址重建后的明堂开放，其形制、结构、规模等方面均仿隋唐宫殿风格，同时在明堂重建时充分维护遗址的真实性，重建材料采取轻钢架结构，可逆，不破坏遗址本体，不改变原建筑遗址的外观。重建的明堂内部包括建筑基址遗迹、明堂微缩景观、出土文物，以及发生在明堂的重大历史事件的图片展示等，公众可以通过参观这些物质资料进一步加深对于明堂这一隋唐时期政治中枢历史地位的了解。隋唐定鼎门遗址保护展示工程同样是在保护遗址本体的前提下，采用轻钢结构在遗址原址之上重建的仿隋唐风格的城门楼。隋唐定鼎门遗址保护展示工程集遗址本体保护与遗址展示功能于一体，在其内部设有专区对于经考古发掘出土的定鼎门遗址门道、柱础石等均进行原装原貌展示，同时对于定鼎门在不同历史时期的维修、破坏、重建等历史情况进行展示，从完整性的角度将与定鼎门相关的历史信息展现在公众面前。隋唐洛阳城遗址博物馆网站登载了重建的隋唐洛阳城定鼎门图片（图 6-6）。

图 6-6　重建的隋唐洛阳城定鼎门

3. 充分利用现代信息技术进行无形文化资源的活化

在对隋唐洛阳城整体活化的过程中，除采取陈列、标识、重建等方式对于有形物质遗存进行展示与活化之外，还注重对于隋唐时期历史场景、社会风俗、文化精神等无形文化资源的保护、传承与活化，尤其是近年来随着现代信息技术的兴起，洛阳市也积极将数字信息技术运用于隋唐洛阳城无形文化资源的活化方面，并取得了较好的社会反响。在重建的明堂内部东北侧设有规划厅，采取展示屏对于隋唐洛阳宫城的发展历程、历史文化价值进行了全面系统的阐释；西北侧设有专门的多媒体功能厅——大享厅，结合数字技术、人偶模型等对于发生在明堂的重大历史事件进行演绎，从而再现明堂在当时作为政治权力中枢的历史风貌。在明堂内还专门设置了影视厅，配置了长达 28m 的弧幕荧屏，同时制作了包括《大唐盛世·神都洛阳》等在内的系列 3D 技术影视作品，通过数字技术将洛阳皇城、天堂、明堂、天津桥、含嘉仓、定鼎门大街等进行复原及立体化呈现，再现了盛世皇城的辉煌。在隋唐定鼎门遗址公园，也创新性地基于 3D 技术及影像技术，融合定鼎门相关的历史文化元素，与真人演艺相结合，将武则天接受万人朝拜、定鼎门战乱纷飞等历史场景进行创意性的呈现。这类带有历史感的数字文化产品，在带给参观者视觉震撼的同时，也有利于加深参观者对于隋唐洛阳城历史文化价值的认同。

6.2.3　金沙遗址

成都片区是我国西南地区大遗址分布相对密集、规模较大、年代最早的地区。成都片区大遗址数量多达 9 处，类型涉及大型聚落、古代都城城址、陵寝墓葬、文化线路等，这些大遗址是反映成都地区历史文化特色的重要物质载体。为将凝结在大遗址上的历史文化信息充分解读与活化出来，成都地区在实践中也采取了许多富有成效的措施。以金沙遗址为例，金沙遗址位于成都市区，是三千余年以前古蜀国的都邑，见证了古蜀文明起源、发展、衰落的重要历史时期。成都在金沙遗址区设立国家考古遗址公园，采取多样化的方式对于金沙遗址区的文化资源进行活化。

1. 采取多样化的手段对于遗址所包含的历史文化信息进行诠释

一是在尊重遗址真实性与完整性的基础上，对于部分遗址遗迹进行原状展示。金沙遗址拥有国内目前保存最为完整的商周时期的大型祭祀遗址遗迹，金沙国家考古遗址公园内设立了大跨度轻钢结构的遗迹馆，在有效保护遗迹本体的前提下，真实完整地将遗迹本体及其发掘现场进行原状展示，从而带给参观者真实的历史体验感。

二是融合图片、景观模拟、数字影视等方式，对于遗址所包含的历史文化进行全方位的诠释与解读。金沙遗址博物馆内设有 5 个展厅及一个 4D 影院，全方位地对遗址所包含的历史文化信息进行诠释与解读。第一展厅主题为"远古家园"，为将三千多年前古代金沙人民的历史生活场景真实再现出来，展厅创造性地采取大型半景画与实物景观相融合的方式，将自然环境、远古先民雕塑模型、远古民居等呈现出来，以期让参观者获得身临其境的感觉；第二展厅主题为"王都剪影"，在尊重考古发掘成果和历史文献资料的前提下，利用幻影成像等数字科技对金沙先民劳动与生活的部分场景进行复原，如手工技艺（烧陶、冶炼、铸造）、墓葬文化、社会风俗、住居方式等，从而进一步体现金沙遗址作为商周时期社会文化发展独特见证的历史作用；第三展厅主题为"天地不绝"，集中展示在金沙遗址经考古发掘出土的物质文化遗存，包括金银器、象牙、玉雕等，辅以适当的解说，从而让参观者充分了解这些物质文化遗存所反映的古蜀文明以及对于后代文明发展所产生的影响；第四展厅主题为"千载遗珍"，集中展示 30 余件精品的文物，其中包括最具代表性的"太阳神鸟"的金箔，在体现古蜀金沙先民精神文化崇拜方式的同时，进一步凸显了金沙遗址在历史文化方面的价值独特性与突出性；第五展厅主题为"解读金沙"，综合运用沙盘模拟、图片展示、影视动画等方式，对于金沙遗址所代表的古蜀文明的分布区域、文明历程、代表性物证及其与周边地区的文化交流等内容进行了充分的解读，并对金沙遗址所代表的古蜀文明在随后的历史时期内文化发展的真实脉络进行直观地阐释，从而加深参观者对于古蜀文明的了解和认同。除此之外，金沙遗址博物馆还设立了一个 4D 影院并拍摄了名为《梦回金沙》的数字立体电影，运用数字技术再现了三千多年前古蜀金沙地区自然生存环境以及与遗址相关的各种重大历史事件，生动演绎了金沙先民的社会生活场景，并对金沙先民不畏艰险、敢与天抗争的文化精神进行了诠释，让参观者产生犹如穿越时空、梦回金沙的特殊体验。

　　2. 塑造体现古蜀文化特色的文化景观

　　金沙国家考古遗址公园内还设置了能够充分体现古蜀文化特色的诸多文化景观，赋予其特殊的文化象征意义，将之融入现代人的生活之中，从而有效地促进了古蜀文化在当代社会的延续。代表性的文化景观包括中国文化遗产纪念雕塑、玉石之路、乌木林、西山水景广场等，其中中国文化遗产纪念雕塑外形来源于金沙遗址出土的太阳神鸟金箔。该物质文化遗存集中代表了古蜀时期人们的文化精神以及手工技艺水平，同时图案寓意和谐、光明的文化内涵，因此被选定为我国文化遗产的标志，同时也被确定为成都城市形象标志的图案。金沙遗址博物馆内专门设置了纪念碑雕塑，成为参观者了解、感受金沙遗址代表性文化的重要途径。西山水景广场以金沙铺就而成，辅以各种河流、植被点缀，营造出和谐自然的环境，与展厅"远古家园"中所设置的自然环境相呼应。乌木林是以金沙遗址及周边地区出土的六十余根乌木所构成的特色文化景观，乌木需要经过长期的自然地理过程方能形成，以乌木成林也能够让参观者感受金沙地区年代久远、沧桑巨变的文化内涵。玉石之路是以玉石及鹅卵石为材料铺就而成的道路，周边也布置了数件体积较大的玉石。玉石之路一方面直观地展示了金沙地区色彩光润的玉石，结合陈列馆的玉石文物，可以让参观者领略古蜀时期先民"尚玉"的文化思想；另一方面通过玉石质地坚硬的特征间接反映了古蜀时期先民坚强无畏、敢与天抗争的精神文化内核。

6.2.4 楚纪南故城

　　荆州地区是我国重要的大遗址保护片区，是楚文化的发祥地，也是楚历史文化遗产、遗迹最为密集的核心区域。荆州片区拥有包括楚纪南故城，八岭山、熊家冢、雨台山、天星观、马山、纪山、枝江青山古墓群，潜江龙湾遗址在内的若干处文化遗产。荆州地区近年来在促进大遗址保护与周边区域经济社会发展的协调方面，有一些值得借鉴的地方。

1. 将遗址保护纳入现代城市发展的轨道

荆州市近年来以建设楚纪南故城保护区为着力点，不断提高大遗址区文化资源保护与利用的水平，将遗址保护与周边生态文化资源开发、休闲旅游产业发展等有机融合，有效地促进了大遗址服务社会的能力提升。在促进楚文化遗产活化、彰显楚文化魅力的同时，实现了大遗址保护与区域经济社会发展的协调。

2. 提升大遗址服务社会的能力

荆州市规划建设的纪南生态文化旅游区，目的是将遗址保护与生态、休闲、文化旅游等产业融合在一起，提升大遗址服务社会的能力。依照规划，纪南生态文化旅游区重点策划了包括"纪南追忆、章华盛世、凤凰锦绣、楚史长河、长湖帆影、郢城怀古、楚辞文苑、云梦仙境、文化硅谷"在内的九大文化旅游组团，目标是在遗址本体保护的基础之上，通过促进周边文化资源的开发，建成我国楚文化的集中展示与体验区。根据规划，纪南生态文化旅游区的九大文化旅游组团定位各异，差异化发展。其中"纪南追忆"定位于考古遗址保护与展示，以楚纪南故城为核心，在考古遗址保护的基础上，进行景观提升与周边环境整治，形成遗址景观+生态景观为核心的观光展示区；"章华盛世"定位于建设体验式楚文化主题公园，恢复楚代建筑，融合先进的高科技展示手段和文化体验项目，满足参观者近距离感受与体验楚文化的需求；"云梦仙境"定位于休闲度假，依托生态休闲旅游资源，展现荆州地区独特的田园风光；"郢城怀古"定位于生态运动公园，在保护郢城城墙遗址、护城河遗址、建筑夯土遗址的基础上，营造富有文化氛围的休闲健身区域；"长湖帆影"定位于生态旅游区，依托亲水休闲项目，融合周边楚文化景点，打造体验式的生态旅游景区；"文化硅谷"定位于将现代文化创意技术及科技技术与传统文化相结合，形成富有历史文化特色的现代文化创意产业集聚区；"楚史长河"定位是打造全景立体画卷式史书文化公园，依照历史发展进程，将发生在这一历史阶段的重大事件、历史人物等进行创意性的场景复原与再现，对于楚国八百年的历史发展与文明兴衰历程进行了全景式的展现，对楚文化进行了创新性的解读与诠释；"凤凰锦绣"定位为区域文化商贸中心，打造具有楚文化特色的休闲商贸文化街区；"楚辞文苑"定位为楚文化艺术公园，将楚文学艺术方面具有代表性的诗词歌赋、音乐舞蹈等艺术成就加以展现，为公众提供近距离了解、接触楚文学艺术的平台。

6.3　总结与启示

1.　维护信息的真实性

国外，尤其是欧洲地区，在长期的文化遗产保护实践中逐步确立了"真实性原则"，以维护信息的真实性作为核心目标。例如，意大利庞贝古城在考古发掘和保护过程中，无论是对于建筑物、装饰物以及人物，均竭力维持其原状、原貌，试图真实再现当时的历史场景，这些做法充分地体现了对于真实性原则的应用。包括日本、韩国、中国在内的东方大遗址区，尽管由于文化背景的差异、遗产保护状况的差异等因素对于"真实性原则"提出了一些不同的见解。例如，日本通过原址原工艺重建的方式再现已消逝的历史建筑物，从而在如何贯彻真实性原则方面出现了一些结合自身文化背景的一些本土化的表达方式，但总体上仍然以真实性原则为指导，借助于特定的形式将文化遗产所包含的历史信息、文化意义等真实、完整的表达和传递出来。

2.　立足于资源的价值

价值是进行大遗址区文化资源活化的起点和依据。从本章案例分析中可以了解到，进行大遗址区文化资源的活化，就是借助于一定的技术手段，使大遗址区文化资源所包含的价值能够为人们所认识、了解、接受、尊重，能够让其价值为当代社会所利用。活化即是促进大遗址区文化资源内隐价值外显化的重要途径，而真正的出发点，则是大遗址区文化资源的价值本身。例如，法国对于肖维-蓬达尔克洞穴的复制视活化，是立足于其历史价值；以色列借助现代视听技术来诠释其民族文化精神，是立足于其精神价值；韩国对于庆州历史地区文化传统的保护和传承，是立足于其文化价值等。除此之外，借助适当的手段，还可以赋予文化遗产功能以新的时代价值，如旅游价值、教育价值、环境价值等。

3.　与文化背景相契合

本章案例的选取部分来自于文化遗产保护起源较早的欧洲地区，部分来自与我国情况类似的东亚地区，通过对比可以发现，欧洲地区与东亚地区在文化遗产活化理念、活化方式的运用以及对于真实性的理解上有所不同，正如《奈良真实性宣言》中所提到的，由于文化多样性的存在，在不同的文化背景下，对于文化价值及相关信息的理解存在差异。同样，在不同的文化背景下，对于大遗址区文化资源活化的方式、活化信息的理解也应有所区别，而不可能采取统一的模式。例如，以意大利、法国为代表的欧洲地区，其对于历史原貌真实性的维护更为看重，而在日本，却采取了重建的方式来对于已经消逝的历史建筑进行诠释。对于本书而言，旨在通过遗产活化来增进公众对于遗产价值的理解和尊重，促使其价值和意义的发挥，同样应结合我国所处的特定文化环境，来对于大遗址区文化资源所包含的相关物质信息、文化信息、精神情感等来进行传递和解读。

4. 以公众体验为导向

对于大遗址区文化资源而言，保护不是目的，最重要的是传承，是将其蕴含的文化价值解读、传递出来。因此，要以公众体验为导向，站在普通公众的角度来看，所采取的活化方式是否能充分将遗址所包含的历史文化信息解读、传递出来，所采取的方式是否合理，公众的接受程度如何等。以德国古战场遗址的活化为例，面对一个貌似一无所有的古遗址，公众很难将其与史书上记载的战役联系起来，德国所采取的融合现代创意技术，综合视觉、听觉、感觉等多个方面来唤醒公众对于历史场景的回忆，这种做法成功地提升了公众对于历史场景的体验感。日本吉野里遗址通过为公众提供亲身体验古代农耕文化传统的方式，让遗址公园成为公众感触历史、品位文化传统的独特文化空间。因此，通过采取以公众体验为导向的活化方式，让原本虚无、观赏性不强的古文化遗址变成了公众"看得懂""觉得好看"的独特历史文化区域，提升了公众对于古文化遗址价值的认可程度。

5. 融合数字信息技术

技术的采用以及新技术的开发一直是文化遗产保护领域所关注的重要内容受到了较高的关注，早在1972年颁布的《保护世界文化和自然遗产公约》中就提出应进一步借助于现代科学技术，加强对于文化遗产的保护和利用。而从国内外文化遗址保护与活化的实践中，可以看到在应用传统的保护修复技术的基础上，一些新兴的数字技术、信息技术等正得到了越来越广泛的应用。这些新兴的数字信息技术一方面作为传统技术的补充，加强了对于文化遗产的保护。例如，法国肖维-蓬达尔克洞穴通过数字扫描复制的方式，在有效保护遗址本体的同时，也为公众更前面的了解遗址创造了可能。另一方面，数字信息技术的应用为一些历史年代久远、破损严重的古文化遗址的活化提供了新的途径。例如，成都金沙遗址结合数字合成、虚拟再现等技术，将数千年前古蜀国先民的劳动与生活场景再现出来，从而有效提升了普通公众对于这一古文化遗址的可观、可感性。

6.4　本 章 小 结

本章主要进行大遗址区文化资源活化的实践经验借鉴，以期为后续开展大遗址区文化资源活化策略的研究提供有益的指导。

　　首先选取部分国外文化遗产保护实践中具有借鉴意义的典型案例，主要取材自欧洲地区和亚洲地区。欧洲地区的典型案例主要包括意大利庞贝古城的再生、法国肖维-蓬达尔克洞穴的复制、德国"一无所有"古战场遗址的活化、以色列"永不陷落"马萨达精神的活化等；亚洲地区主要挑选与我国文化背景相似的日本、韩国，所选取的案例包括日本平城宫复原、韩国庆州历史地区的活化等。继而选取国内在大遗址区文化资源活化的方式及效果方面有着良好效果的典型案例，包括殷墟、隋唐洛阳城遗址、金沙遗址、楚纪南故城等。

　　通过对国内外大遗址区文化资源活化的典型案例进行分析，得出如下启示：要维护大遗址区文化资源所包含历史信息的真实性、要立足于资源价值、要与所处的文化背景相契合、要以公众体验为导向，同时还要积极融合现代数字信息等技术，以增强大遗址区文化资源的可观、可感性。

第7章　大遗址区文化资源活化的策略研究

本章在对大遗址区文化资源活化进行现状分析、活化的价值依据分析、活化动因与机理分析、活化经验借鉴的基础上，进一步开展大遗址区文化资源活化的策略研究，并以汉长安城遗址区为例，面向具体对象展开活化策略的优化设计，进一步提升本书的应用价值。

值得注意的是，本章所建构的大遗址区文化资源活化策略体系，是在保护的前提下进行的，本着维护大遗址区文化资源的真实性、可读性、可持续性的原则。本书认为，对大遗址区文化资源的活化并非是要拆旧翻新，以人造遗产代替真实的、残损的遗产，而是要在尊重大遗址区文化资源真实性的前提下，通过恰当的途径让大遗址区文化资源变得可读、可感、可利用、可持续，促进其经济社会价值与功能的发挥，促进大遗址保护与区域经济社会发展的协同。

7.1　大遗址区文化资源活化的策略目标

大遗址区文化资源的活化，是在秉承以价值为中心的保护理念的前提下，通过对大遗址区文化资源的合理利用，以增强文化资源的活性，促进其蕴含价值的发挥和提升，使其在功能上符合当代社会的需求。大遗址区文化资源的活化策略目标，应该从保护遗址、传承文化基因入手，通过采取有效的活化策略来促进大遗址区文化资源的价值发挥，将大遗址转变成为所在区域经济社会发展的积极力量，实现遗址保护与区域发展的协调。

7.1.1　传承文化基因

大遗址区文化资源保护的目的并非是要"留住时光"，也非"重现旧时风貌"，而是要彰显其所蕴含的文化价值及意义，传承文化基因，发扬文化精神。因此，静态的、隔离式的限制型保护，以及出于资源开发目的进行的有损遗产真实性的重建，均非合理的保护策略。保护真正的目的在于传承，在于如何将这些蕴含了丰富文化精神的珍贵遗产一代代地传承下去，让每一代人都能从这些大遗址区文化资源中感受到文化力量，获得精神动力。单霁翔（2008）明确提出，对于文化遗产真正的目的是传承，保护不是目的，利用也不是目的。因此，构建大遗址区文化资源活化策略体系，首要的工作是进行理念更新，变传统的静态、博物馆式的保护理念，为动态的、发展的活化理念，将传承文化视为大遗址区文化资源活化的基本目的。

　　根据文化基因理论，文化基因是文化的遗传密码，在文化的传承与发展过程中发挥着基础性的决定作用。因此，对于大遗址区文化资源而言，通过梳理文化资源、提取文化基因，通过适当的活化手段促进文化基因遗传，最终实现文化的传承，将成为延续大遗址区文化内涵和文化精神，传承文化的特定手段。图 7-1 显示了大遗址区文化资源的基因传承路径。

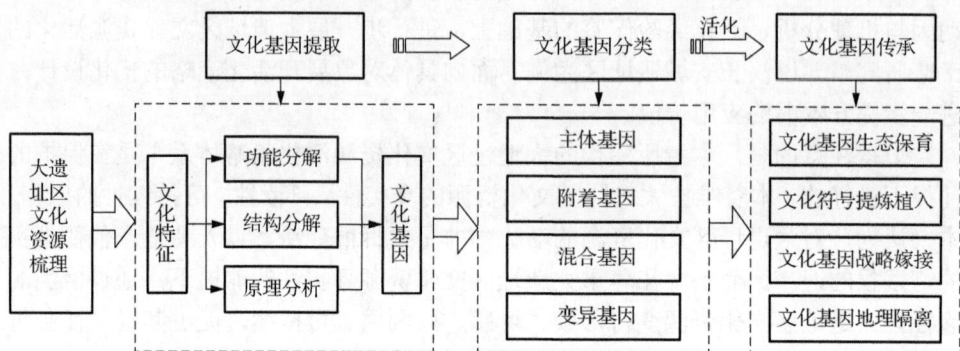

图 7-1　大遗址区文化资源的基因传承路径

　　依据图 7-1，大遗址区文化资源的基因传承路径，主要包括以下三个前后衔接的阶段：第一，将对于大遗址区文化资源的梳理作为起点，在这一阶段对于大遗址区所拥有的各种物质形态、非物质形态的文化资源展开系统分析，从中识别这些文化资源所表现出的典型文化特征；第二，借助于抽象分析的方法，通过功能分解、结构分解、原理分析等方式，对于这些典型文化特征所反映出的有关大遗址的特定物质及精神文化内涵进行归纳总结，提炼能够体现文化价值、代表独特文化精神的基本遗传单位；第三，由于文化基因具有多维性、复杂性的特点，需要进一步对其进行分类，本书参照霍艳虹等（2017）所提出的文化基因分类标准，从文化基因的功能及重要性的角度入手，将文化基因划分为主体基因、附着基因、混合基因、变异基因四种类型，其在大遗址区文化基因传承过程中所具有的功能及重要性程度有所不同（表 7-1）；第四，在以上文化基因分类的基础上，结合不同的基因类型，有针对性地采取差异化的文化基因传承策略，常见的策略包括文化生态保育策略、文化符号植入策略、文化战略嫁接策略等（赵鹤龄等，2014）（图 7-2）。文化生态保育策略侧重于保护和延续原有文化基因，文化战略嫁接策略侧重于将原有文化基因与现代文化基因相结合，让传统文化有效融合现代文化环境之中，发挥当代价值；文化符号植入策略则指在现代文化发展中将个别能够体现传统文化特征的文化符号及文化元素植入在内，从而体现文化个性；文化基因区隔策略是指当面采取一定的方式，减缓外界文化对于传统文化基因的冲击，防止传统文化基因发生不良的变异。

表 7-1　大遗址区文化资源的文化基因类型划分

文化基因类型	功能及重要性程度	描述
主体基因	主导文化特性，在文化传承过程中居于主导性地位	能够集中体现大遗址区文化特色、决定大遗址区文化资源属性及价值特征
附着基因	作为主体基因的延续，具有强化文化特性、提升文化价值的功能	能够高度反映大遗址区文化资源所具有的文化特征
混合基因	有助于识别文化特性、维持文化多样性	能够有助于体现大遗址区区文化资源的文化特征
变异基因	良性变异有助于增强文化特性，维持文化多样性；恶性变异则会削弱文化特性	受周围环境因素的影响，相对于原先稳定的主体基因而发生的改变

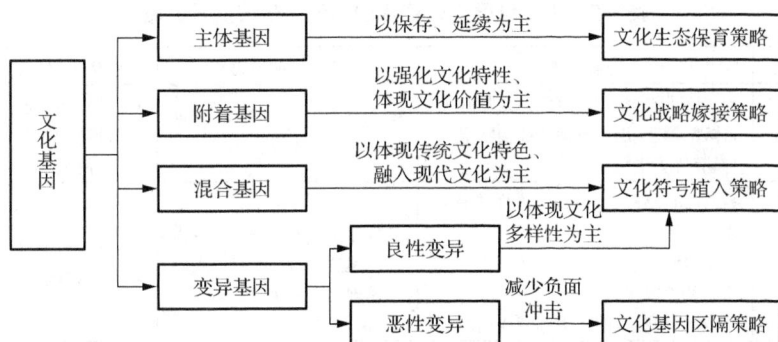

图 7-2　文化基因的差异化传承路径

　　图 7-2 显示了针对不同类型的文化基因，所应采取的差异化传承路径。对于主体基因而言，由于主体基因集中体现文化特色，对于主体基因应以保存、延续为主，相应采取文化生态保护策略；对于附着基因而言，应以强化文化特性、体现文化价值为主，相应可以采取文化战略嫁接策略；对于混合基因而言，应以融合现代文化，彰显当代价值为主，相应可采取文化符号植入策略；对于变异基因而言，应识别其中良性变异的部分，本着维护文化多样性的目的采取文化符号植入策略，而对于其中恶性变异部分，应采取基因区隔策略，以减缓恶性基因可能会对其他文化基因类型所产生的负面冲击。而在具体的基因传承策略实施过程中，可以充分将活化方式融入其中，促进差异化文化基因传承策略的有效实施。

7.1.2　促进价值提升

　　价值提升是大遗址区文化资源活化的目的之一。遵循价值导向，采取以价值为中心的保护理念和方法，这既符合国际文化遗产保护理念的新趋势，也是协调我国大遗址保护与区域发展矛盾的有效途径。在我国以往大遗址保护实践中所出现的非法侵占遗址区土地、对遗址物质本体保护不力等现象，根本原因在于对大遗址区文化资源所蕴含的价值缺乏全面客观的认识。而通过实施有效的活化措施，以活化促进大遗址区文化资源价值的提升，增进公众对于大遗址区文化资源价值的认可，减缓大遗址保护与周边区域经济社会发展的矛盾，是促进大遗址区文化资源持续发展和永续保护的根本出路。

通过进行有效的大遗址区文化资源活化，还可以实现内隐价值外显化的目标。尽管大遗址区文化资源具有历史、艺术、科学、文化、功能等多维价值形态，但这些价值大都具有典型的内隐性的特点，因此如何有效促进大遗址区文化资源内隐价值的外显化，成为影响大遗址区文化资源活化效果的关键问题。表 7-2 结合大遗址区文化资源不同的价值类型，分析各价值形态进行价值提升的着力点，并列举出了对应的差异化活化方式。

表 7-2　大遗址区文化资源的多元化价值提升策略

价值类型	价值内涵	价值提升的着力点	活化策略（有重复）
历史价值	*与特定历史年代、事件、人物有关 *体现了某一历史时期的社会状况 *具有历史史料价值	将文化遗址的历史信息真实、完整的表达出来	*遗址本体展示 *遗址博物馆 *数字解说等
艺术价值	*在建筑、建造、景观等方面具有艺术性 *在年代、类型、工艺等方面具有艺术独特性或代表性 *能够体现独特的艺术创意或构思	展现艺术的完整性，带给人艺术美感，同时展现古人的艺术理念、审美追求等	*遗址模拟复原 *环境修复等
科学价值	*在选址、布局、结构设计、材料、工艺等方面具有一定的科学性 *能够反映某一历史时期的科学水平 *是某一代表性的科学场所或设施	展现古人的科技观念以及所取得的科技成就	*遗址总体格局及环境展示 *考古、科学研究活动 *数字解说等
文化价值	*反映了一种独特的文化传统或文明 *与人们特定的价值观念、信仰、情感或精神等相关 *与某一文化发展阶段相关	反映特定时期人们的文化传统，为当代人提供精神力量	*文化场馆建设 *历史场景模拟 *公共艺术活动 *文艺演出、文化论坛等活动
功能价值	*发挥符合当代人需要、为当代人所用的功能，主要体现在经济、社会、政治、教育、生态等方面	周边产业开发，利用文化遗址的潜能	*遗址文化旅游产业 *遗址演艺休闲产业 *遗址文化教育基地 *建设遗址生态公园等

7.1.3　创新保护模式

对于大遗址区丰富的文化资源而言，不能仅依赖静态、原样的保护，必须在转换理念的前提下积极进行模式创新，激发大遗址区文化资源的内在活力。本小节列举几种创新性的大遗址区文化资源保护模式，如以活态博物馆代替传统博物馆、充分利用旅游演艺等活化载体、打造新型城市公共文化空间等，均可以在激发大遗址区文化资源的内在活力、提升当代功能方面发挥积极作用。

1. 以活态博物馆代替传统博物馆

传统的博物馆强调在有限的封闭空间内将各种藏品静态的展示出来，以供公众欣赏。而对于大遗址区文化资源而言，单纯采用传统博物馆展示的方式有着种种局限性。首先，大遗区普遍具有体大面广的特点，如汉长安城遗址区，其保护规划范围的总面积高达七十多平方公里，对体量如此巨大的大遗址区采取类似传统博物馆式的静态、原样保护根本无法实现；其次，大遗址区文化资源内涵丰富，仅有一小部分适合进行静态展示，更多的文化内容需要公众结合文化环境去体会、品味；最后，对于公众而言，公众对于大遗址区文化资源的态度和需求也发生了变化，不再满足于单纯用眼睛去欣赏，而更倾向于选择能够集休闲、体验、旅游、参观等多项功能于一体的综合性文化产品。因此，传统博物馆越来越难以满足公众多元化的消费需求。

活态博物馆是近年来兴起的一种融合了先进文化遗产保护理念的新兴形态，其理念是在保护文化遗产的基础上有效利用地域文化（汪芳，2007）。与传统博物馆相比，活态博物馆具有动态性、无围墙、强调参与，可以将整个大遗址区文化空间的所有元素纳入其中。

（1）活态博物馆注重整体性保护，可以较好地将大遗址区的各种文化遗存、自然景观、传统风俗等保存下来，将大遗址区所蕴含的各类历史文化、建筑文化、宗教文化、民俗文化等文化形式及文化记忆延续下来，成为容纳多样性大遗址区文化资源的综合性载体。

（2）活态博物馆注重动态性的保护，而非局限于静态性的展示，活态博物馆强调将大遗址区的丰富的文化元素以自然、和谐的方式呈现出来，将所蕴含的文化意义传播出来。

（3）活态博物馆注重人的参与。活态博物馆排斥传统博物馆所采取的隔离、封闭的方式，而强调人的活动及人的参与是活态博物馆必不可少的组成部分。对于大遗址区而言，在长期的历史发展中，很多遗址区之上叠加了各种村庄、聚落，这些原住民所保留的生产生活及社会风俗等本身也是构成大遗址区文化特色的重要基础，因此应继续维护他们参与、管理、利用大遗址区文化资源的权利。

2. 拓宽活化载体，广泛吸纳旅游演艺等形式

大遗址区文化资源的价值具有内隐性的特点，需要借助于多样化的载体来传达出来。传统的物质载体（包括文物、遗址等）具有静态性的特征，对于普通公众而言可观赏性不高。因此，有必要在传统遗址展示等方式的基础上，积极拓宽活化载体，广泛吸纳包括旅游、演艺、休闲农业等多种形式，集大遗址区传统文化内涵的传递与公众的休闲、参与体验需求于一体，让公众能够通过多样化、互动性、体验性的方式来全方位的感受大遗址区文化资源的文化内涵。

在保护的前提下，适度利用旅游演艺等创新型的载体进行大遗址区文化资源

的活化，并不会损害到大遗址区文化资源的真实性。遗产旅游领域的研究学者们提出了"建构主义真实性"的概念，指出对于普通公众、对于游客而言，在遗产地进行旅游时并非追求绝对的、原始的真实性，所谓的真实性是遗址区建构出来的，是刻意打造的符合公众期望的一种文化形象。因此，基于建构主义真实性的视角，大遗址区文化资源可以通过挖掘传统文化内涵，结合现代创意技术，建构出符合公众预期的创新型旅游演艺文化产品，并将其作为解读、传播大遗址区文化资源内涵及价值的有效载体，作为满足公众了解、品读大遗址区文化资源的有效途径，而不会对真实的遗址造成损害。以汉长安城遗址区为例，在遗址区核心区域以外，依托原护城河建设成了汉文化主题公园——汉城湖景区，形成了包括封禅天下、安门盛世、霸城溢彩等七大主题在内的综合性景区，云集了各种文化景观小品及雕塑、仿汉建筑等，并将各种汉文化节日、礼仪等以演艺的方式展现出来，游客络绎不绝，成为普通公众了解汉文化、品读汉文化的新型文化空间。而一水之隔的汉长安城遗址区，在多次实地走访调研中发现，鲜有人问津。因此，有必要在保护的前提下积极开拓大遗址区文化资源的活化载体，充分利用旅游演艺等形式，将大遗址区文化资源的文化内涵和文化魅力以公众喜闻乐见、鲜活的形式呈现出来，以增强大遗址区文化资源的可读、可感性。

　　3. 提升资源当代功能，打造新型公共文化空间

　　大遗址区文化资源的活化，要破除传统"封闭式"保护的模式，重在提升文化资源的当代功能，打造新型公共文化空间。传统的遗址保护模式，重保护轻利用，人为地将大遗址区隔离开来，客观上造成大遗址区经济社会发展落后于周边区域的现实，也不利于大遗址区文化资源的持续保护。实践证明，随着城镇化建设的高速发展，延续"封闭式"保护的模式，忽视大遗址区文化资源在当代社会价值与功能的发挥，只能使大遗址区区域的发展越来越脱离周边区域发展的轨道。因此，应变革传统模式，注重提升大遗址区文化资源的当代功能。《中国文物古迹保护准则》（2015）明确指出，对于文物古迹应"鼓励和延续其使用方式""可以根据文物古迹的价值和自身特点来赋予文物古迹新的当代功能"。因此，应以满足公众需求为导向，将遗址保护与环境保护、休闲、旅游、演艺、创意农业等融为一体，将大遗址区转变成为能够满足公众多层次文化需求，能够发挥多项现代功能的新型的公共文化空间。

7.1.4　延伸当代功能

　　在模式创新及科技支撑的基础上，大遗址区文化资源通过充分挖掘其文化内涵，创新资源利用模式，进而提升在当代社会的功能及价值。国家文物局印发的《大遗址保护"十三五"专项规划》（2016）明确提出，要提升大遗址服务社会的能力，鼓励建立以大遗址为核心，统筹周边地区重要文化遗产的综合性遗址展示

利用功能区，进而逐步产生聚合效应，成为区域社会发展的积极力量。我国部分学者对于延伸大遗址区功能也存在一些论述。例如，樊海强等（2005）提出大遗址产业化的基本思想；朱海霞等（2015）提出建立大遗址文化产业集群的观点，通过政策引导，逐步在大遗址区形成以遗址文化产业为核心、带动相关产业集聚的大遗址文化产业集群等。本书认为，与常规市场化运作的文化产业集群相比，在大遗址区建立文化产业集群需要受到种种约束。首先，大遗址区文化资源是一种不可替代、无法复制的特殊文化资源，需要以保护为前提，其开发利用受到种种限制；然后，大遗址区文化资源属于公共文化资源，是属于全体社会成员所共有的珍贵文化财富，带有典型的公共产品的特性。因此，对于大遗址区文化资源的功能延伸和利用应兼顾区域教育科研、服务地方公共文化需求、促进区域文化发展等非营利性目标。相较于大遗址区文化产业集群，将逐步建立大遗址区文化资源保护利用功能区作为功能延伸的目标将更为适宜。

7.1.5　助力区域发展

复兴传统文化、助力区域发展已上升为国家战略，2017 年 2 月，中共中央办公厅、国务院办公厅印发《关于实施中华优秀传统文化传承发展工程的意见》，明确提出要通过深入阐发文化精髓、保护传承文化遗产、推动中外文化交流，促进中华优秀传统文化传承体系的完善，进而成为助力区域发展、增强文化自信、提升国家文化软实力的根基。对于大遗址区文化资源的活化，也肩负着促进传统文化复兴的历史使命。通过自觉、主动地采取以上促进大遗址区文化资源活化的措施，深入阐发大遗址区文化资源的内涵及精髓，促进其价值的发挥，弘扬与大遗址相关的文化传统、文化精神，将其纳入到提升公众文化素养、提升区域文化软实力、推进国家文化强国战略实现的大框架之中。同样，对于大遗址区优秀的文化资源而言，也只有全方位地融入区域发展之中，贴近普通公众，才能有持久的生命力，才能真正地实现"活"起来。

（1）要深入阐发大遗址区文化资源的文化价值和文化精髓。对大遗址区文化资源价值的深刻认识，是助力文化复兴的重要基础。普通公众可能更习惯于从一些物质载体、文化演艺节目等形式来获得对于大遗址区文化资源不全面的认知，而缺乏对于大遗址区文化资源全景式的价值及文化精髓的了解。因此，要通过加强对于大遗址区文化资源的普查，构建准确、权威、面向公众公开的资源数据库；要从价值入手，全面客观地开展对大遗址区文化资源的价值评定与价值传播；要加强对于大遗址区文化资源的内涵挖掘和文化研究，对于其所包含的文化内涵、文化意义、文化价值进行全方位地解读。

（2）要贴近公众，获得持久生命力。大遗址区文化资源的保护与传承，应彻底改变以往与公众隔离的状况，以贴近公众、获得公众的理解和尊重为基本目标。公众的支持和参与，客观上来讲是决定大遗址区文化资源存在和发展的关键性因素。要创新大遗址区文化资源表现形式，广泛结合现代数字技术、创意手段等，创造类型丰富、形式多样、风格特色明显的大遗址区文化产品体系，为普通公众创造可观、可感、可消费的途径，让公众从接触文化产品、接受文化服务中实实在在地加强对于大遗址区文化资源内涵和精神的理解和认同；同时要进一步加强与大遗址区文化资源保护与传承相关的宣传、教育工作，以公众喜闻乐见的形式来唤醒其对于大遗址区文化资源的理解和认同，在促进大遗址区文化产品消费的同时，也是提升公众文化修养、加强对中华优秀传统文化认识的重要途径。

（3）要理顺与区域发展的关系，全方位融入区域发展。要在深入挖掘大遗址区文化资源内涵和文化价值的基础上，提炼和精选一批能够凸显大遗址区文化特色和文化魅力的标识性符号及文化元素，将其合理地运用于城乡公共文化空间的塑造、城市规划设计、城市形象传播等方面，成为凸显城市特色、彰显城市魅力、实现文脉传承的重要途径；要推动大遗址区及周边环境特色风貌的建设与管理，营造具有浓厚历史文化气息的公共文化空间；要提升大遗址区服务社会的能力，创新和丰富对大遗址区文化资源的展示及"活态化"传承手段；要将大遗址全方位融入所在区域的经济社会发展。

（4）要加强与大遗址区文化资源相关的文化交流传播，提升文化影响力。要大力开发富有传统文化特色的遗址文化产品并推向国际文化市场，让更多的人能够了解、感受中华优秀传统文化魅力；要借助"一带一路"的建设，推进与丝路沿线国家的文化交流与沟通；要加强大遗址区文化资源的研究工作，推进国际遗址"活态化"保护与传承的研究，加强出版物的国际推广；要围绕遗址努力营造可供体验的公共文化空间，发展跨境旅游及休闲体验经济，展示传统文化魅力，提升文化对外影响力。

7.2　大遗址区文化资源活化的策略体系

进行大遗址区文化资源活化策略的设计，首先应以对其的价值分析为基础，坚持以价值为中心的大遗址区文化资源保护及活化。而通过有效的活化来促进大遗址区文化资源内隐价值的外显、促进价值的提升，也是活化所要实现的主要策略目标之一。然后，进行大遗址区文化资源活化策略的设计，应从活化所面临的现实问题出发，坚持以问题为导向的原则。考虑到现实中大遗址区文化资源在保护和利用方面存在这资源形态不良、人气不足、功能单一、特色消退、空间割裂等问题，本节的活化策略设计从改善大遗址区文化资源的物质形态、重视参与体验、推动功能复合、彰显人文特色、促进区域协调入手，设计出融合物质形态活化、行为体验活化、功能业态活化、文化空间活化、区域共生活化六位一体的综合性活化策略体系，最终目标是在保护的前提下通过有效的活化，来传承文化基因，促进价值提升，创新保护模式，延伸当代功能，助力区域发展。图 7-3 为大遗址区文化资源活化策略体系。

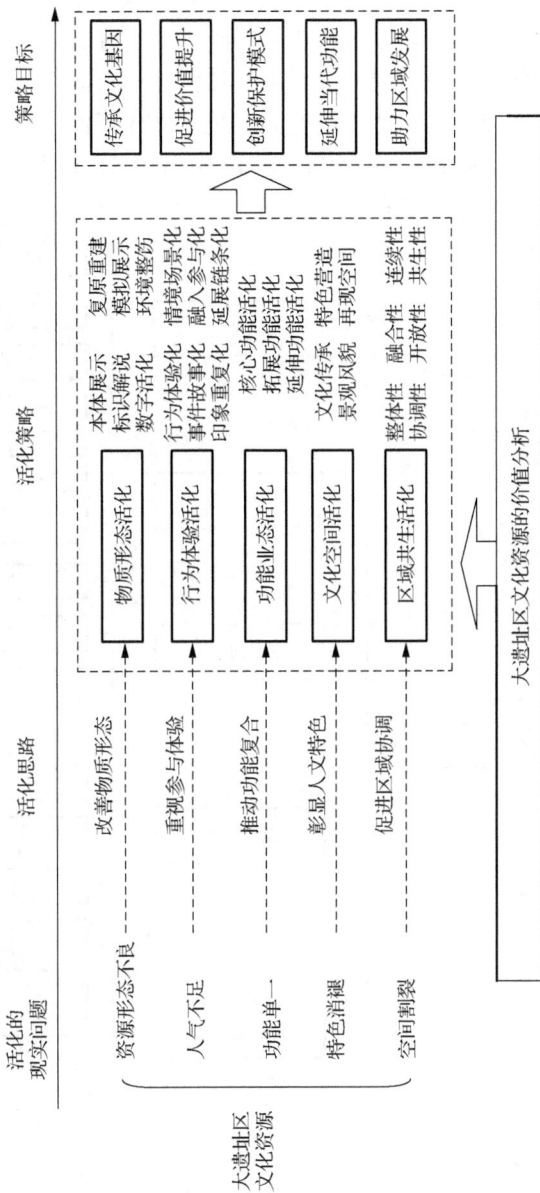

图 7-3　大遗址区文化资源活化策略体系

7.2.1　物质形态活化

　　由于我国大遗址大多以土质和木质等建筑材料为主，在长期的历史发展中普遍毁损严重，大遗址区文化资源的保存状况相对较差，直观地看起来，大遗址区物质文化资源残损不全，环境衰败，色彩暗淡。大遗址文化资源物质形态的不良及物质环境的品质低下，是造成公众对大遗址区文化资源价值低估，缺乏应有的保护热情的最直接的原因。因此，进行大遗址区文化资源物质形态的活化，是大遗址区文化资源活化策略体系中最基础、最紧迫的部分。图 7-4 显示了大遗址区文化资源物质形态活化策略体系。

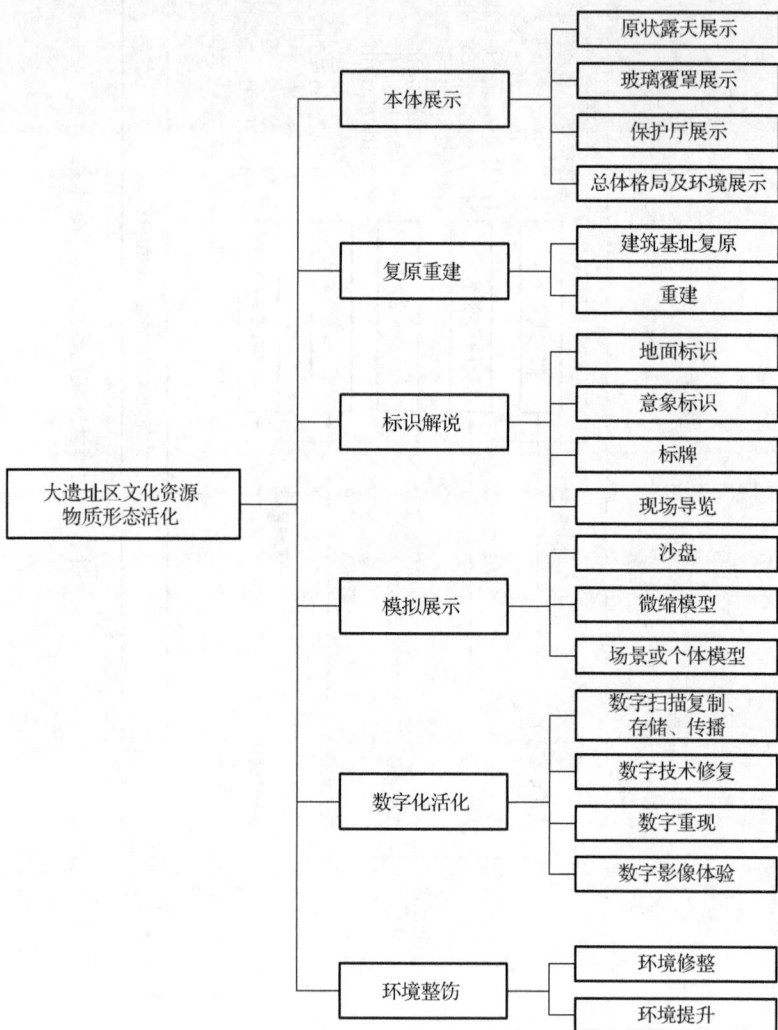

图 7-4　大遗址区文化资源物质形态活化策略体系

1. 本体展示

通过进行大遗址区物质文化遗存本体的真实展示，将其所携带的历史文化信息真实地呈现出来，能够让公众获得真实的场景感和历史感。对于大遗址区文化资源进行本体展示的方式多样，概括起来主要包括：遗址原状露天展示、玻璃覆罩展示、保护厅展示、大遗址区总体格局及环境展示等。

1）遗址原状露天展示

对于大遗址区所遗存的体量较大、遗址本体保存较好、展示性较强、受环境因素影响较小的物质文化遗存，可以在采取有效的保护措施前提下，进行原状展示。常见的适宜进行原状展示的物质文化遗存有陵墓封土、建筑基址、城墙关隘等形式。目前部分大遗址区已经采取原状展示的方式，来真实呈现所遗存的物质本体，如汉长安城未央宫前殿遗址、圆明园大水法遗址、西汉帝陵、鸿山墓群、高句丽遗址等。遗址原状展示这种方式最突出的优点在于能够展示大遗址区物质遗存的真实状态，让人产生历史真实感。

2）玻璃覆罩展示

对于部分受外界环境影响较大、易于毁损的物质文化遗存，可以采取玻璃覆罩的方式来进行保护性展示。例如，安阳殷墟遗址的陪葬坑，通过进行玻璃覆罩的保护性展示，可以有效地避免了外界温度变化、风雨侵蚀等因素的影响，在真实展示遗址的同时加强了对于遗址本体的保护。

3）保护厅展示

对于体量较小、展示性较强的考古发掘现场，可以采取加覆保护厅、保护棚等方式进行直观的展示。例如，秦始皇陵兵马俑坑，自 1974 年开始进行考古发掘，1979 年就建立了兵马俑坑保护展示厅；西汉帝陵中的汉阳陵，在 2005 年专门设立了汉阳帝陵外藏坑遗址保护展示厅，对外藏坑遗址整体、个体遗址、文物、考古地层等进行综合展示，让公众能够充分接触和了解汉阳陵外藏坑相关的历史文化信息。

4）大遗址区总体格局及环境展示

对于体量较大的大遗址区，为了充分展示其总体格局及总体环境，可以借助于眺望台展示、热气球展示等方式，为公众创造远眺的观察点。例如，良渚遗址利用自然高地修建眺望台，便于直观展示全景；汉长安城遗址东南城角除此之外，还可以借助于热气球、氢气球、飞艇等方式人工创造登高条件。

2. 复原重建

1）建筑基址复原

建筑基址复原是针对经考古发掘探明布局相对清楚的古代建筑基址，在基址原址之上采取覆土保护之后，再按照基址的建筑方式和建筑材料，在覆土之上进行复原重建。建筑基址复原一方面可以实现对于原有建筑基址的有效保护；另一方面也有利于公众了解覆盖于地表之下的建筑基址的样式及格局。汉长安城遗址的中央官署基址、汉代道路基址，大明宫遗址的含元殿基址、麟德殿基址等，均是采取覆土保护之后，再在基址之上进行的复原展示。

2）重建

对于因自然因素影响或人为因素破坏而毁损到无法修复的历史建筑类物质遗存，在充分的考古科学研究的基础上，按照原有的建筑样式，采用相同或相近的建筑材料进行重建，从而重新恢复历史性建筑物的原有风貌。重建可以有效地提升历史建筑类遗存的物质完整性能高，让公众重新认识、理解、感受它们。

进行重建通常有两种方式，一是原址重建，即在对原址进行有效保护的前提下，在原址之上进行重建，典型案例为日本平城宫遗址的重建。平城宫的朱雀门和太极殿遗址对原有建筑基址进行覆土保护，在保护层之上进行基址复原，然后采用原有的建筑材料、依照原有的建筑样式进行重建复原。我国的明十三陵昭陵陵寝建筑等也进行了原址重建。二是异地重建，由于存在不可抗拒的自然因素的影响，或是受到重大建筑工程施工的影响等，部分历史建筑类物质遗存无法在原址得到有效保护，因此需要选择新址来进行重建。例如，埃及兴建阿斯旺大坝威胁到阿布新贝尔神庙，原址已不适合继续使用，因此在对神庙相关信息进行充分详细记录的前提下，选取新址按原样进行重建。山西芮城永乐宫遗址，受三门峡水库建筑工程的影响，也进行了异地重建。相比较而言，原址重建的真实性程度更高，而异地重建会有损于物质遗存原有的真实性。

3．标识解说

1）地面标识

地面标识主要是针对埋藏于地表之下的遗址经考古发掘明确其基本格局和布局形式之后，在覆土保护的基础上，采取在地上垂直空间种植植被、夯土、砖石、木头、金属等方式来对埋藏地下的遗址进行标识性展示，从而有助于公众了解埋藏于地下的遗址格局及布局结构。例如，隋长安城遗址的延平门遗址，对于遗址内的城墙、城壕、城内道路里坊等遗迹广泛使用了地面标识系统。其中，对于城墙采用陶砖砌筑的方式来展示；对城壕在覆土保护的基础上，用鹅卵石铺筑出城壕的大致走向；对城内道路遗址，用条石铺砌呈现道路轮廓；对里坊，采用夯土标识。借助地面标识系统，公众可以清楚地了解当前隋延平门遗址的总体格局和形制。

2）意象标识

意象标识是采用写意的方式，运用可逆材料对已经消失的遗址遗迹来进行意象性的展示。例如，大明宫遗址内设置了一处大厦倾颓的意象标识，用金属材质塑造出露出地上宫殿一角，从而传达出一种曾经辉煌的宫殿已经倾覆，仅留存一角的意象。公众在看到这一意象标识，也会自然而然地联想到唐朝的覆灭。但相比较而言，意象标识是一种真实性程度较低的手法，也是争议较大的方式。

3）标牌

标牌是一种直观的传递大遗址区文化资源信息的方式。常见的现场标牌主要采取图文结合的方式来对于某一处具体的物质遗存来进行阐释，近年来随着信息技术的发展，各种电子标牌、多媒体标牌因其形式灵活，内容丰富也得到了越来越广泛的应用。

4）现场导览

现场导览是有效传达大遗址区物质文化遗存所包含的历史文化信息的一种方式，常见的现场导览方式有人工导览、语音导览、智能导览几种形式。人工导览是一种传统的借助于导览员的人工讲解来帮助公众了解相关的历史文化信息；语音导览是借助于专用的解说性设备来传递信息，而智能导览是借助于移动智能终端导览系统，来为公众及时提供全面丰富信息。相比较而言，智能导览的优势更为明显，今后应用的空间也更广阔。

4. 模型展示

1）沙盘

为方便公众了解大遗址区周边的地形地貌等自然地理特征，可以采取沙盘模拟的方式来进行展示。例如，长城的走向及周边地形布局，即采取了沙盘模拟的方式。

2）微缩模型

按照一定的比例，将大遗址的全景或局部景观呈现出来，从而可以便于公众直观、全面地了解整体布局。微缩模型可以是大尺度全景微缩模型，如圆明园所制作的全景微缩模型；也可以是局部宫殿建筑、工程等的微缩模型，如汉长安城遗址内未央宫微缩模型。

3）场景或个体模型

采用石膏浇筑等方式制作模型，再现历史场景或人物个体、动物个体等。例如，意大利庞贝古城内经考古发掘的人及动物的遗体，按照原样进行浇筑，从而真实地再现了灾难来临时人及动物的痛苦挣扎场景。北京周口店遗址区在对"北京人"存在时的原始环境进行充分科学研究的基础上，结合模型雕塑的方式，对猿人生活、劳作的历史场景进行了模拟再现，有效提升了这一远古人类活动遗址的可观赏性。

5. 数字化活化

数字化活化是借助于现代数字信息技术，进行大遗址区文化资源物质形态的修复、可视化、虚拟重现等。根据大遗址区文化资源物质形态的保存状况和可体验性，对于数字技术的利用大致包括如下几种（图7-5）。

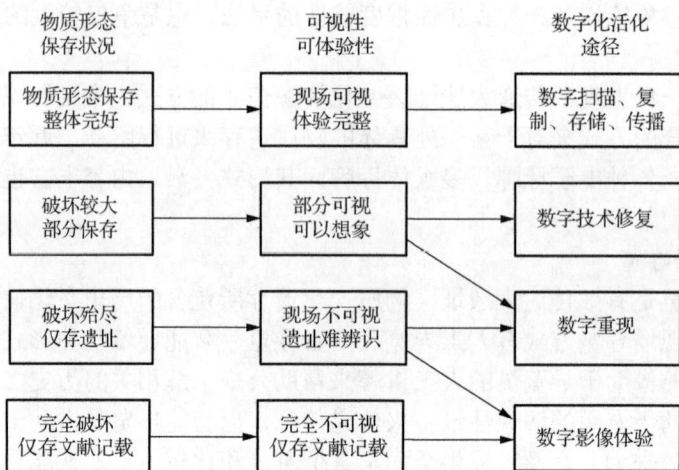

图 7-5　大遗址区有形文化资源保存状况及相应的数字化活化途径

1）数字扫描、复制、存储、传播

部分大遗址区文化资源物质形态保存状况整体而言相对完好，公众在遗址现场能够产生较为全面的直观认识与历史感受，可观可感性强。对于这部分遗址区物质文化资源而言，借助于数字扫描与存储技术，可以在考古发掘的同时，全面、快捷的记录物质文化资源的相关信息并进行永久保存，从而可以克服由于大遗址区物质文化资源在今后的时间内随着自然力或者人为因素的破坏而带来的信息流失。对于大遗址区非物质文化资源而言，借助于数字化信息采集及存档，并建立相关数据库，可以克服传统的文字记录、口头传授、摄影录像等技术手段可能带来的非物质文化资源信息失真等弊端。

2）数字技术修复及数字重现

利用数字技术可以对部分大遗址区历史性建筑物进行虚拟复原，一方面避免了在原址重建给遗址本体真实性带来的影响；另一方面又可以让参观者有机会重新目睹历史性建筑物曾经的辉煌，有效弥补现有土遗址可观赏性差的短板。利用虚拟技术进行复原目前较为领先的是增强现实（augmented reality，AR）技术，该技术是在虚拟现实技术上发展而来的一种更加注重虚实结合、能够与用户实时交互的新技术，近年来在进行历史性建筑虚拟复原方面得到了初步的应用，并取得了较好的效果。AR 技术的应用原理是将计算机中所成的虚拟信息有机的融合到真实的环境中，从而让用户能够得到更为真实、完整的体验。目前已经存在一些较为成功的应用案例，如希腊、德国等研究机构合作完成了对古希腊赫拉神庙的虚拟重现；北京理工大学等单位开发的数字圆明园增强现实系统等。借助于 AR

技术，能够直观的恢复遗址区已经消逝的宫殿等建筑的昔日风采，从而大大提升了遗址的可观、可感性。

3）数字影像体验

数字影像体验融合了虚拟技术、数字合成技术、多媒体展示等技术于一体，既可以对数字化扫描的真实遗产，也可以对经过数字修复、虚拟再现的数字化遗产进行展示，展示的方式也包含全景展示、立体展示等多重方式，从而能够让公众全方位、多视角的了解与大遗址有关的历史文化信息。同时，数字技术还可以与现代通讯、互联网技术有机融合，将数字化的遗产方便、迅捷的在更大的范围内进行传播，从而有助于进一步提升大遗址区文化资源的文化影响力，让更多的人领略其文化魅力与文化价值。

6. 环境整饬

环境整饬是对大遗址区周边物质环境要素进行保护、维护、改善提升等综合性的活动。构成大遗址区文化资源周边物质环境的要素主要包括自然、人工、空间、生产和感官五种类型（表 7-3）。

表 7-3　大遗址区物质环境要素

物质环境要素类型	物质环境要素内容
自然要素	山脉、土地、河流、湖泊、丘陵、盆地、树林、灌木、气候等
人工要素	道路、铁路、堤坝、农田、水渠、桥梁等
空间要素	建筑物、街道、广场、空地、花坛、亭台楼阁、雕塑等
生产要素	传统产业、传统商业、手工作坊等
感官要素	光线、质地、阴影、色彩、肌理等

根据对大遗址区物质环境要素整饬侧重点的不同，可以分为环境修整和环境提升两种类型。

1）环境修整

环境修整是对于大遗址区物质环境保护的基础手段之一。通过环境修整，消除环境中存在的与大遗址区文化资源不协调的建筑物、广告设施、电线等因素的影响，减少环境因素对大遗址区文化资源可能产生的危害，以及与大遗址区整体历史文化氛围不相协调之处，促进大遗址区环境整体的和谐。

2）环境提升

环境提升是借助于对大遗址区物质环境中的自然要素、人工要素、空间要素、生产要素以及感官要素等的改造提升，通过景观塑造、植被、水系、道路改造等方式，促进大遗址区整体环境质量的提升，营造富有历史文化气息、美好、亲切、自然和谐的环境空间。

7.2.2　行为体验活化

能否有效吸引人气，吸引公众对大遗址区文化资源的重视，是判断大遗址区文化资源活化效果最直观的标准。对于大遗址区文化资源而言，进行活化需要在响应公众对大遗址区文化资源多样化的需求的基础上，注重满足公众行为体验的需要，将"人"的活动有机地结合到对大遗址区文化资源物质形态的活化过程中。本部分基于公众体验的视角，设计出了融合体验、情境、事件、融入、印象、延展的行为体验活化策略（图7-6）。

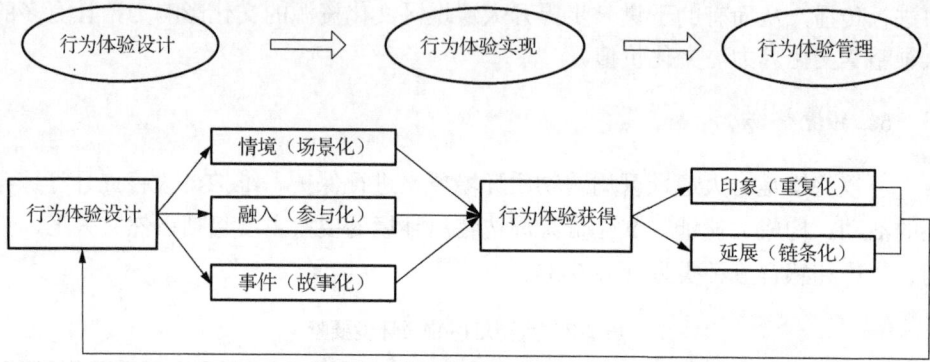

图 7-6　大遗址区文化资源行为体验活化策略

1.　行为体验化

对于公众而言，体验是公众置身于大遗址区文化资源中，所获得的独特经历和身心感受。通过促进行为体验化，设计有效的途径和方式，让公众能够感知、体验到大遗址区文化资源所包含的文化内涵和文化价值，才能充分获得公众对大遗址区文化资源的认可和尊重。

为实现行为体验化，首先需要以公众体验为导向，结合大遗址区文化资源的保护状况和利用实际，设计融合教育、参与、娱乐、移情、考古探索等方式的综合性体验活动。以大明宫遗址为例，在大明宫国家考古遗址公园内，设计了专门的考古探索中心，既能展示在真实考古发掘中出土的部分物质遗存，又能提供一系列模拟考古发掘的现场探秘活动，让公众能够通过亲身体验感受考古发掘的乐趣。同时，该考古探索中心还巧妙的融合了文化遗产保护教育的理念，借助于电子模拟、科普教育等节目，有效地向公众传达现代文化遗产保护理念。然后，还要发掘大遗址区文化资源各种类型体验的相通之处，巧妙设计针对不同类型遗产资源行为体验的连接点，从而组合成内容丰富、情节曲折的行为体验路线。以汉阳陵遗址为例，为提升公众的体验参与度，在近 500m 的参观路线设计上，巧妙地融合了"引-停-绕-跨-靠-观"等设计手法，造成跌宕起伏的体验效果，让公众能够充分的体验和领略汉阳陵遗址区的文化内涵和艺术魅力。

2. 情境场景化

场景化是意图创设一种情境，在这种情境中，大遗址区的各类文化资源不再是单个的孤立个体，而是与特定场景相连，浸入到特定场景之中的有机组成部分。与传统的图片展示、实物展示等方式相比，场景化设置能够给公众带来更直接的视觉冲击、更强烈的心灵震撼、更独特的文化感悟。

进行情境场景化的设置，可以广泛借助于现代创意设计技术和数字信息技术，充分地调动公众的视觉、听觉、触觉等多层次的感官冲击，在充分挖掘大遗址区文化资源内涵和精髓的基础上，创设历史氛围浓厚、文化特色鲜明的独特情境，将原本沉睡的文化遗址变成可观、可感、可理解、可体验的文化场景。情境场景化可以采取两种方式，第一种方式是采取真实的现场场景化设置，模拟某一历史场景。以日本吉野里遗址为例，该遗址是历史悠久的史前聚落遗址，为将遗址所代表的历史悠久的原始人类文化活生生地展现出来，吉野里遗址区复原了部分原始人生产生活场景，并采取真人示范的方式再现古代先民耕作、狩猎、纺织、采集、庆祝等生产生活的场景。通过这种场景化的设置，公众获得了能够充分的接触、理解、体验史前人类生活的机会，而吉野里遗址也不再仅是一个考古科学研究地，变成了一个活生生地可观、可感的历史文化空间。第二种方式是借助于现代数字技术，进行虚拟场景的再现。例如，金沙遗址展厅设置了"王都剪影"的展馆，将遗址区内考古发掘的成果与场景复原、现代科技手段结合，沿着既定的主题将金山先民居住、烧陶、制玉、墓葬等生活场景系统的展示出来，让公众能够获得近距离、全方位的文化体验。

3. 事件故事化

为了提升大遗址区文化资源活化的效果，有必要采取一定的事件策略，对所呈现的各种场景、各种活动进行预先设计和安排，形成富有情节、富有故事吸引力的系列活动。根据大遗址区文化资源活化的实际需要，可以借助于游戏、故事、节庆等故事或事件来促进公众行为体验的活化。

游戏是参与度较高的一种娱乐形式，通过融合现代创意设置技术，将大遗址区文化资源的历史、文化、审美、艺术、精神等方面的内容有机的融合到一个个饶有趣味、丰富有趣的游戏之中，让公众能够娱乐的过程中、在做游戏的过程中同时获得文化感受和文化体验，能够有效地拉近大遗址与公众之间的情感距离。例如，江苏淹城遗址是春秋时期地面城池遗址，为便于提升可观可感性，以淹城遗址文化资源为基础，开发策划了淹城春秋乐园的游乐项目，其中包括"梦回春秋""孙武点将台""鲁班攻城"等娱乐项目，让公众能够在参与体验中，加深对于春秋时期历史文化的了解。节庆活动也是可以广泛应用的一种活化方式，对于一些历史悠久、富有文化特色的节庆、事件等，可以采取故事化的模拟，形象生动地呈现出来。例如，汉长安城遗址区在周边的汉城湖遗址公园内，开发设计了系列围绕汉文化的节庆活动，如开笔礼、成人礼、迎宾礼、中秋祭月礼、汉代婚礼等，场景宏大，内容形象丰富，让公众在参观、欣赏的同时，也加深了对于汉代礼仪文化、宫廷文化、民俗文化等文化内容的理解和认可。

4. 融入参与化

融入参与化又可以理解为浸入策略，是通过改变传统大遗址区文化资源静态展示的方式，将其融入现代人的生活，调动公众积极地参与。进行融入参与化，关键在于如何将大遗址区文化资源转变成为能够贴近现代人生活、能够满足现代人文化需求的文化产品，来激发公众的兴趣和参与的热情。以殷墟为例，殷墟是商代后期都城遗址，经考古发掘出土了大量的物质文化遗存，其中最具代表性的是甲骨文文化遗存。最初殷墟博物院是将甲骨文放置于陈列馆中供人们参观欣赏，但由于甲骨文晦涩难懂，对于缺乏专业知识的普通公众而言，无法对甲骨文进行深入的解读，也难以了解甲骨文对于后世语言文字系统的深远影响。为促进甲骨文的活化，让甲骨文贴近普通公众生活，殷墟管理处创设了甲骨文写意书法长廊，以甲骨上镂刻的文字为基础，结合现代写意书法的方式进行展现，并对造字手法及其对后世汉字的影响进行详细的阐释。借助于这种创意性的表现手法，原本放在博物馆中陈列的甲骨碎片转变成了蕴含丰富语言文化知识、历史底蕴深厚的文化艺术品，有效提升了公众对甲骨文历史文化价值的认同。采取类似手法的还有汉长安城遗址区周边的汉城湖景区内所设置的汉币广场，广场地面铺设了汉代刀币、裤币等不同造型的汉代钱币 400 余枚，公众在日常游憩参观时，即可方便的领略汉代铸币技术及与古代货币制度等历史文化知识。

5. 印象重复化

印象侧重反映公众在记忆中所留存的参观大遗址区文化资源之后所获得的体验的印迹，公众通过回忆可以加深对于大遗址区文化资源的印象。通过有意识地开展印象管理，促进印象的重复化，加深大遗址区文化资源在公众心目之中留存的印象，则有助于维护公众对大遗址区文化资源的认可度和忠诚度。实现印象重复化可以采取的途径及具体策略主要包括：将大遗址区文化资源标识性的文化元素制作成文化纪念品、制作文化宣传片、定期举办与大遗址区文化资源价值发挥及传播相关的文化论坛等活动、成立传统文化知识竞赛等方式，提升大遗址区文化资源的知名度，通过重复、多渠道、立体化的文化传播，让公众对于大遗址区文化资源产生重复性的印象，进而提升公众对于大遗址区文化资源的认同。

6. 延展链条化

将延展策略应用于大遗址区文化资源行为体验的活化中，是指积极促进大遗址区文化资源的创造性转化，开发系列历史文化产品，让大遗址区文化资源所蕴含的价值得到广泛的传播和应用，逐步形成立足于大遗址区文化资源内涵，而表现手法和多样化，渗透到多个不同的相关产品及产业链环节的活化链条。促进延展链条化常见的方式包括：依托互联网及现代信息技术，开发数字化文化遗产资源产品；借助于现代创意技术，开发特色文化纪念品，将大遗址区文化资源的特征性文化元素应用于文化用品制造、文化观光体验、文化贸易等多个产业链环节，从而在传承大遗址区文化资源的文化基因的同时，借助于一些符号化的表达方式及创意手法，让这些文化基因能够在不同的产业链环节及具体的产品上得以显现、传承和发扬。

7.2.3　功能业态活化

功能单一是传统"限制型"保护模式下大遗址区文化资源所面临的普遍问题，也是造成大遗址区文化资源保护与周边区域发展之间矛盾的根源所在。为促进大遗址区文化资源的活化，需要推进大遗址区文化资源的功能复合化、业态的多元化，让大遗址区文化资源通过充分挖掘其文化内涵，创新资源利用模式，进而提升其在当代社会的功能及价值。国家文物局印发的《大遗址保护"十三五"专项规划》（2016）明确提出，要提升大遗址服务社会的能力，鼓励建立以大遗址为核心，统筹周边地区重要文化遗产的综合性遗址展示利用功能区，进而逐步产生聚合效应，成为区域社会发展的积极力量。国内部分学者对于延伸大遗址区功能也存在一些论述，樊海强等（2005）提出大遗址产业化的基本思想；朱海霞等（2015）提出建立大遗址文化产业集群的观点，通过政策引导，逐步在大遗址区形成以遗址文化产业为核心、带动相关产业集聚的大遗址文化产业集群，并提出应将大遗址区文化产业集群的形成作为实现大遗址区保护与区域协同发展目标的基本途径等。本书认为，对于大遗址区文化资源的功能业态的活化应兼顾营利性目标和非营利性目标，将区域教育科研、服务地方公共文化需求、促进区域文化发展等也纳入其发挥现代功能的范围之内。

依据中心-引力模型，可以将大遗址区文化资源功能业态的活化划分为三个圈层：核心功能活化、扩展功能活化、辐射功能活化。其中，核心功能活化以遗址保护及本体展示为主，侧重于大遗址区文化资源历史、艺术、科学、文化价值的传播，汇聚围绕大遗址区文化资源的考古研究、遗址保护及展示、遗址博物馆建设、遗址区及周边规划设计、遗址保护技术研究、遗址公园建设等方面的研究机构及单位；扩展功能活化是在遗址保护及展示的基础上，通过大遗址区文化资源的有效开发，深挖大遗址区文化资源的内涵，进一步实现吸引游客、获取经济效益的功能，逐步带动遗产旅游、休闲体验、演艺娱乐、传统音乐舞蹈、数字影像产品、遗址相关图书出版、遗址文物拍卖租赁、创意广告策划等相关产业的汇聚；辐射功能活化是进一步完善与遗址相关的文化产品及服务的配套，提升遗址服务及经济方面的功能，涉及周边餐饮、酒店住宿、交通、演艺娱乐、影视传播、玩具服饰生产、仿古手工艺品制作、休闲农业产品开发等关联产业。具体的功能业态活化可用图 7-7 进行表示。

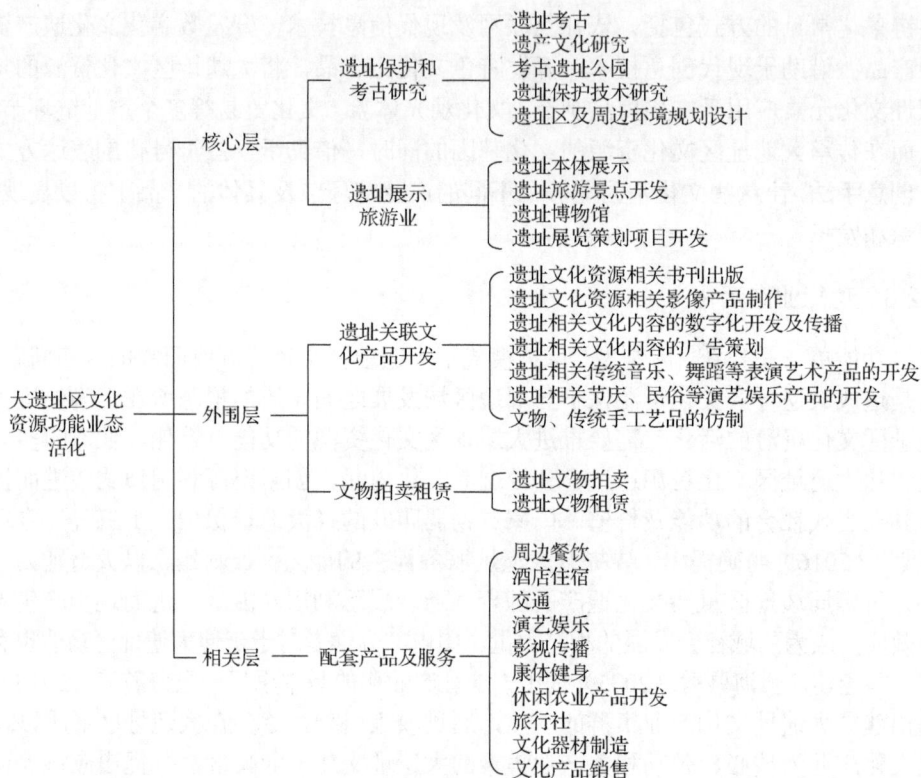

图 7-7　大遗址区文化资源的功能业态活化示意图

7.2.4　文化空间活化

依据文化空间理论及场所精神理论，大遗址区是一个具有独特文化意义的空间环境，同时也能够体现特定文化精神、能够让人产生独特文化感觉的文化场所。但是，由于我国大遗址普遍以土质遗址为主，在长期的历史发展中其物质遗存普遍毁损严重，直观地看上去，很难让普通公众体会到其文化内涵和文化精神，从而客观上限制了公众对于大遗址区文化资源的价值认同。因此，有必要借助于有效的活化策略，在准确把握大遗址区文化特征及文化精神的基础上，结合现代科技手段及创意方式，让看似"一无所有"的大遗址区重新获得生命力，让其转变成能够彰显文化价值、体现文化精神的独特文化场所。

Lefebvre（2012）提出了空间再生的模式，得到了广泛的认同。该模式认为文化空间的再生分为三个前后衔接的阶段：空间实践（spatial practice）、空间再现（space representation）、再现空间（spaces of representation）。其中，空间实践是指进行具有文化特征的物质景观的恢复及塑造；空间再现关注的是普通公众能够从文化空间中所获得的体验及感受；再现空间是借助于对文化空间的重新设计与改造使之成为让人产生独特文化感觉的文化空间。朴松爱等（2012）在此基础上以曲阜片区大遗址为例，提出应从中心理念、核心象征、符号系统、活动主体等五个要素入手来实现大遗址区文化空间的构建；郭凌等（2014）通过个案分析研究了乡村旅游开发与文化空间的生产，提出了文化空间生产的动因及主体力量等。

根据空间再生理论，大遗址区文化空间是要构造以遗产保护为核心，以大遗址区文化资源为依托，以公众参与为基础，通过对大遗址区文化资源价值发掘与功能延伸，所形成的能够持续体现大遗址区文化内涵及文化影响力的综合性文化场所（图 7-8）。

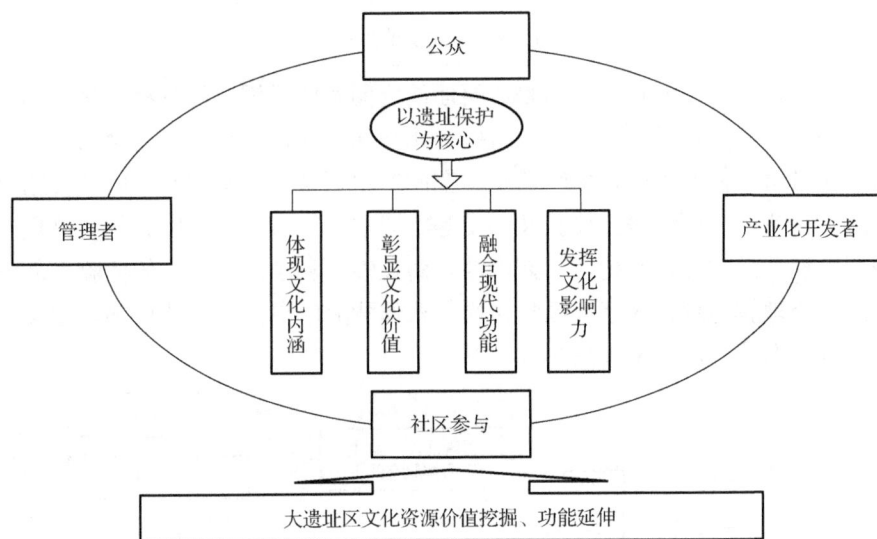

图 7-8　大遗址区文化空间的结构

进一步解构大遗址区文化空间的活化模式，可以将其划分为三个前后衔接的阶段。

（1）阶段一：空间实践，进行具有文化特征的物质景观的恢复及塑造，从而能够让公众可以直观地认识、了解这些具有特定文化特征的物质载体，为下一步体会和理解大遗址区所蕴含的文化精神奠定物质基础。这种空间实践对于部分物质文化资源毁损严重的大遗址区显得尤为适用。其中空间实践还可以进一步细分为对大遗址区物质空间的塑造及精神空间的塑造两个维度，物质空间的塑造侧重于遗址本体保护展示、相关文化资源集聚、文化景观营造、文化服务设施配套等方面；精神空间的塑造侧重于对大遗址区文化资源内涵的挖掘、文化氛围营造以及文化影响力提升等方面（图7-9）。

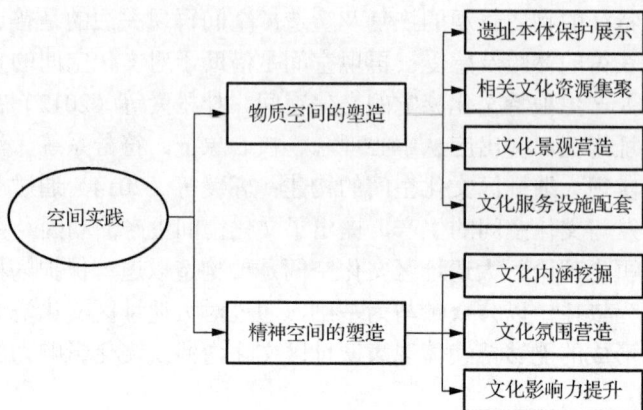

图 7-9　空间实践阶段

（2）阶段二：空间再现。与物质层面的空间实践所塑造的各种文化载体及文化符号相比，空间再现进一步强调这些文化载体及文化符号中所隐含的文化价值及意义所带给人们的感受，关注的是与空间产生联系的人文因素，以及普通公众能够从文化空间中所获得的体验及感受等。通过空间再现，可以让普通公众能够获得居住性、游憩性、文化性、艺术性、商业性、科学性等方面的体验，从而能够促进公众理解隐藏在大遗址区物质文化载体背后的更深层次的情感、意义、文化内涵等方面的价值要素（图7-10）。

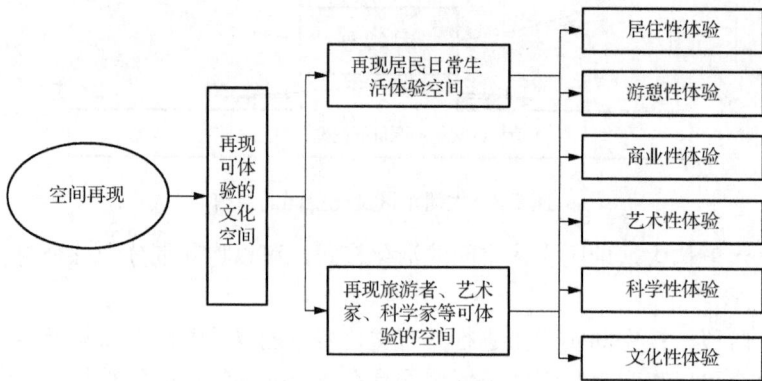

图 7-10　空间再现阶段

（3）阶段三：再现空间，是基于人本主义导向，在对大遗址区文化空间所具有的独特文化精神与文化特质进行准确把握的基础上，借助于对大遗址区文化空间的重新规划、设计与改造，将各种物质因素与精神因素、主体因素与客体因素、有形因素与无形因素等融合在内，使其成为能够体现特定文化精神、让人产生独特文化感觉的文化空间（图 7-11）。

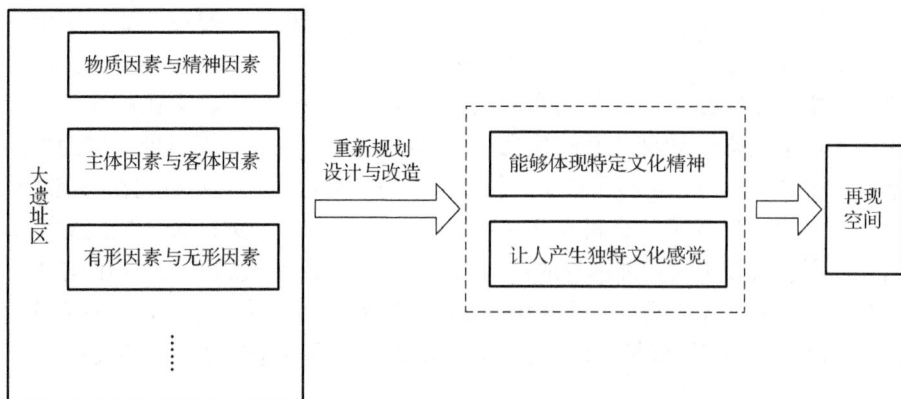

图 7-11　再现空间阶段

7.2.5　区域共生活化

区域共生活化是意图改变传统的大遗址区与周边区域割裂、不协调的局面，从契合周边区域发展的角度入手，结合周边区域发展的现实需求，在改善大遗址区文化资源功能业态和文化空间的基础上，通过区域整体性的协调规划，建立区域协调共生的局面。实现区域共生活化可以采取以下策略手段。

1. 区域整体协调

坚持统筹规划的基本原则，将大遗址区的发展纳入周边区域的整体发展，改善传统"限制型"保护模式下大遗址区与周边区域割裂的局面。在深入调查了解周边区域、周边居民的真实需求的前提下，有所侧重地进行大遗址区功能的完善和产业的复兴策划。通过进行区域整体性协调规划设计，让大遗址区与周边区域形成联系紧密、功能互补的新型空间形态，进而促进区域的整体协调。

2. 区域开放共享

《大遗址保护"十三五"专项规划》（2016）中明确提出，要坚持开放、共享的发展理念，在改善大遗址区环境的基础上，全面推进大遗址区的对外开放，促进大遗址区在当前新型城镇化建设、美丽乡村建设中的积极作用。因此，要在开放、共享理念的指导下，彻底扭转传统限制型保护模式下大遗址区与周边区域割裂的局面，逐步形成以大遗址本体保护为基础，通过发挥大遗址服务社会的功能，聚合相关资源和产业，营造大遗址展示利用功能区，让大遗址成为区域发展的有机组成部分。

3. 区域融合共生

文化生态被认为是在文化多样性的环境下，文化的相关要素与所存在的环境之间通过交互作用所形成的一种功能整体（王玉德，2003）。概括来讲，文化生态理论着眼于富有地域特色的文化与其所赖以存在的环境的关系的维护，强调要将文化与环境因素联系起来，从而实现文化与人、文化与自然、文化与社会、文化与经济等环境因素的和谐关系的建立。根据文化生态理论，大遗址区作为积淀了丰富的历史文化资源、富有历史文化特质的独特文化区域，其本身也在与周边环境的相互作用中，形成了一个富有文化特色的独特功能体。进行大遗址区文化资源的活化，不能仅囿于大遗址本身的范围之内，也应该注意大遗址与周边的自然、人文、社会、经济等环境要素之间的相互影响、相互作用，从整个文化生态系统的角度出发，谋求实现遗址保护、遗产活化、人的发展、环境维护之间和谐关系的建立。

7.3　实证研究：汉长安城遗址区文化资源的活化策略

进行汉长安城遗址区文化资源活化体系的优化设计，要秉承以价值为核心的文化遗产保护理念，立足真实遗产，围绕汉长安城遗址区文化资源在传承文化基因、促进价值提升、创新保护模式、延伸现代功能、助力区域发展等方面的活化策略目标，系统性的开展活化策略的设计（图 7-12）。

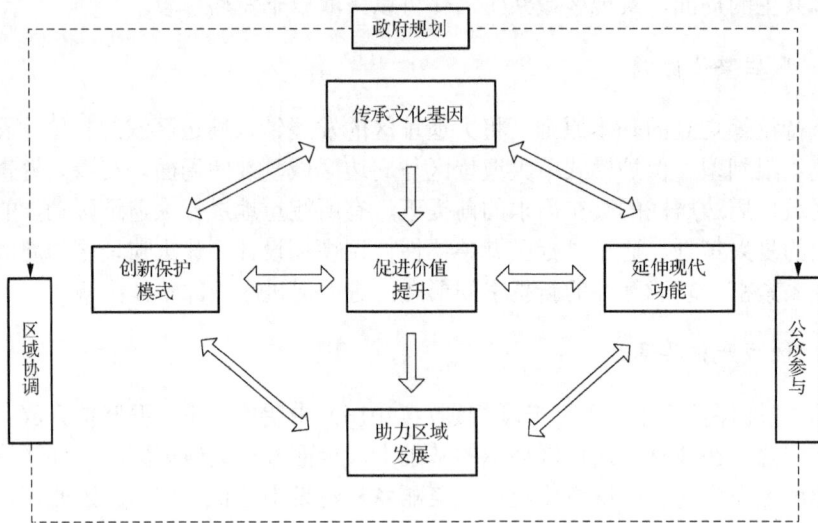

（a）活化策略目标

现实阶段		主要抓手	实现目标

```
现实阶段              主要抓手                    实现目标

以保护为    重在保护    政府规划            立足真实遗产
前提                  公众参与            传递真实信息
                     法律法规保障         促进可持续保护

以活化      重在活化    物质形态活化
促保护                 行为体验活化         激发资源活力
                     功能业态活化         促进价值发挥
                     文化空间活化         促进功能延伸
                     区域共生活化

助力区域    重在协同    环境治理            活化成果共享
发展                  营造公共文化空间      缩小区域差异
                     纳入周边区域发展      实现协同发展
```

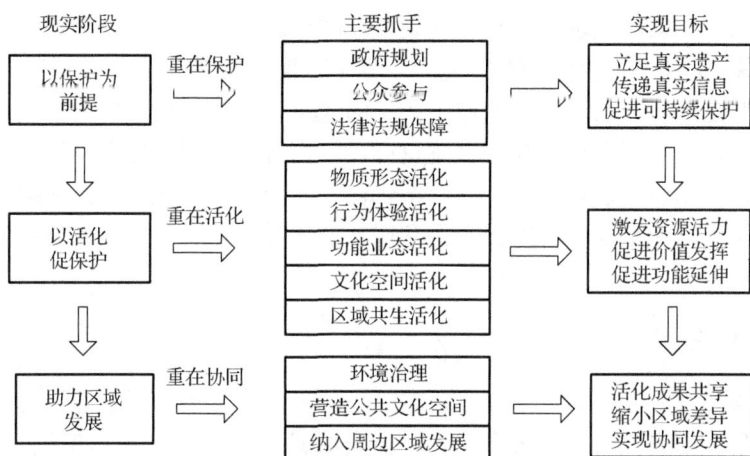

（b）活化策略设计

图 7-12　汉长安城遗址区文化资源的活化策略体系

7.3.1　汉长安城遗址区文化资源的物质形态活化

进行汉长安城遗址区文化资源物质形态的活化，目的是改善汉长安城遗址区文化资源形态不良、可观赏性较差的现状，提升其可观、可感性，为公众能够有效接触和了解汉长安城遗址区文化资源的文化内涵和价值奠定基础。本小节首先进行汉长安城遗址区物质形态遗迹的类型及保存现状分析（表 7-4），然后根据不同的类型，设计系统的物质形态活化策略。

表 7-4　汉长安城遗址区遗迹类型及保存现状评估表

遗迹类型		遗迹名称	保存状况
宫殿及官署建筑遗址遗迹	宫殿	未央宫、长乐宫、桂宫、北宫、明光宫、建章宫	破坏严重
	城门	宣平门、清明门、霸城门、覆盎门、安门、西安门、章城门、直城门、雍门、横门、厨城门、洛城门	宣平门、霸城门和西安门保存相对较好；其余城门受自然及人为因素破坏严重
	城墙	外围城墙、城角、宫墙、角楼	较差
	城内外道路	城内八街九陌、环涂、宫内道路	破坏严重
	城壕	东城墙外城壕、西城墙外城壕、南城墙外城壕、北城墙外城壕	较好
	官署建筑基址	中央官署建筑基址、少府建筑基址、天禄阁基址、石渠阁基址、椒房殿基址	较好
社会活动遗址遗迹	东西市	东市遗址、西市遗址	较差
	宅邸闾里	东阙甲第、北阙甲第、闾里区	较差
	武库	武库建筑基址	保存较好
	礼制建筑遗迹	明堂辟雍、高祖庙、宗庙遗址、拜水台	破坏严重
	社稷遗址	影山楼、社稷建筑基址	较差

根据《汉长安城遗址保护总体规划（2009～2025）》，汉长安城遗址区总体保存相对完整，除礼制建筑区（明堂辟雍、宗庙、影山楼等）被大型工业企业占压，遗址破坏严重外，其余汉长安城城址区内的遗迹保存相对而言较为完整。其中未央宫前殿遗址、武库遗址、长乐宫建筑群、桂宫等处的遗迹保存较好，建章宫前殿、窑址、楼阁台遗址等保存较差。结合以上对于汉长安城遗址区内遗迹保存现状的评估，针对遗迹类型的差异及保存现状的差异，以下设计出差异化的物质形态活化策略体系。

1. 本体展示

本体展示是本着真实性的原则，将汉长安城遗址区内物质遗迹所携带的历史文化信息呈现出来，可以让公众对于汉长安城遗址的总体格局、建筑技术等产生直观的认识，从而增强历史真实感。表 7-5 概括了汉长安城遗址区文化资源物质形态的本体展示情况。

表 7-5　汉长安城遗址区文化资源物质形态的本体展示

类型	适用条件	适用实例
原状露天展示	部分保存状况相对较好、格局清晰的建筑基址、城墙、城门等	霸城门遗址、中央官署遗址、城墙东南角至覆盎门段、东南城角、城内部分道路遗址等，可以在保护的前提下进行原状露天展示
玻璃覆罩展示	适用于受外界环境影响较大、易于毁损的物质文化遗存	制陶砖瓦窑址、中央官署遗址内部分夯土台基等
保护厅、场馆展示	适用于体量较小、价值较高、展示性较强的考古发掘现场等	汉长安城排水渠道，以及部分展示性较强的考古发掘现场等
总体格局及环境展示	适用于对汉长安城总体格局及历史环境的大视野展示	未央宫前殿遗址地势较高，可以作为登高点。另外可以辅以热气球等创设人工制高点

2. 复原重建

汉长安城建于两千余年之前，当时的建筑技术及建筑材料早已失传，且遗址区内建筑规模庞大，因此不宜对单体建筑或整体采取重建的方式。但对于部分经考古探明格局明确的建筑基址等，可以采取基址复原的方式，来将其格局、形制重新展现在公众面前，如对夯土台基、部分城墙段等，均可以采取复原的方式来进行活化。以汉长安城中央官署遗址为例，由于其格局明确，在覆土保护的基础上，采取基址复原，从而清晰地将其建筑格局呈现出来，便于公众了解其在建筑布局及建筑技术等方面的科学性。

3. 标识解说

标识解说便于公众了解貌似"一无所有"的遗迹所隐含的历史文化信息和文化内涵，针对汉长安城遗址区内不同的物质文化遗存，可以采取不同的标识解说方式（表7-6）。

表7-6　汉长安城遗址区文化资源物质形态的标识解说

策略类型	策略关键点	适用实例
地面标识	在覆土保护的基础上，采取在地上垂直空间种植植被、夯土、砖石、木头、金属等方式来对埋藏地下的遗址进行标识性展示	未央宫前殿基址、城内外道路等
标牌	各遗址点附近树立标牌，对遗址背景及历史文化信息等进行重点介绍	在遗址区内外各道路路口设置标示牌，指示附近遗址方位；标注遗迹名称及在汉长安城遗址区内的具体方位；在经考古发掘的遗迹点设置遗迹平面图，说明遗迹的布局、结构、功能和形制等
现场导览	对遗址区内主要的遗址点采取人工讲解或与语音导览等方式来进行介绍	在汉长安城遗址保管所、汉文化博物馆等地设置人工讲解员及便携式语音解说系统，供参观者使用

4. 模型展示

模型展示是采取模型化的方式，方便公众借助于模型来直观地了解遗址区总体自然地理特征或建筑布局等方面的历史文化信息。表 7-7 概括了汉长安城遗址区文化资源物质形态的模型展示情况。

表7-7　汉长安城遗址区文化资源物质形态的模型展示

策略类型	策略关键点	适用实例
沙盘	对大遗址区周边的地形地貌等自然地理特征	汉长安城遗址区的选址及总体规划布局，通过沙盘模拟来展示其科学性
微缩模型	采用可逆性材料对于单体建筑或大尺度全景建筑模拟	汉长安城遗址全景微缩模型、未央宫前殿单体微缩模型
场景或个体模型	采用可逆性材料对于某一重要历史场景或历史人物的个体模型	汉武帝雕塑、张骞出使西域场景等

5. 数字化活化

由于汉长安城遗址区物质文化遗存毁损严重，为提升其可观可感性，可以充分地借助于数字技术，来促进其物质形态的活化。根据汉长安城遗址区文化资源物质形态的保存状况和可体验性,对于汉长安城遗址区文化资源物质形态的数字化活化包括如下几种形式(表 7-8)。

表 7-8　汉长安城遗址区文化资源物质形态的数字化活化

类型	适用条件	策略手段
数字扫描、复制、存储、传播	适用于汉长安城遗址区文化资源物质形态保存整体完好、现场可视性与可体验性相对完整的情况	对汉长安城遗址出土的文物、保存状况相对较好的建筑基址、排水渠等进行数字扫描、复制、存储及传播
数字技术修复	适用于汉长安城遗址区文化资源物质形态出现部分破坏、但可以配合想象仍能获得较好的体验感的情况	对汉长安城遗址区内的部分考古发掘出土的文物、残损的壁画、建筑构建等,进行数字修复
数字重现	适用于汉长安城遗址区内物质形态已经被基本破坏殆尽的物质文化资源	利用 AR 等技术,再现汉长安城遗址区内的代表性建筑(如未央宫前殿)的复原影像
数字影像体验	适用于汉长安城遗址区文化资源物质形态已经被完全破坏,仅在文献资料中有所记载的情况	拍摄体现汉文化精神或汉历史发展的数字影视文化作品等

丁雨佳工作室于 2011 年进行过未央宫遗址的数字复原图,是对汉长安城遗址区文化资源进行数字重现的一个典型例证。未央宫遗址作为丝绸之路世界遗产的历史起点,具有特殊的历史价值及意义。然而历经岁月变迁,未央宫遗址仅留存一处高大的夯土台基,地面建筑部分已经荡然无存,普通公众直观地看上去很难体会到其背后的历史、文化等内涵及意义。而借助于数字技术手段,可以有效地将汉代宫殿建筑复原,大大提升了汉未央宫遗址的可观、可感性。

6. 环境整饬

环境整饬是在不影响汉长安城遗址区内文化资源保护的前提下,通过对汉长安城遗址区周边物质环境要素进行保护、维护、改善提升等综合性的活动。表 7-9 概括了汉长安城遗址区文化资源的环境整饬。

表 7-9　汉长安城遗址区文化资源的环境整饬

策略类型	策略关键点	策略手段
环境修整	消除环境中存在的与汉长安城遗址区文化资源不协调的建筑物、构筑物、广告设施、植被等因素的负面影响	对叠压于汉长安城遗址重点保护范围之内的违章建筑、广告牌、有害植被等进行清理;对造成污染或影响遗址区内历史景观的企业进行关停并转等
环境提升	促进汉长安城遗址区整理历史风貌的和谐	于汉长安城遗址区保护范围内的讲武殿、张家巷等村落和房屋建筑,在村落布局、建筑形式等方面与整个遗址区的历史风貌保持协调 对遗址区内的生活污水、农药污染等进行治理 对遗址区内的生活垃圾、建筑垃圾进行专项治理 遗址区绿化要与遗址区自然人文景观保持和谐

7.3.2　汉长安城遗址区文化资源的行为体验活化

作者团队在多次深入汉长安城遗址区调研走访时发现,汉长安城遗址区内人气非常差。2016 年国庆期间,时值黄金周旅游旺季,在前往汉长安城国家考古遗址公园调研时,即便在遗址公园的核心区域——未央宫前殿遗址区,前来参观游览的公众也是寥寥无几。因此,通过采取有效措施促进汉长安城遗址区文化资源行为体验的活化,集聚人气,进而引发公众对汉长安城遗址区文化资源的关注和价值认可,是有效提升活化效果的关键。本小节基于公众体验的视角,从体验、情境、事件、融入、印象、延展六个方面设计出系统化的汉长安城遗址区文化资源的行为体验活化策略(表 7-10)。

表 7-10　汉长安城遗址区文化资源的行为体验活化策略

策略类型	策略关键点	策略手段
行为体验化	设置综合性体验活动让公众获得一段有价值的历程	✧ 开发重点观光类遗址旅游产品,如未央宫前殿、丝绸之路起点、汉长安城遗址保管所文物展示、汉代宫廷礼仪表演等 ✧ 策划体验类文化项目,如"黄盖出行、步辇体验"等特色交通体验、载人氢气球全景体验、虚拟景观游览体验、汉代特色住宿风情体验、历史人物角色扮演体验、汉代养生体验等
情境场景化	营造富有历史感的真实场景或虚拟场景,给公众带来更直接的视觉冲击、更强烈的心灵震撼、更独特的文化感悟	✧ 定期在汉长安城遗址区内或周边汉城湖公园内举办与汉长安城历史及汉文化有关的大型节事及活动,如汉代朝拜庆典、汉代情景剧演出活动、汉代歌舞表演艺术活动、汉文化服装节、汉文化主题艺术节等 ✧ 模拟汉代制陶、铸币、手工业制造等生产生活场景,供公众参观体验 ✧ 举办契合当前公众偏好的节庆活动,如风筝节、旅游节等 ✧ 在未央宫遗址区上,以富有历史沧桑感的真实场景为背景,举办汉文化论坛、丝绸之路文化论坛等文化活动
事件故事化	借助于游戏、故事、节庆等故事或事件来形成富有情节、富有故事吸引力的系列活动	✧ 围绕丝绸之路的兴起、繁荣兴衰的史话故事进行情节化设置 ✧ 进行汉代历史风云人物或重大历史事件的故事化设置 ✧ 进行汉长安城遗址区保护、改造、升级及在当代社会功能发挥的故事化情节设置
融入参与化	将汉长安城遗址区文化资源转变成为能够贴近现代人生活、能够满足现代人文化需求的文化产品	✧ 汉长安城遗址文化交流基地、汉代非物质文化遗产保护研究基地等 ✧ 汉代国学讲堂、古典音乐讲堂等 ✧ 创意旅游产品的开发,如汉代艺术品雕塑、美术馆、创意手工作坊、影视艺术摄影基地等 ✧ 宫廷概念餐厅、仿古茶楼、创意酒吧等 ✧ 汉代服饰秀、汉代服装艺术设计工作室、汉代建筑微缩模型工作室等

策略类型	策略关键点	策略手段
印象重复化	加深汉长安城遗址区文化资源在公众心目之中留存的印象	✧ 让公众产生重复印象，促进旅游纪念品的开发，包括汉长安城微缩复原模型、汉代服饰、汉代民间手工艺品、汉代宫廷器物、明信片、汉代历史人物人偶等 ✧ 提升汉长安城遗址知名度的系列举措，包括汉文化论坛、汉文化艺术节等 ✧ 促进汉长安城遗址文化传播立体化重复传播的举措，包括借助电视媒体进行汉长安城影片的传播、借助网络、电视媒体等进行汉长安城大型节事活动的直播、借助纸质媒体进行汉代历史文化的传播，借助广播媒体进行汉代历史故事的传播等
延展链条化	促进大遗址区文化资源的创造性转化，将之渗透到多个不同的相关产品及产业链环节	✧ 延伸到农业，形成现代农业生态文化产品 ✧ 延伸到数字信息产业，开发数字信息文化产品 ✧ 延伸到制造业，形成汉文化产品创意制造 ✧ 延伸到旅游、休闲产业，形成历史文化特色休闲旅游产品等

7.3.3　汉长安城遗址区文化资源的功能业态活化

进行汉长安城遗址文化资源的功能业态活化，目标是改变传统"限制型"保护模式下遗址区功能单一的弊端，通过进行汉长安城遗址区文化资源的功能延伸，促进在当代社会功能的价值的发挥，汇聚关联产业，在遗址区形成复合化、多业态的综合性现代文化功能集聚体。

结合对汉长安城遗址区文化资源的物质形态及行为体验的活化，进行汉长安城遗址区文化资源功能业态的分区，可以形成以汉长安城遗址保护与研究为核心，借助对汉长安城遗址区文化资源的开发形成多样化的遗址文化产品体系，进而汇聚配套文化服务及设施建设的综合性汉长安城遗址区文化资源功能综合体，其通过功能延伸可能形成的遗址区功能分区：在遗址区的核心地带，保存相对完整的区域，主要体现遗址保护、科研、展示等功能；在外围层，发挥遗址区休闲、旅游等相关功能，汇聚汉文化主题公园、休闲文化产业、影视基地等；在延伸层，进一步带动周边休闲农业、康体、汉文化产品的创意设计及制售等相关行业的发展。依据以上功能分区，进一步细化通过功能延伸可能汇聚的产业形态，具体如表 7-11 所示。

表 7-11　汉长安城遗址区文化资源活化可汇聚的相关业态

汉长安城遗址区文化资源活化汇聚业态	核心业态	汉长安城遗址保护和考古研究	考古遗址公园
			遗址考古研究
			汉文化研究
			遗址区及周边环境规划设计

续表

汉长安城遗址区文化资源活化汇聚业态	核心业态	汉长安城遗址展示	遗址本体展示
			汉文化旅游景点开发
			汉长安城遗址博物馆
			汉长安城遗址展览策划
	拓展业态	汉长安城遗址关联文化创意产品开发	汉长安城遗址区文化资源保护开发相关图书资料出版
			汉长安城遗址区文化资源相关影像产品制作
			汉长安城遗址区文化内容的数字化开发及传播
			汉长安城遗址区文化内容的广告策划
			汉代传统音乐、舞蹈艺术的创意开发
			汉代节庆、民俗演艺产品的创意开发
			汉长安城遗址区文物、传统手工艺品的仿制
		汉长安城遗址区文物拍卖租赁	汉长安城遗址区文物拍卖
			汉长安城遗址区文物租赁
	关联业态	汉长安城遗址区周边配套产业	餐饮住宿
			交通运输
			演艺娱乐
			影视传播
			康体健身
			休闲农业
			旅行社
			文化产品制售

7.3.4　汉长安城遗址区文化资源的文化空间活化

进行汉长安城遗址区文化空间的活化，目的是依据文化空间理论及场所精神理论，以文化氛围的营造为重点，将汉长安城遗址区塑造成一个能够体现汉代文化精神、能够让人产生独特文化感觉的文化场所。

建设汉长安城国家考古遗址公园，是塑造文化空间的重要方式之一。通过设立国家考古遗址公园，对汉长安城遗址区内的物质本体进行整体性保护，结合环境整饬、产业汇聚、功能延伸等方式，促使汉长安城遗址区变成文化底蕴深厚、环境优美、功能完善、与周边区域协调发展的城市综合性文化特区，成为可以造福于民、服务于社会的新型文化基地。进行汉长安城遗址区文化空间的活化，具体可以从以下三个层面入手。

一是遗址区的布局突出汉文化内涵和汉文化精神。应从遗址区的整体规划和环境布局入手，注重环境整饬和历史文化氛围的营造，如园林布局、仿汉建筑等与举办的各类汉文化演艺等活动相契合。

二是注重对汉代生产生活场景的复原及功能业态的区划。应在功能业态活化的基础上，着眼于营造开放、共享、文化气息浓郁的新型文化空间。在功能分区的基础上，进一步确立以汉长安城遗址保护为主体，以遗址本体展示、场景活化、行为体验活化为补充，以汉文化传播为纽带的空间活化原则。

三是注重文化空间的打造与环境整饬相结合，注重自然环境的整理、提升与汉文化内容相统一，公众在观赏游览汉长安城遗址、汉代生产生活场景、领略汉代建筑风采的同时，还能体会到其中所蕴含的汉代传统文化内涵和文化精神。以最具代表性的未央宫遗址为例，未央宫是汉长安城的皇宫正殿，也是丝绸之路的起点。未央宫地势较高，站立在未央宫前殿夯土台基之上，俯瞰周边景物，仍能让人联想到皇权至上的思想，仍能感受到当年泱泱大汉与天抗争、自强不息、团结奋进等文化精神。

7.3.5　汉长安城遗址区文化资源的区域共生活化

在长期的"限制型"保护模式下，汉长安城遗址区与周边区域发展之间的差距日益加大，通过进行汉长安城遗址区区域共生的活化，意图改变汉长安城遗址区与周边区域割裂、不协调的局面，在进行汉长安城遗址区文化资源功能业态和文化空间活化的基础上，将汉长安城遗址区的发展纳入周边区域、纳入西安市城市的总体规划，实现区域协调共生的局面。汉长安成遗址区文化资源的区域共生活化具体可以采取表 7-12 所示策略手段。

表 7-12　汉长安城遗址区文化资源的区域共生活化

策略类型	策略关键点	策略手段
区域整体协调	坚持统筹规划的基本原则，将汉长安城遗址区的发展纳入周边区域的整体发展规划	◇ 协调主体：成立以政府、公共组织、私人机构为主体的区域协调多元参与主体 ◇ 协调规划：制订汉长安城遗址区内外空间、经济、社会、文化、环境等多层面协调的规划 ◇ 协调政策：制订及出台相关的土地、资金、人才、环境等相关方面的政策，为促进汉长安城遗址区内外协调提供政策保障
区域开放共享	全面推进汉长安城遗址区的对外开放	◇ 促进汉长安城遗址区开放：推进汉长安城国家考古遗址公园的建设，提升汉长安城遗址区文化资源的利用水平，全面实现遗址区的对外开放 ◇ 实现汉长安城遗址区文化资源活化成果的共享：有效承担城市或社区功能，发挥汉长安城遗址在公共文化服务体系建设、新型城镇化建设中的重要作用

续表

策略类型	策略关键点	策略手段
区域融合共生	改善遗址区与周边区域割裂的局面，促进协调共生发展	✧ 汉长安城遗址区与周边区域资源的共生：在遗址保护的基础上，促进文化资源、资金资源、人力资源等资源在区域之间的流动 ✧ 汉长安城遗址区与周边区域价值的共生：通过促进汉长安城遗址区文化资源的历史、艺术、科学、文化、功能价值的发挥，以价值为纽带，带动周边相关产业的发展，促进价值的增值 ✧ 汉长安城遗址区与周边区域利益的共生：共生的基点在于利益，在整合资源、促进价值发挥的基础上，实现利益互惠，促进遗址区内外经济社会共同发展

7.4 本 章 小 结

本章在价值分析、经验借鉴的基础上，进一步开展大遗址区文化资源活化策略的研究，并以汉长安城遗址区为例，开展面向具体对象的大遗址区文化资源活化策略设计，旨在进一步提升研究的实际应用价值。

首先，围绕大遗址区文化资源的价值需求及在当代社会的功能定位，确立了大遗址区文化资源活化的策略目标：传承文化基因、促进价值提升、创新保护模式、延伸现代功能、助力区域发展，从而将对大遗址区文化资源的保护、价值利用、功能发挥有机地结合起来。

其次，围绕活化的策略目标，结合我国大遗址区文化资源在保护与利用中所存在的现实问题，设计出融合物质形态活化、行为体验活化、功能业态活化、文化空间活化、区域共生活化的综合性策略体系。其中，物质形态活化是针对当前我国大遗址区文化资源普遍存在的资源形态不良的问题，借助于本体展示、复原重建、标识解说、模拟展示、数字化活化、环境整饬等方式，改善大遗址区文化资源的物质形态；行为体验活化旨在改善大遗址区人气不足的问题，从公众体验的视角进行体验活化策略的设计，所设计出的具体策略包括行为体验化、情境场景化、事件故事化、融入参与化、印象重复化、延展链条化；功能业态活化旨在改善当前大遗址区文化资源功能单一的局面，通过功能延伸拓展，形成大遗址区文化资源综合功能体；文化空间活化旨在改变当前大遗址区文化特色消退的现实问题，通过文化传承、特色营造、景观风貌再现，来彰显大遗址区人文特色；区域共生活化旨在促进区域协调，改变以往大遗址区与周边区域发展相割裂的局面，将大遗址区保护与活化纳入周边区域的发展，形成与周边区域协调、连续、开放、共生的良好局面。

最后，以汉长安城遗址区为例，结合汉长安城遗址区文化资源保存及利用状况，开展具体的遗址区文化资源活化策略设计。其中，物质形态的活化目的是改善汉长安城遗址区文化资源形态不良、可观赏性较差的现状，提升其可观、可感性，可采取的策略手段设计包括对汉长安城中央官署遗址的建筑基址复原、建立汉长安城遗址全景微缩模型、进行数字化重现等；行为体验的活化是期望集聚人气，引发公众对汉长安城遗址区文化资源的关注和价值认可，针对如何促进行为体验化、情节故事化等设计了一系列策略手段，如黄盖出行、汉代国学讲堂、汉文化产品创意制造等；功能业态的活化目的是促进汉长安城遗址区在当代社会功能与价值的发挥，结合可能汇聚的产业形态，设计出了融合遗址公园建设、汉文化展示、休闲文化、周边景观、生态农业等于一体的综合性文化产业集聚区；文化空间的活化目的是展现汉长安城遗址区独特的人文精神，通过将遗址区文化空间的打造与环境整饬、提升相结合，营造出历史文化氛围浓厚的城市新区；区域共生活化的目的是改善汉长安城遗址区与周边区域发展割裂的局面，借助于区域整体协调、遗址区开放共享、融合共生等策略方式，来促进汉长安城遗址区与周边发展的协调。

第 8 章 结论与展望

8.1 结论及创新

本书顺应当前国际文化遗产保护理念发展的新趋势，契合我国当前全面复兴传统文化的时代背景，在客观认识到当前我国大遗址区文化资源保护所面临的资源形态凋敝、资源价值被忽视、与城镇化建设矛盾日益尖锐等现实困境的前提下，创新性地提出了大遗址区文化资源活化的理念，进而围绕大遗址区文化资源为什么主张活化、依据什么进行活化、怎样活化、如何促进其有效的活化等理论问题，系统开展了大遗址区文化资源活化的价值依据、活化机理与模式、活化策略体系的研究。最终目的是期望在保护的前提下重新激发大遗址区文化资源内在的生机活力，在保护与传承大遗址区文化资源的同时，推进大遗址区文化资源的创新性利用，将其融入现代生活，进而实现大遗址区文化资源保护与所在区域经济社会发展的协同。

8.1.1 结论

研究所得到的结论主要可以概括为以下八个方面。

1. 大遗址区文化资源活化是对传统"限制型"保护理念的创新发展

大遗址区文化资源保护的基本目的并非是"要留住时光，或者重现旧时风貌"，而是要在当代社会彰显、传承大遗址区文化资源所具有的独特价值和意义。传统的"限制型"保护理念以防止大遗址区文化资源本体遭受损害为基本目标，不注重大遗址区文化资源的价值利用及价值提升。活化理念的引入，是对传统的"限制型"保护理念的革新。活化是强调以利用促进保护的一种新型的文化遗产资源保护理念，活化与保护并不相悖，而是探求在保护的前提下对大遗址区文化资源的创新性利用，改变大遗址区文化资源静止的、僵化的状态，激发其内在潜能。从方式来讲，大遗址区文化资源活化涵盖围绕文化遗产资源所开展的维护、利用、传承、激活等保护性活动，大遗址区原本静态、孤立的文化遗产资源变得可观、可感、可读，成为贴近公众需求、贴近社会实际的文化力量；从目的来讲，大遗址区文化资源的活化力图改变大遗址区文化资源的表现形式、拓宽其价值传递的方式、发掘其在当代社会的功能，从而将其转变成为与当前城镇化建设相协调、符合公众价值需求、符合社会功能需求的积极力量。

2. 大遗址区文化资源活化应以价值分析为起点和依据

价值分析是大遗址区文化资源活化的起点和依据。客观上来讲，之所以需要对大遗址区文化资源进行活化，是因为其具有价值，活化的对象是具有价值的文化遗产资源；而之所以引入活化理念来对传统的"限制型"保护理念进行创新，是因为大遗址区文化资源所具有的价值具有内隐性、多样性、动态性、利用的共享性等特征，为了促进大遗址区文化资源内在价值的发挥，实现对文化遗产资源价值利用的公平，需要改变传统保护模式，寻求通过进行有效的活化，促进大遗址区文化资源价值传承和价值提升，满足当前社会对于大遗址区文化资源的价值需求。

3. 大遗址区文化资源活化存在着强烈的现实需求

从实践来看，当前我国大遗址区文化资源的保护面临着保护观念"限制化"、资源形态"凋敝化"、资源价值"忽视化"、利用方式"商业化"、空间环境"割裂化"等困境，进行问题的剖析发现原因存在于根深蒂固的静态保护观念的存在、对资源价值缺乏全面认识、对大遗址区文化资源利用不充分、对社会力量缺乏有效利用、遗址服务社会的能力受限等方面。因此从现实出发，为缓解在实践中大遗址区文化资源保护所面临的种种困境，有必要转变保护理念、引入活化理念，通过进行有效的大遗址区文化资源活化，达到创新保护观念、改善遗址区文化资源的形态、提升资源价值、完善资源利用方式，进而实现与周边区域协调发展的最终目的。

4. 大遗址区文化资源应以促进价值发挥为目的

本书本着动态、发展的眼光，结合我国当前社会对于大遗址区文化资源的价值需求，在分析国内外文化遗产资源价值认知变迁历程的基础上，以契合当前我国对大遗址区文化资源的价值需求为目标，建立了以历史价值、艺术价值、科学价值、文化价值、功能价值为主导的复合型大遗址区文化资源价值构成体系。

基于系统性、科学性、可操作性、简明性的原则，构建了包括4个层次、28个评价指标在内的大遗址区文化资源价值评估体系。继而以具有典型性和代表性的大遗址——汉长安城遗址为例，展开价值评估的实证研究。基于对汉长安城遗址区文化资源的存量梳理和价值特征分析，展开汉长安城遗址区文化资源价值评估的实证研究。研究发现，①汉长安城遗址区文化资源意义重大，总体价值突出。运用层次-灰色评价法对于汉长安城遗址区文化资源的价值进行综合性判断，发现综合评价分值为3.0396，接近"良好"等级。②汉长安城遗址区拥有巨大的经济价值和经济潜力，通过构建虚拟市场，利用意愿价值评估法所确定的总经济价值数额高达 2289.54 亿元/年。③汉长安城遗址区文化资源直接使用价值非常有限，间接经济价值显著。汉长安城遗址以及毗邻的汉城湖景区，资源可观赏性程度低，游客人数偏少，直接使用价值极为有限。④汉长安城遗址区的总体价值突出，经济潜力巨大，但直接使用价值极为有限，这进一步证明该遗址区文化资源价值具有典型的内隐性特点，尚存在很大的价值提升空间。因此，对于以汉长安城遗址为代表的大遗址区文化资源而言，针对价值良好且经济潜力巨大、但直接经济价值极为有限的情况，应改变传统的大遗址区文化资源价值利用方式，促进内隐价值的外显和当代价值的发挥，为后续活化措施的采用提供依据。

5. 大遗址区文化资源活化过程中系统发生熵变

大遗址区文化资源活化属于一个复杂的社会经济系统，在该系统中，大遗址区文化资源在来自外界环境中各种因素的影响下，资源状态由原本静止凝固、活力低下的状态转变为动态、具有活力的状态。本书创新性地引入熵理论，在论证熵理论的适用性的前提下，展开了大遗址区文化资源活化的熵机理的研究。具体而言，在限制型保护时期，由于各种保护措施的存在，力图通过排除外界因素的影响，将大遗址区文化资源维持在一个相对稳定的状态，这相当于人为制造了一个封闭的系统，此时系统内熵发挥主导作用。受熵增原理的支配，大遗址区文化资源的活力将不可遏制地呈现出逐渐衰败的态势，直至完全失去活力；而通过促进大遗址区对外开放，大遗址区文化资源处于开放系统中，此时需要考虑系统内部熵变与外部熵变的综合作用。当系统外部输入的负熵超过系统内部正熵时，在外部有利因素的影响下，大遗址区文化资源则存在突破传统的系统内部约束，朝着新的稳定有序的结构演化的可能。在这一过程中，大遗址区文化资源的状态从相对静止、凝固的状态转变为富有活力、不断运动的状态，资源活力增强，价值及功能得以有效发挥，大遗址区文化资源活化得以实现。

6. 活化模式的选取应考虑资源的价值状况及保存状况

本书在分析总结国际学术界现有关于文化遗址活化模式的基础上，按照大遗址区文化资源的保存状况和价值状况两个维度的差异，提出六类差异化的活化模式：承袭式活化、修复式活化、还原式活化、适应式活化、再生式活化、创意式活化。其中，承袭式活化适用于价值突出、资源保存较好的情况，强调从大遗址区文化资源本身的状况出发，将大遗址区文化资源所承载的历史文化信息真实的表达与传承下来；修复式活化适用于价值突出，资源保存一般的情况，强调借助于修复手段来恢复其历史性原状；还原式活化适用于大遗址区文化资源本身价值突出，但毁损严重甚至完全消失、仅存历史文献记载的情况，借助于数字技术还原或数字重建等方式来进行；适应式活化适用于资源价值一般、保存较好的情况，强调对文化遗产资源注入新的机能，使其能够适应新的社会需求；再生式活化适用于资源价值及保存状况一般的情况，强调延续历史文脉、文化基因，让历史性空间获得新生命力；适应式活化适用于资源价值不太突出、保存欠佳的情况，通过结合现代创意技术来挖掘资源价值，开发文化创意产品，汇聚创意产业。进而以汉长安城遗址为例，就以上六种活化模式的具体应用进行了分析。

7. 国内外典型实践经验可以为制订有效的活化策略提供有益借鉴

国外案例的选取主要集中在欧洲和亚洲地区。其中，欧洲地区作为文化遗产保护思想的起源地，在遗产保护方面有着悠久的历史，在文化遗产资源活化方面有着许多创新性的、值得借鉴的做法。选取亚洲地区是由于与我国类似的日本、韩国等均属东方大遗址的范畴，有着相似的文化背景，在遗产价值的认定、遗产活化策略的选取等方面与我国有着一定的相通之处。所选取的典型案例涉及意大利庞贝古城的再生、法国肖维-蓬达尔克洞穴的复制、德国"一无所有"的卡泽尔古战场遗址的活化、以色列"永不陷落"马萨达精神的活化、日本平城宫复原、韩国庆州非物质文化遗产的活态化传承等。国内案例的选取主要涉及殷墟的活化、隋唐洛阳城遗址的活化、金沙遗址的活化、楚纪南故城活化等。通过对国内外大遗址区文化资源活化的典型案例分析，研究通过归纳分析总结出了如下几点启示：①要维护大遗址区文化资源所包含历史信息的真实性；②要立足于资源价值；③要与所处文化背景相契合、要以公众体验为导向；④要积极融合现代数字信息等技术，以增强大遗址区文化资源的可观可感性。

8. 应围绕大遗址区文化资源的活化目标构建系统性的活化策略体系

大遗址区文化资源活化策略目标需要将对大遗址区文化资源的保护、价值利用、功能发挥有机地结合起来，致力于传承文化基因、促进价值提升、创新保护模式、延伸现代功能、助力区域发展。

结合我国大遗址区文化资源在保护与利用中所存在的现实问题，在对大遗址区文化资源价值分析的基础上，研究设计出了融合物质形态活化、行为体验活化、功能业态活化、文化空间活化、区域共生活化的综合性策略体系。其中，物质形态活化是针对当前我国大遗址区文化资源普遍存在的资源形态不良的问题，借助于本体展示、复原重建、标识解说、模拟展示、数字化活化、环境整饬等方式，来改善大遗址区文化资源的物质形态；行为体验活化旨在改善大遗址区人气不足的问题，从公众体验的视角进行体验活化策略的设计，所设计出的具体策略包括行为体验化、情境场景化、事件故事化、融入参与化、印象重复化、延展链条化；功能业态活化旨在改善当前大遗址区文化资源功能单一的局面，通过功能延伸拓展，形成大遗址区文化资源综合功能体；文化空间活化旨在改变当前大遗址区文化特色消退的现实问题，通过文化传承、特色营造、景观风貌再现，来彰显大遗址区人文特色；区域共生活化旨在促进区域协调，改变以往大遗址区与周边区域发展相割裂的局面，将大遗址区保护与活化纳入周边区域的发展，形成与周边区域协调、连续、开放、共生的良好局面。进而以汉长安城遗址区为例，结合汉长安城遗址区文化资源保存及利用状况，开展面向具体对象的大遗址区文化资源活化策略的设计。

8.1.2　创新

本书的创新主要体现在内容和方法两个方面。

1. 研究内容的创新性

（1）本书契合当前复兴传统文化的时代背景，创新性地引入大遗址区文化资源活化的理念，提出进行大遗址区文化资源保护的目的并非是要维持原状，而是要在当代社会彰显、传承其所包含的独特价值和文化意义。与传统的"限制型"保护理念相比，研究所采用的活化理念着眼于如何改善大遗址区文化资源的表现形式、拓宽其价值传递方式、发掘和延伸其在当代社会的功能，是对我国传统大遗址保护与利用理论的创新发展。

（2）本书将价值分析及价值评估作为大遗址区文化资源活化的起点和依据，确立了大遗址区文化资源的价值构成体系，建立价值评估框架并以汉长安城为例展开实证研究。通过价值评估发现，大遗址区文化资源总体价值良好且经济潜力巨大，但价值具有较强的内隐性，直接价值较为有限。因此，应改变传统的价值利用方式，借助于有效的活化手段，促进大遗址区文化资源内隐价值的外显化，提升对大遗址区文化资源的价值利用程度。

（3）本书创新性地开展了大遗址区文化资源活化机理的研究，提出在活化的过程中大遗址区文化资源的状态发生了变化，由静态、不具活力的状态转变为动态、具有活力的状态，并引入熵理论就活化产生的条件及其规律性进行了研究。在限制型保护时期，大遗址区文化资源处于相对封闭的系统，此时系统内熵发挥主导作用，受熵增原理的支配，大遗址区文化资源将不可遏制的走向活力衰减；而在开放系统中，当系统外部输入的负熵超过系统内部正熵时，大遗址区文化资源则存在突破系统内部约束、朝着新的稳定有序的结构演化的可能，大遗址区文化资源活化得以实现。

（4）本书开展了大遗址区文化资源活化策略的设计。研究提出活化应致力于传承文化基因、促进价值提升、创新保护模式、延伸现代功能、助力区域发展。研究进一步结合我国大遗址区文化资源在保护与利用中所存在的现实问题，在经验借鉴的基础上，设计出了融合物质形态活化、行为体验活化、功能业态活化、文化空间活化、区域共生活化的综合性策略体系，并结合实例展开面向具体对象的活化策略设计。

2. 研究方法的创新性

（1）在对大遗址区文化资源进行价值评估的过程中，创新性地引入"二分法"，即分为经济价值和非经济价值两部分进行评估。其中，进行总经济价值评估时，由于缺乏有效的市场信息，引入意愿价值评估法，构建虚拟市场来计算大遗址区文化资源的经济价值和经济潜力。

（2）在大遗址区文化资源活化机理的研究中，创新性地引入熵理论，从系统论的视角开展了大遗址区文化资源活化熵机理的分析。研究基于熵增原理，分别研究了限制型保护时期（封闭系统）及开放环境两种情况下大遗址区文化资源系统内部的熵变，确定了大遗址区文化资源活化得以实现的条件。

8.2　特色及不足

1. 特色突出

（1）紧密契合政策。全面复兴传统文化为当前我国的重大国策，大遗址区作为中华传统文化的核心承载地，是价值突出、文化底蕴深厚的区域。开展大遗址区文化资源活化的研究，以传承、弘扬传统文化，符合当前政策导向。

（2）符合现实需求。在当前我国城镇化建设发展的背景下，沿用传统"限制型"保护模式，大遗址区的发展与周边区域之间的差距日益扩大。引入活化的创新理念，提升大遗址文化资源的价值和当代功能，有利于促进大遗址保护与区域发展的协同。

（3）理论联系实践。本书既包括从理论层面开展大遗址区文化资源活化的价值依据、活化机理、活化模式等的探究，还包括从实践层面所进行的活化现实困境剖析、典型大遗址的价值评估、活化策略设计等方面的具体研究。本书既具有理论方面的创新和发展，也具有较强的实际指导价值。

2. 主要建树

（1）提出了大遗址区文化资源活化的理念，探索在保护的前提下激发大遗址区文化资源的内在潜能，来实现对大遗址区文化资源的合理有效利用，是对传统"限制型"保护理念的创新发展。

（2）秉承以价值为核心的文化遗产资源保护原则，将价值分析作为大遗址区文化资源活化的起点和依据，提出了大遗址区文化资源的价值构成及价值评估体系并进行实证研究,并得出应通过活化促进大遗址区文化资源内隐价值的外显化,实现对其价值的合理有效利用的结论。

（3）坚持从大遗址文化资源利用所面临的现实问题出发，提出活化应将对大遗址区文化资源的保护、价值利用、功能发挥有机结合，设计出了融合物质形态活化、行为体验活化、功能业态活化、文化空间活化、区域共生活化的综合性策略体系并展开实际应用研究。

3. 研究存在的不足及尚需深入研究的问题

（1）随着复兴传统文化被确定为当前我国的重大国策，在新时期需要进一步加强包括大遗址在内的文化遗产资源的有效利用和传承。然而在实践中仍然普遍存在大遗址区文化资源保护理念落后、价值被忽视、资源利用方式不当等问题，后续将围绕促进大遗址区文化资源的价值提升和文化复兴等问题继续展开深入研究。

（2）本书所引入的大遗址区文化资源活化理念，具有一定的创新性，是对传统以文物保护为中心的保护理念的革新。本书所设计出的大遗址区文化资源的活化策略体系，也偏重于理念层面，还需要在实践中不断地加强对活化理念的应用和检验。

（3）在实证研究环节，本书挑选的汉长安城遗址属于都城遗址的典型代表，但对于其他一些类型的大遗址，包括新兴的文化线路、文化景观等类型的大遗址均未涉及，后续研究需要进一步扩大实证调研的范围，以提升研究所提出的对策及建议的普遍性和适用的广泛性。

8.3　趋势及展望

在文化多样性发展的趋势下，后续进行大遗址区文化资源的活化研究应注意围绕以下几个方面进行。

1. 大遗址区文化资源活化与文化价值的发挥

在文化全球化发展的背景下，大遗址区文化资源所蕴含的文化价值得到前所未有的重视，大遗址区文化资源活化也被视为展现不同地区文化特性、促进不同地区之间的文化交流、提升文化价值的重要手段。《世界文化多样性宣言》中明确强调，文化遗产是区域文化传统的见证，记载了区域人类活动的独特经历，因此对于文化遗产的保护、传承及利用是展现文化多样性、促进文化发展的重要方式。无论是历史遗留下来的建筑、古迹、工艺品，还是不具备实物形态的语言文字、风俗习惯、文化传统、手工技能等，这些不同类型的文化遗产见证了特定区域人类的活动，体现了人类的创造性活动、独特的思维方式、文化传统。同时对于当今时代的人们而言，大遗址区文化资源在帮助人们正确的认识自己的文化身份、明确文化发展与传承的意义等方面也起着重要的作用。因此围绕遗产活化与遗产价值发挥相互作用的研究将有进一步强化的趋势。

2. 大遗址区文化资源活化与文化背景的协调

文化多样性承认文化在不同的背景和不同的时期所具有的不同表现形式，并将之作为构成人类文化多样性的基础。文化多样性隐含着具有不同文化特质的文化遗产在不同历史时期或者不同的地区可以有所差异，其表现方式的多样性应当受到尊重。进一步来讲，文化遗产在长期的保护过程中，在掌握真实历史信息的基础上，对于遗产物质实体所进行的修缮、恢复，抑或是对于包含文化信息的非物质文化传统、技艺等进行的传承与发展，均可以视为延续文化遗产生命力、体现文化遗产多样性文化价值的表现形式。因此，开展遗产活化的研究，今后应加强针对不同的文化遗产类型及表现方式，通过活化来展现特定的文化内容及文化传统，而活化也应根植于文化背景，以促进遗产活化与文化背景的协调。

3. 大遗址区文化资源活化对象的典型化发展

近年来随着大遗址区文化资源类型的不断丰富，文化景观、文化线路等新的遗产类型的出现，大遗址区文化资源活化的研究对象也更趋于多样化，尤其是针对典型地区的遗产活化对象的研究将进一步增多，如城郊型文化遗址区、跨区域线性文化遗产等。从对国内文化遗产活化对象的分析也可以看出，本书过多地偏重于对于遗产活化意义、旅游化活化等的研究，而面向特定对象的具体活化策略设计的研究还相对而言数量偏少。因此，加强对于遗产活化对象典型性的研究，开展面向对象的遗产活化策略设计，将有着积极的学术价值和意义。

4. 大遗址区文化资源活化方式的数字化发展

随着虚拟现实技术等数字信息技术的发展，未来文化遗产资源活化领域将更加注重对于数字技术的应用。与传统方式相比，数字技术有利于保护遗址本体的完整，且易于跟现代创意设计技术相结合，更好地提升大遗址区文化资源的可观、可感性。尤其是对于毁损严重、可观赏性较差的大遗址区文化资源，借助于数字信息技术，在保护好大遗址区文化资源脆弱的物质本体的前提下，可以生动有效地将遗产所蕴含的历史文化信息充分解读出来，进而成为促进大遗址区文化资源活化、彰显大遗址区文化资源文化价值和文化影响力的重要途径。

参 考 文 献

白国庆, 许立勇, 2016. 大遗址的数字传播与城市文化空间拓展[J]. 深圳大学学报(人文社会科学版), 33(2): 50-54.

班固, 2012. 中华国学文库: 汉书[M]. 北京: 中华书局.

薄海昆, 2011. 穿越时空的大都会——土耳其以弗所古城遗址见闻[J]. 中国文化遗产, (5): 102-109.

常青, 2005. 略论传统聚落的风土保护与再生[J]. 建筑师, (3): 87-90.

常青, 2009a. 都市遗产的保护与再生: 聚焦外滩[M]. 上海: 同济大学出版社.

常青, 2009b. 历史建筑修复的"真实性"批判[J].时代建筑, (3): 118-121.

常青, 2013. 我国城乡改造中历史空间存续与再生设计研究纲要[J]. 建筑设计管理, 30(1): 47-49.

常青, 2014. 探索我国风土建筑的地域谱系及保护与再生之路[J]. 南方建筑, (5): 4-6.

常青, 齐莹, 朱宇晖, 2008. 探索风土聚落的再生之道——以上海金泽古镇"实验"为例[J]. 城市规划学刊, (2): 77-82.

常青, 沈黎, 张鹏, 等, 2006. 杭州来氏聚落再生设计[J]. 时代建筑, (2): 106-109.

陈靖, 王涌天, 林精敦, 等, 2010. 基于增强现实技术的圆明园景观数字重现[J]. 系统仿真学报, 22(2): 424-428.

陈亮, 2008. 历史文化遗产保护理念研究——以福州三坊七巷保护规划为例[J]. 规划师, (8): 32-36.

陈同滨, 2006. 城镇化背景下的中国大遗址保护[J]. 建设科技, (22): 58-61.

陈同滨, 2009. 中国大遗址保护规划与技术创新简析[J]. 东南文化, (2): 23-28.

陈蔚, 胡斌, 何昕, 2006. 当代我国历史文化遗产价值体系的构成[J]. 重庆建筑大学学报, (2): 24-27.

陈稳亮, 2010. 村落型大遗址保护的现状、问题及对策研究——以雍城遗址为例[J]. 干旱区资源与环境, 24(3): 119-125.

陈怡, 吕舟, 2014. 京杭大运河突出普遍价值的认知与保护[M]. 北京: 电子工业出版社.

戴俭, 侯晓明, 冯晓芳, 2012. 大遗址价值评估体系研究[J]. 中国文物科学研究, (3): 25-27.

戴林琳, 郑超群, 2016. 传统村落地缘文化特征及其遗产活化——以京郊地区三家店村为例[J]. 中外建筑, (3): 55-56.

董欣, 2004. 陕西大遗址保护与可持续利用研究[D]. 西安: 西北大学.

杜久明, 蔡美艳, 2007. 殷墟遗址旅游价值展示效果调查与研究[J]. 殷都学刊, (2): 38-42.

樊海强, 权东计, 李海燕, 2005. 大遗址产业化经营的初步研究[J]. 西北工业大学学报(社会科学版), (3): 40-42.

方程, 2014. 城市宗教文化遗产活化与地方认同构建[J]. 新疆社会科学, (6): 61-65.

方兰, 陈龙, 2016. TEEB 视域下的城市大遗址保护创新研究[J]. 环境保护, 44(Z1): 26-29.

傅清远, 2008. 大遗址考古发掘与保护的几个问题[J]. 考古, (1): 27-30.

关福财, 2005. 土城子遗址遭蹂躏[N]. 中国文化报, 2005-5-24.

郭凌, 王志章, 2014. 乡村旅游开发与文化空间生产——基于对三圣乡红砂村的个案研究[J]. 社会科学家, (4): 83-86.

国家文物局, 2007. 国际文化遗产保护文件选编. [M]. 北京: 文物出版社.

胡朴, 2015. 工业遗产的"活化"利用对上海城市更新的影响[J]. 科学发展, (12): 94-100.

霍艳虹, 曹磊, 杨冬冬, 2017. 京杭大运河"文化基因"的提取与传承路径理论探析[J]. 建筑与文化, (2): 59-62.

金沁, 曹永康, 2015. 国外文化遗产"周边环境"保护理论对国内文物保护范围划定的借鉴意义[J]. 华中建筑, 33(7): 22-25.

巨乃岐, 王建军, 2009. 哲学视野中的价值范畴——兼论价值哲学的本体论基础[J]. 中国石油大学学报(社会科学版), 25(1): 68-73.

李成岗, 2016. 论世界文化遗产周边环境保护的重要意义[J]. 中国文化遗产, (2): 66-69.

李鹤, 张平宇, 程叶青, 2008. 脆弱性的概念及其评价方法[J]. 地理科学进展, (2): 18-25.

李继生, 2009. 齐长城的保护与破坏[J]. 中国长城博物馆, (1): 26-28.

李军, 2007. 文化遗产经济价值探源[J]. 文艺研究, (1): 114-122.

李麦产, 王凌宇, 2016. 论线性文化遗产的价值及活化保护与利用——以中国大运河为例[J]. 中华文化论坛, (7): 75-82.

李模, 2015. 从文化遗产保护国际文件看文化遗产保护理念的发展[J]. 史志学刊, (2): 104-109.

李文竹, 2017. 大遗址保护与村镇发展的矛盾与协同——以汉长安城遗址保护区内北徐寨为例[J]. 建筑与文化, (4): 99-100.

李浈, 雷冬霞, 2009. 历史建筑价值认识的发展及其保护的经济学因素[J]. 同济大学学报(社会科学版), 20(5): 44-51.

联合国教科文组织世界遗产中心, 国际古迹遗址理事会, 国际文物保护与修复中心, 等, 2007. 国际文化遗产保护文件选编[M]. 北京: 文物出版社.

林源, 2012. 中国建筑遗产保护基础理论[M]. 北京: 中国建筑工业出版社.

刘江涛, 张爱武, 2007. 三维数字化技术在三星堆遗址中的应用[J]. 首都师范大学学报(自然科学版), (4): 68-71.

刘敏, 2009. 青岛旧城保护更新研究[M]. 青岛: 中国海洋大学出版社.

刘庆柱, 2002. 考古发现的惟一封禅重器: 汉长安城遗址出土玉牒[J].文物天地, (3): 11.

刘庆柱, 2006. 中国古代都城遗址布局形制的考古发现所反映的社会形态变化研究[J]. 考古学报, (3): 281-312.

刘庆柱, 李毓芳, 2003. 汉长安城[M]. 北京: 文物出版社.

刘瑞, 2011. 汉长安城的朝向、轴线与南郊礼制建筑[M]. 北京: 中国社会科学出版社.

刘世锦, 2008. 中国文化遗产事业发展报告[M]. 北京: 社会科学文献出版社.

刘涛, 钱钰, 2015. 影视传播与"活化"文化遗产——以社火题材电影为例[J]. 传媒, (18): 75-77.

刘卫红, 2011. 大遗址保护规划中价值定性评价体系的构建[J]. 西北大学学报(自然科学版), 41(5): 907-912.

龙茂兴, 龙珍付, 2013. 旅游开发中历史文化遗产活化问题研究——以大唐芙蓉园为例[J]. 旅游纵览, (3): 14-16.

路秉杰, 1991. 配合开发, 深入考察[J]. 时代建筑, (1): 24.

陆建松, 2005. 中国大遗址保护的现状、问题及政策思考[J]. 复旦学报(社会科学版), (6): 130-136.

陆邵明, 2013. 记忆场所: 基于文化认同视野下的文化遗产保护理念[J]. 中国名城, (1): 64-68.

罗伯特·哈里斯, 2009. 庞贝古城[M]. 路旦俊, 译. 北京: 人民文学出版社.

吕舟, 2008. 中国文化遗产保护三十年[J]. 建筑学报, (12): 1-5.

马晓, 周学鹰, 2013. 兼收并蓄融贯中西——活化的历史文化遗产之一·翁丁村大寨与白川村荻町[J]. 建筑与文化, (12): 138-143.

马晓, 周学鹰, 2014a. 兼收并蓄融贯中西——活化的历史文化遗产之二·中国上杭与土耳其番红花城[J]. 建筑与文化, (3): 204-209.

马晓, 周学鹰, 2014b. 兼收并蓄融贯中西——活化的历史文化遗产之三·中国阆中与西班牙托莱多[J]. 建筑与文化, (10): 154-159.

麦克切尔, 克罗斯, 2007. 文化旅游与文化遗产管理[M]. 朱陆平, 译. 天津: 南开大学出版社.

孟宪民, 2007. 遗产保护的价值(上)[J]. 中国文物科学研究, (1): 4-10, 29.

孟宪民, 2001. 梦想辉煌: 建设我们的大遗址保护展示体系和园区——关于我国大遗址保护思路的探讨[J]. 东南文化, (1): 6-15.

米子川, 2004. 文化资源的时间价值评价[J]. 开发研究, (5): 25-28.

欧阳友权, 2006. 文化产业概论[M]. 长沙: 湖南人民出版社.

朴松爱, 樊友猛, 2012. 文化空间理论与大遗址旅游资源保护开发——以曲阜片区大遗址为例[J]. 旅游学刊, 27(4): 39-47.

祁庆富. 2009. 存续"活态传承"是衡量非物质文化遗产保护方式合理性的基本准则[J]. 中南民族大学学报(人文社会科学版), 29(3): 1-4.

齐一聪, 张兴国, 吴悦, 等, 2015. 电影场景到遗产保护——从永利街看香港文物建筑的"保育"与"活化"[J]. 建筑学报, (5): 38-43.

切萨莱·布兰迪, 2016. 修复理论[M]. 陆地, 译. 上海: 同济大学出版社.

屈宝坤. 1998. 中国古代著名科学典籍[M]. 北京: 商务印书馆.

曲凌雁, 宋韬, 2007. 大遗址保护的困境与出路[J]. 复旦学报(社会科学版), (5): 114-119.

任佩瑜, 张莉, 宋勇, 2001. 基于复杂性科学的管理熵、管理耗散结构理论及其在企业组织与决策中的作用[J]. 管理世界, (6): 142-147.

日本观光资源保护财团, 1991. 历史文化城镇保护[M]. 路秉杰, 译. 北京: 中国建筑工业出版社.

阮仪三, 1998. 世界及中国历史文化遗产保护的历程[J]. 同济大学学报(人文·社会科学版), (1): 1-8.

阮仪三, 丁援, 2008. 价值评估、文化线路和大运河保护[J]. 中国名城, (1): 38-43.

单霁翔, 2006. 关于大型古代城市遗址整体保护的思考[J]. 考古, (5): 3-14.

单霁翔, 2008. 实现文化景观遗产保护理念的进步[J]. 北京规划建设, (5): 116-121.

施国庆, 黄兆亚, 2009. 城市文化遗产价值解构与评估——基于复合期权模式的研究视角[J]. 求索, (12): 51-53.

史晨暄, 2012. 世界文化遗产"突出的普遍价值"评价标准的演变[J]. 风景园林, (1): 58-62.

苏卉, 2016. 文化遗产资源的价值认知及其变迁[J]. 中国文化产业评论, (1): 215-227.

苏卉, 孙晶磊, 2016. 城市化进程中文化遗址的保护与适应性开发研究——以唐大明宫遗址为例[J]. 西安建筑科技大学学报(社会科学版), 35(5): 48-51.

孙九霞, 2010. 旅游作为文化遗产保护的一种选择[J]. 旅游学刊, 5(5): 10-11.

田亚平, 向清成, 王鹏, 2013. 区域人地耦合系统脆弱性及其评价指标体系[J]. 地理研究, 32(1): 55-63.

汪芳, 2007. 用"活态博物馆"解读历史街区——以无锡古运河历史文化街区为例[J]. 建筑学报, (12): 82-85.

王新荣, 2012. 古迹活化, 让静态文化遗产"枯木逢春"[N]. 中国艺术报, 2012-7-3.

王新文, 毕景龙, 吕正平, 2014. 基于整体保护的城市大遗址区可持续发展研究——以西安大明宫遗址为例[J]. 建筑与文化, (8): 61-65.

王心源, 2012. 活化的文化遗产: 京杭大运河价值认知与保护方法——对《河兮, 斯水》的评价[J]. 地理研究, 31(2): 388.

王银平, 2010. 大遗址价值评价体系与保护利用模式初探——以县石山遗址保护与利用规划为例[J]. 东南文化, (6): 27-32.

王玉德, 2013. 生态文化与文化生态辨析[J]. 生态文化, (1): 132-136.

王元, 2013. 文化产业视角下民族文化遗产的活化保护与发展——基于海南黎族地区的探讨[J]. 中华文化论坛, (6): 11-15.

闻峰, 2005. 解读遗产真正价值——文化遗产的两大功能及其作用[J]. 城乡建设, (8): 14-15.

吴兴帜, 2014. 文化旅游与遗产保护的平衡点探究[J]. 西南民族大学学报(人文社会科学版), 35(7): 133-137.

吴岳军, 2010. 论道德生成过程的熵变与控制[J]. 社会科学家, (11): 137-139.

吴铮争, 刘军民, 2013. 百年来世界文化遗产保护理论体系的形成与发展[J]. 西北大学学报(哲学社会科学版), 43(5): 95-99.

萧百兴, 2014. 历史空间的时间活化: 台湾产业建筑遗产再利用状况初步省思——一个置入地域性文化地景脉络的考察[C]. 2014年中国建筑史学会年会暨学术研讨会论文集. 北京: 中国建筑学会建筑史学分会.

徐君, 2010. 资源型城市转型研究[M]. 北京: 中国轻工业出版社.

薛林平, 2013. 建筑遗产保护概论[M]. 北京: 中国建筑工业出版社.

尤嘎·尤基莱托, 2011. 建筑保护史[M]. 郭旃, 译. 北京: 中华书局.

余洁, 唐龙, 2010. 我国遗址类文化遗产资源管理制度变迁及其特征[J]. 生态经济, (11): 182-187.

余明, 2012. 西安设汉代长安城遗址特区投资75亿元建遗址公园[N]. 三秦都市报, 2012-8-30.

喻学才, 2010a. 遗产活化: 保护与利用的双赢之路[J]. 建筑与文化, (5): 16-20.

喻学才, 2010b. 遗产活化论[J]. 旅游学刊, 25(4): 6-7.

张柏, 2005. 还古迹遗址保护一个真实的环境[J]. 中国经济周刊, (27): 21.

张环宙, 2010. 河兮·斯水——基于杭州案例群的大运河遗产价值分析和旅游规划研究[M]. 北京: 中华书局.

张兰芳, 2014. 关于非物质文化遗产活化保护的思考[J]. 非物质文化遗产研究集刊, (11): 34-46.

张立新, 杨新军, 陈佳, 等, 2015. 大遗址区人地系统脆弱性评价及影响机制——以汉长安城大遗址区为例[J]. 资源科学, 37(9): 1848-1859.

张佩, 2007. 西汉长安城商品经济研究[D]. 西安: 西北大学.

张倩, 李志民, 2009. 历史文化遗产周边环境的整体保护研究——以郑州商城文化区为例[J]. 中国名城, (2): 46-51.

张松, 2007. 城市文化遗产保护国际宪章与国内法规选编[M]. 上海: 同济大学出版社.

张维亚, 陶卓民, 2012. CVM 在文化遗产经济价值评估中的应用——以南京明孝陵为例[J]. 社会科学家, (10): 78-82.

张翼飞, 2012. CVM 研究中支付意愿问卷 "内容依赖性" 的实证研究——以上海城市内河生态恢复 CVM 评估为例[J]. 中国人口·资源与环境, 22(6): 170-176.

张茵, 蔡运龙, 2005. 条件估值法评估环境资源价值的研究进展[J]. 北京大学学报(自然科学版), (2): 317-328.

张颖, 2015. 化合与活化: 文化遗产保护之 "介休范例" 初探[J]. 贵州社会科学, (10): 17-22.

张映秋, 李静文, 2014. 基于遗产活化对丽江古城的剖析[J]. 旅游纵览, (11): 170-171.

张韵, 2009. 我国大遗址管理机构现状和管理体制研究初探[J]. 内蒙古文物考古, (2): 97-103.

张忠培, 2008. 中国大遗址保护的问题[J]. 考古, (1): 18-26.

张祖群, 陈稳亮, 赵荣, 等, 2005. 大遗址保护中的破坏因素——汉长安城案例与思考[J]. 建筑知识, (2): 5-8.

赵鹤龄, 王军, 袁中金, 等, 2014. 文化基因的谱系图构建与传承路径研究——以古滇国文化基因为例[J]. 现代城市研究, (5): 90-97.

赵荣, 2009. 陕西省大遗址保护新理念的探索与实践[J]. 考古与文物, (2): 3-7.

赵宇鸣, 赵荣, 2006. 大遗址保护中的外部性影响及其消除[J]. 西北大学学报(哲学社会科学版), (1): 89-92.

郑育林, 2010. 国际文化遗产保护理念的发展与启示[J]. 文博, (1): 87-92.

郑育林, 2014. 唤醒遗迹: 城市化背景下的大遗址保护与利用问题[M]. 北京: 文物出版社.

郑育林, 黄伟, 甘洪更, 等, 2016. 大遗址区城市改造与提升及区域可持续发展研究——以汉长安城未央宫遗址区为例[J]. 文博, (3): 101-104.

中国社会科学院考古研究所. 2003. 西汉礼制建筑遗址[M]. 北京: 文物出版社.

钟行明, 李常生, 2010. 名人故居遗产活化——台北市蒋经国故居案例分析[J]. 建筑与文化, (5): 42-47.

周军, 何小芊, 张涛, 等, 2012. 文物景区游憩价值评估的旅行费用法与收益法应用比较——以凤凰山景区为例[J]. 旅游论坛, 5(1): 23-28.

周玮, 周婷玉, 2006. 孙家正: 文化遗产保护要从被动向主动转变[N]. 云南日报, 2006-02-23.

朱海霞, 权东计, 2014. 新型城市化背景下的大遗址保护与区域发展管理[J]. 中国软科学, (2): 161-170.

朱海霞, 权东计. 2015. 大遗址保护与区域经济发展[M]. 北京: 科学出版社.

朱晗, 赵荣, 郗桐笛, 2013. 基于文化线路视野的大运河线性文化遗产保护研究——以安徽段隋唐大运河为例[J]. 人文地理, 28(3): 70-73.

朱庆磊, 2015. 活化非遗, 激活文化产业一池春水[N]. 淮南日报, 2015-3-31.

庄志民, 2012. 文化遗产旅游价值取向的新探索[J]. 旅游学刊, 27(5): 3-5.

邹统钎, 2015. 大型实景演出非物质文化遗产在旅游业中的活化[J]. 世界遗产, (6): 112-115.

邹怡情, 辛欣, 2017. 鼓浪屿文化遗产价值的阐释展示实践——从方法论到落地实施[J]. 中国文化遗产, (4): 60-68.

大河直躬, 1997. 歴史的遺産の保存·活用とまちづくり[M]. 京都: 学芸出版社.

MCKEREHER B, HILARY du C, 2006. 文化旅游与文化遗产管理[M]. 朱路平, 译. 天津:南开大学出版社.

ABDURRAHMAN G, 2009. Development of an information and management system for recording, analysis, protection and revitalization of cultural heritage application case study of Istanbul[J]. Lasers in Engineering, 19: 93-108.

ABUBAKAR N A, RADAM A, SAMDIN Z, et al., 2016. Willingness to pay in Kubah national park and Matang wildlife contre: a contingent valuation method[J]. International Journal of Business and Society, 17(1): 131-144.

AGAPIOU A, ALEXAKIS D D, LYSANDROU V, et al., 2015. Impact of urban sprawl to cultural heritage monuments: The case study of Paphos area in Cyprus[J]. Journal of Cultural Heritage, 16(5): 671-680.

AHMAD A , 2013. The constrains of tourism development for a cultural heritage destination: the case of Kampong Ayer (Water village) in Brunei Darussalam[J]. Tourism Management Perspective, (8): 106-113.

ALBERT F G, GIUSTI J D, 2012. Cultural heritage, tourism and regional competitiveness: the Motor Valley Cluster[J]. City, Culture and Society, 3(4): 261-273.

AMIT-COHEN IRIT, SOFER M, 2016. Cultural heritage and its economic potential in rural society: The case of the kibbutzim in Israel[J]. Land Use Policy, 57: 368-376.

ANDY S C, BRENT W R, FRANCO P, et al., 2009. Economic valuation of cultural heritage site: A choice modeling approach[J]. Tourism Management, 30(2): 1-8.

AUSTIN L R, 1998. Adaptive Reuse, Issue and Case Studies in Building Preservation[J]. New York: NVR.

AZAH M, INOORMAZIAH A, YAHAYA I, 2013. Barriers to community participation in tourism development in island destination[J]. Journal of Tourism, Hospitality & Culinary Arts(JTHCA), 5(1): 102-124.

AZMI E, ISMAIL M Z, 2016. Cultural heritage tourism: Kapitan Keling Mosque as a focal point & symbolic identity for Indian Muslim in Penang[J]. Procedia-Social and Behavioral Sciences, 222: 528-538.

BÁEZ-MONTENEGRO A, BEDATE A M, HERRERO L C, et al., 2012. Inhabitants' willingness to pay for cultural heritage: a case study in Valdivia, Chile, using contingent valuation[J]. Journal of Applied Economics, 15(2): 235-258.

BAMERT M, STRÖBELE M, BUCHECKER M, 2016. Ramshackle farmhouses, useless old stables, or irreplaceable cultural heritage? Local inhabitants' perspectives on future uses of the Walser built heritage[J]. Land Use Policy, 55: 121-129.

BOITO C, 1883. Ordine Del Giorno Sul Restauro National[C]. Rome: Convention of Italian Engineers and Architects.

BOWITZ E, IBENHOLT K, 2009. Economic impacts of cultural heritage-Research and perspectives[J]. Journal of Cultural Heritage, 10(1): 1-8.

CAPLE C, 2000. Conservation Skills: Judgement, Method and Decision Making[M]. Abingdon: Routledge.

CHARLES H S, BRUCE E L, 2001. Economic impacts of heritage tourism system[J]. Journal of Retailing and Consumer Service, 8(4): 199-204.

CHO M, SHIN S, 2014. Conservation or economization: Industrial heritage conservation in Incheon, Korea[J]. Habitata International, 41: 69-76.

CLAUDIA T, LUIGI P, 2016. A novel paradigm to achieve sustainable regeneration in historical centres with cultural heritage[J]. Procedia - Social and Behavioral Sciences, 223: 693-697.

COCCOSSIA H, CONSTANTOGLOU M E, 2008. The use of typologies in tourism planning: problems and conflicts[J]. Journal of Regional Analysis and Policy, 8: 273-295.

COJOCARIU S, 2015. The development of cultural routes: A valuable asset for Romania[J]. Procedia Economics and Finance, 32: 959-967.

CRISTIAN C, ALIN Z, ALIN G, 2014. Implementing mobile virtual exhibition to increase cultural heritage visibility[J]. Informatica Economica, 18(2): 24-31.

DAMIANO R, LOMBARDO V, LIETO A, et al., 2016. Exploring cultural heritage repositories with creative intelligence. the Labyrinth 3D System[J]. Entertainment Computing, 16(2): 41-52.

DAUGSTAD K, RØNNINGEN K, SKAR B, 2006. Agriculture as an upholder of cultural heritage? Conceptualizations and value judgements: a Norwegian perspective in international context[J]. Journal of Rural Studies, 22(1): 67-81.

DEL SAZ S S, Montagud M J, 2005. Valuing cultural heritage: the social benefits of restoring and old Arab tower[J]. Journal of Cultural Heritage, (6): 69-77.

DUPREE N H, 2002. Cultural heritage and national identity in afghanistan[J]. Third World Quarterly, 23(5): 977-989.

EINAR B, KARIN I, 2009. Economic impacts of cultural heritage - Research and perspectives[J]. Journal of Cultural Heritage, 10(1): 1-8.

ESTHER H K Y, EDWIN H W C, 2012. Implementation challenges to the adaptive reuse of heritage buildings: Towards the goals of sustainable, low carbon cities[J]. Habitat International, 36(3):352-361.

FERNANDO E, QUIMADO M, DORONILA A, 2012. Rinorea niccolifera (Violaceae), a new, nickel-hyperaccumulating species from Luzon Island, Philippines[J]. PhytoKeys, 37: 1-13.

GASTOR M, 2016. An Analysis of the Vitality of the Intangible Cultural Heritage of the Ngoni People of Tanzania: Lessons for other Ethnolinguistic Groups[J]. Journal of African Studies, 24(2): 169-185.

GEYMEN A, 2009. Development of an information and management system for recording, analysis, protection and revitalizaiton of cultural heritage application case study of Istanbul[J]. Lasers in Engineering, 19(1/2): 93-108.

HADDAD M A, 2010. Economic evaluation of petra site in jordan by using travel cost method[J]. Journal of Accounting, Business & Management, 17(1): 48-61.

HANI U, AZZADINA I, SIANIPAR C P M, et al., 2012. Preserving cultural heritage through creative industry: a lesson from Saung Angklung Udjo[J]. Procedia Economics and Finance, 4: 193-200.

HARRY C, 2008. Cultural heritage, local resources and sustainable tourism[J]. International Journal of Services Technology & Management, 10(1): 8-14.

HARTE J, NEWMAN E A, 2014. Maximum information entropy: a foundation for ecological theory[J]. Trends in Ecology & Evolution, 29 (7): 384-389.

HOWARD P, PINDER D, 2003. Cultural heritage and sustainability in the coastal zone: experiences in south west England[J]. Journal of Cultural Heritage, (4): 57-68.

HUTT A, RILEY J, 2005. Semantics and Syntax of Dublin Core Usage in Open Archives Initiative Data Providers of Cultural Heritage Materials[C]. ACM: ACM/IEEE-CS Joint Conference on Digital Libraries.

IACOB M, ALEXANDRU F, KAGITCI M, et al., 2012. Cultural heritage evaluation: a reappraisal of some critical concepts involved[J]. Theoretical & Applied Economics, 19(12): 61-72.

International Council on Monuments and Sites, 1998. International charter on the protection and management of underwater cultural heritage[J]. The International Journal of Nautical Archaeology, 27(3): 183-187.

JASON J C, ADRIANNE K Z, 2005. The utility of non-use values in natural resource damage assessments[J]. Boston College Environmental Affairs Law Review, 32(3): 509-526.

JEROSCENKOVA L, MAIGA K, BAIBA R, 2014. Economic Science for Rural Development.[C]. Jelgava: International Scientific Conference.

JERPÅSEN G B, TVEIT M S, 2014. Safeguarding cultural heritage in the urban fringe: the role of legibility[J]. Landscape Research, 39(4): 433-454.

JIN K, LEE M, KIM Y S, et al., 2011. Archaeoseismological studies on historical heritage sites in the Gyeongju area, SE Korea[J]. Quaternary International, 2011, 242(1):158-170.

JOHN A P, MAURO A, ELISABETH J, 2006. Cultural heritage and sustainable forest management: the role of traditional knowledge [J]. Forest Ecology & Management, 1: 8-11.

JONATHAN W, 1995. Environmental planning for a world heritage site case study of Angkor Cambodia[J]. Journal of Environmental Planning management, 419-434.

JOSEFSSON J, ARONSSON I L, 2016. Heritage as life-values: a study of the cultural heritage concept[J]. Current Science, 110(11): 2091-2098.

JUVAN E, DOLNICAR SARA, 2014. The attitude – behaviour gap in sustainable tourism[J]. Annals of Tourism Research, 48: 76-95.

KAJALE D B, BECKER T C, 2015. Willingness to pay for golden rice in India: A contingent valuation method analysis[J]. Journal of Food Products Marketing, 21(4): 319-336.

KARKUT J, 2011. Cultural heritage and tourism in the developing world: a regional perspective[J]. Tourism Management, 32(5): 1236-1237.

KAROLINE D, 2005. Agriculture's Role as an Upholder of Cultural Heritage: Report from a Workshop[M]. DOI: 10.6027/TN2005-576.

KENNETH G W, 2014. The use of stated preference methods to value cultural heritage[J]. Handbook of the Economics of Art & Culture, 2: 145-181.

KIM B, 2013. Cultural heritage within digital information contexts[M]//Information Literacy and cultural heritage London: Woodhead Publishing.

KIM H G, Yang J H, KIM W J, et al., 2016. Development status of accident-tolerant fuel for light water reactors in Korea[J]. Nuclear Engineering & Technology, 48(1): 1-15.

KIM M J, SHIN H K, CHOI Y S, et al., 2015. An aeromycological study of various wooden cultural heritages in Korea[J]. Journal of Cultural Heritage, 17: 123-130.

KIM S S, WONG K K F, CHO M, 2007. Assessing the economic value of a world heritage site and willingness-to-pay determinants: a case of Changdeok Palace [J]. Tourism Management, 28: 317-322.

KLAMER A, 2002. Accounting for social and cultural values[J]. De Economist, 150(4): 453-473.

LAURA J, MAIGA K, BAIBA R, 2014. International Vision of the Significance and Availability of Cultural Herigage[J]. Economic Science for Rural Development, (35): 149-155.

LAURIER T, DIVERS M, 2011. Intangible Cultural Heritage in the Rebuilding of Jacmel and Haiti Jakmèl kenbe la, se fòs peyi a![J]. Museum International, 62(4): 106-115.

LAZRAK F, NIJKAMP P, RIETVELD P, et al., 2014. The market value of cultural heritage in urban areas: an application of spatial hedonic pricing[J]. Journal of Geographical Systems, 16(1): 89-114.

LEFEBVRE H, 1992. The Production of Space[M]. New York: Wiley-Blackwell.

LOUINORD V, LÉVI L, ALBAN F, et al., 2016. Valuing cultural world heritage sites: an application of the travel cost method to Mont-Saint-Michel[J]. Applied Economics, 49(16) : 1593-1605.

LOURENCO-GOMES L, COSTA PINTO L M, REBELO J, 2013. Using choice experiments to value a world cultural heritage site: reflections on the experimental design [J]. Journal of Applied Economics, 16(2): 303-332.

LUSSETYOWATI T, 2015. Preservation and conservation through cultural heritage Tourism. Case study: Musi Riverside Palembang[J]. Procedia - Social and Behavioral Sciences, 184: 401-406.

MARTA DE LA TORRE, 2002. Assessing the values of Cultural Heritage: Research Regort[M]. Los Angeles: Getty Conservation Institute.

MASON R, 2002. Assessing values in conservation planning: Methodological issues and choices[M]//Marta De la Torre, ed. Assessing the values of cultural heritage. Los Angeles: The Getty Conservation Institute.

MAZZANTI M, 2002. Cultural heritage as multi-dimensional, multi-value and multi-attribute economic good:towards a new framework for economic analysis and valuation[J]. Journal of Socio-Economics, 31(5): 529-558.

MAZZANTI M, 2003. Valuing cultural heritage in a multi-attribute framework microeconomic perspectives and policy implications[J]. The Journal of Socio-Economics, 32(5): 549-569.

MCGLINN D J, XIAO X, KITZES J, et al., 2014. Exploring the spatially explicit predictions of the Maximum Entropy Theory of Ecology[M]. Logan: Utah State University.

MICHELLE B, THIERRY L, 2015. Preservation of living cultural heritage: the case of Basque choirs and their audience[J]. International Journal of Arts Management, 17(3): 4-15.

MIHAELA I, ALEXANDRU F, KAGITCI M , et al., 2012. Cultural heritage evaluation: A reappraisal of some critical concepts involved[J]. Theoretical & Applied Economics, 12(577): 61-72.

MIHYE C, SHIN S, 2014. Conservation or economization? Industrial heritage conservation in Incheon, Korea[J]. Habitat International, 41: 69-76.

NANCY H D, 2002. Cultural heritage and national identity in Afghanistan[J]. Third World Quarterly, 23(5): 977-989.

NECISSA Y, 2011. Cultural heritage as a resource: its role in the sustainability of urban developments: the case of Tlemcen, Algeria[J]. Procedia Engineering, 21: 874-882.

NORBERG-SCHULZ C, 1968. Intentions in Architecture[M]. Cambridge: The MIT Press.

POLLEFEYS M, GOOL L V, AKKERMANS I, et al., 2001. A Guided Tour to Virtual Sagalassos[R]. Center for Processing of Speech and Images Dept. of Electrical Engineering.

RAFAEL S, ALONSO A, SENDRA J J, 2016. Archaeoacoustics of intangible cultural heritage: The sound of the Maior Ecclesia of Cluny[J]. Journal of Cultural Heritage, 19: 567-572.

RANDALL M, MARTA D L T, 2002. Heritage Conservation and Values in Globalizing Societies[M]. Beijing: Peking University Press.

RICHARD L, AUSTIN, 1998. Adaptive Reuse: Issues and Case Studies in Building Preservation[M]. New York: Van Nostrand Reinhold.

RIEGL A, 1903. Der moderne Denkmalkultus: Sein Wesen and Seine Entstehung[M]. Bologna: Nuova Alfa Editoriale.

RIEGL A, 1982. The Modern Cult of Monuments: Its Character and Its Origin[M]. New York: The Institute for Architecture and Vrban Studies.

RONG H, XUEDONG L, GUIZHI Z, et al., 2015. An evaluation of coordination relationships during earthquake emergency rescue using entropy theory[J]. Cadernos De Saude Publica, 31(5): 947-959.

ROSSI A, EISENMAN P, 1982. The architecture of the city[M]. Cambridge: The MIT press.

RUIJGROK E C M, 2006. The three economic values of cultural heritage: a case study in the Netherlands [J]. Journal of Cultural Heritage, (7): 206-213.

SALAZAR S D S, MARQUES J M, 2005. Valuing cultural heritage: the social benefits of restoring and old Arab tower[J]. International Journal of Sustainability in Higher Education, 6(1): 69-77.

SALVADOR M V, 2012. Contemporary Theory of Conservation[M]. Victoria: University of Victoria.

SAMUEL S K, KEVIN K F W, MIN C, 2007. Assessing the economic value of a world heritage site and willingness-to-pay determinants: A case of Changdeok Palace[J]. Tourism Management, 28(1): 317-322.

SCOTT C A, 2010. Searching for the "public" in Public Value: arts and cultural heritage in Australia[J]. Cultural Trends, 19(4): 273-289.

SCOTT G G, 1850. A plea for the faithful restoration of our ancient churches: a paper read before the Architectural and Archnological Society for the County of Bucks, at their first annual meeting in 1848 ... To which are added some miscellaneous remarks on other subjects connected with the restoration of churches, and the revival of pointed architecture[R]. London: Parker.

SNOWBALL J, COURTNEY S, 2010. Cultural heritage routes in South Africa: Effective tools for heritage conservation and local economic development[J]. Development Southern Africa, 27(4): 563-576.

SUÁREZ R, ALONSO A, JUAN J, 2016. Sendra, Archaeoacoustics of intangible cultural heritage: The sound of the Maior Ecclesia of Cluny [J]. Journal of Cultural Heritage, 19: 567-572.

THORSBY D, 2000. Economics and Culture[M]. Cambridge: Cambridge University Press.

TRILLO C, Luigi P, 2016. A novel paradigm to achieve sustainable regeneration in Historical Centres with Cultural Heritage[J]. Procedia-Social and Behavioral Sciences, 223: 693-697.

UNESCO World Heritage Committee, 1994. The nara document on authenticity[EB/OL]. [2018-10-23]. http://www. International.icomos. prg/cjarters/nara-e. pdf.

UNESCO, 2003. Text of the Convention for the Safeguarding of the Intangible Cultural Heritage [EB/OL]. [2019-02-25]. https: //ich. unesco. org/en/convention.

VESTHEIM G, 2015. Cultural Policy and Democracy[M]. London and New York: Routledge.

VINAS S M, 2004. Contemporary Theory of Conservation[M]. London: Routledge.

VIOLLET-LE-DUC E E, 1866. Dictionnaire raisonné de l'architecture française [M]. New York: General Books LLC.

VLAHAKIS V, IOANNIDIS N, KARIGIANNIS J, et al., 2002. Archeoguide: An augmented reality guide for archaeological sites[J]. IEEE Computer Graphics and Applications, 22(5):52-60.

VOLTAIRE L, LÉVI L, FRÉDÉRIQUE A, et al.,2016. Valuing cultural world heritage sites: an application of the travel cost method to Mont-Saint-Michel[J]. Applied Economics, 2016: 1-13.

WAGER J, 1995. Developing a strategy for the Angkor World Heritage Site[J]. Tourism Management, 16(7): 515-523.

WENZEL M, 1995. Brief report concerning the current situation for cultural heritage in Mostar, August 1994[J]. Museum Management and Curatorship, 14(1): 83-85.

WILLIAM D L, 1984. Value and meaning in cultural resources[M]//Cleere H. Approaches to the Archaeological Heritage: A Comparative Study of World Cultural Resource Management Systems. Cambridge: Cambridge University Press.

WILLIS K G, 2014. The use of stated preference methods to value cultural heritage[J]. Handbook of the Economic of Art and Culture, 2: 145-181.

WRIGHT W C C, EPPINK F V, 2016. Drivers of heritage value: A meta-analysis of monetary valuation studies of cultural heritage[J]. Ecological Economics, 130: 277-284.

XIAO X, MCGLINN D J, WHITE E P, 2015. A strong test of the maximum entropy theory of ecology[J]. The American Naturalist , 185(3): E70-80.

YANG S Y, 2011. Cultural performance and the reconstruction fo tradition among the Bunue of Taiwan[J]. OCEANIA, 81(3): 316–330.

YUDHISHTHIR RAJ I, 1989. The challenge to our cultural heritage: why preserve the past?[J]. International Journal of Museum Management and Curatorship, 8(3): 346-357.

YUNG E H K, CHAN E H W, 2012. Implementation challenges to the adaptive reuse of heritage buildings: towards the goals of sustainable, low carbon cities[J]. Habitat International, 36(3): 352-361.

YUNG E H K, CHAN E H W, 2015. Evaluation of the social values and willingness to pay for conserving built heritage in Hong Kong[J]. Facilities, 33(1/2): 76-98.